한국영화사총서 3
경성과 도쿄에서 영화를 본다는 것

정충실 지음

현실문화

경성과 도쿄에서 영화를 본다는 것

관객성 연구로 본 제국과 식민지의 문화사

③

사람들은 주위 가릴 것 없는 높은 빌딩에서 한눈에 조망하듯 도시를 동일하게 전체적으로 인식하지는 않는다. 미셸 드 세르토는 사람들은 조망이 아니라 보행을 통해 도시를 조각내어 그 일부는 확대하고 일부는 삭제하며 조각과 조각을 이어 붙여 저마다의 방식으로 도시를 구성한다고 보았다. 서울에서 태어나 집과 학교, 직장을 오가며 오랜 생활 터전으로 서울을 대하는 사람과 처음 상경해 기대 속에서 이곳저곳을 돌아보거나 어색함과 불편함 속에서 일상을 살아가는 사람이 구성하는 서울은 같을 수가 없는 것이다.

내 인생에서 가장 오랫동안 머물렀지만 고향은 아닌 서울. 내가 그 서울을 구성하는 데 있어서 중요한 것 하나는 영화관과 그 주변 지역 경험이 아닐까 한다. 모든 것이 새롭게 느껴지고 예민했던 나의 20대 초반 시절은 어쩌면 영화의 시대라고 해도 좋을 시기였던 게 그 큰 이유다. 그때는 동아리 방에서 친구들과 영화 잡지 뒤쪽의 영화 퀴즈를 푸는 것과 영화 관련 온갖 잡지식을 습득해 우쭐거리거나 이야기를 나누는 것이 삶의 큰 즐거움이었다.

관객이 별로 없는 겨울의 종로3가 피카디리극장의 넓고도 낡은 객석에서 영화를 볼 때는 발이 시릴 정도로 추웠고 서울극장에서는 2층 객석에서 스크린을 내려다보는 것이 마냥 신기했다. 객석의 경사가 지금의 영화관과는 달리 심하지 않아서 앞사람 때문에 시야를 방해 받아 스크린이 제대로 보이지 않는 일도 있었다. 몇몇의 불편함 속에서도 재미있게 영화를 본 후 영화관을 나와 〈접속〉에서 전도연이 서 있던 자리를 지나 한석규가 앉아 있던 카페에서 친구들과 "내가 너희들과 이런 로맨스 영화를 봐야겠냐"고 서로 투닥거리기도 했고 암호를 풀어내듯 경쟁적으로 영화 이 장면 저 장면의 의미를 이야기하기도 했다. 서울 생활 초창기의 나의 서울은 학교 주위 제기동, 제기시장과 함께 종로3가의 낡은 영화관과 그 주변 피맛골의 식당, 카페, 분식 노점가게 등을 경험함으로써 만들어졌다. 거대하고 역동적이며 혼잡하고 투박한 서울.

나의 서울은 삼청동의 시네마테크와 광화문의 시네큐브, 종로1가의 코아아트홀을 알게 되면서 더욱 다양해졌다. 작지만 좋은 시설의 이 영화관들에서 나는 유럽과 일본의 고전·예술 영화를 접할 수 있었고 엔딩 크레디트가 올라가도 자리를 뜨지 않는 관객, 영화를 보면서도 무언가를 기록하는 관객, 영화 상영후 GV(Guest Visit)에서 영화감독·영화평론가와 토론하는 관객을 경험할 수 있었다. 그 영화관들을 나서면 제기동과 종로3가에는 없는 세련되면서 아기자기한 상점과 레스토랑을 볼 수 있었고 가끔은 용돈을 모아 그곳에서 소비를 즐기기도 했다. 종로3가에서 걸어서 20~30분이면 닿을 수 있는 곳에 전혀 다른 성격의 공간이 있음을 영화 경험을 통해 감각하고 서울을 확장할 수 있었던 것이다. 이때 아주 짧은 이동으로도 다종다양함을 경험할 수 있고 그 다종다양함을 취사선택해 나만의 것으로 연결할 수 있도록 하는 게 대도시 서울의 매력이라는 점도 어렴풋이 알게 되었던 듯하다.

영화 경험으로 서울을 만들어갈 수 있었지만 박사 과정 유학했던 도쿄에서는 영화 경험으로 도쿄를 만들어갈 수는 없었다. 남들보다 늦게 박사 과정에 진학한 탓에 언제나 조급해서 영화관을 찾을 여유가 없었던 것이다. 박사학위를 마친 지금에서는 그 조급함이 연구에도 별 도움이 되지도 못한 듯해서 시부야의 미니시어터나 오차노미즈의 시네마테크, 지역 곳곳에 산재한 특색 있는 영화관도 자주 찾아가볼 걸 하는 아쉬움이 남는다. 하지만 서울에서는 쉽지 않았던 100년 전 도쿄와 경성의 영화관을 문헌으로 만나볼 수 있었고 이를 통해 100년 전의 도쿄와 경성을 만들어낼 수 있었다는 것에서 조금이나마 위안을 얻을 수 있다.

이 글은 내가 그랬듯 1920~30년대 제국 도쿄의 노동자·서민·중산층, 식민지 경성의 조선인 및 이주 일본인이 영화 경험으로 각자의 도시를 만들어간 것에 관해서다. 영화 보기 양상 및 효과의 다양함과 그것을 다양하게 하는 힘과 관계들의 복잡한 만남을 살펴보고 도쿄에서 영화 보기와 경성에서 영화 보기 사이의 연관성도 다루어보려 한다. 영화 보기의 다양함을 통해 보편성이나 법칙으로 역사를 이야기하는 것이 가능한지도 고민해보려고 한다.

몇 가지 사정상 이 책에는 제국 일본과 식민지 조선, 상업 목적의 영화 상영과 동원 목적의 영화 상영이라는 두 축의 비교 연구로 행해진 나의 박사학위논문의 일부분만 담을 수 있었다. 노동자, 민족청년단, 국가의 교육영화 상영회가 실리지 못했는데 이 때문에 영화 보기의 다양성, 영화 보기를 둘러싸고 경합·교섭하는 복잡한 힘과 관계들을 더 명확히 드러내지 못했다. 이번에 소개하지 못한 내용은 다음에 독자와 만나고 싶다. 제2장은 이 연구의 배경이 되는 문화사 연구와 관객성 연구를 소개하는 부분인데, 제한된 지면과 지은이의 능력 부족 탓에 모든 연구를 언급할 수는 없었다. 주요 연구는 최대한 다루려고 했지만 누락된 연구들이 있을 것 같아 걱정이다. 그에 대한 잘못은 전적으로 나의 책임이다.

이 책은 그간 구두 발표와 학술지에 게재된 논문을 종합·정리한 것이기도 하다. 그 목록은 아래와 같다. 발표의 기회를 주시고 논문을 심사해주신 분들께 이 지면을 빌려 감사의 말씀을 전하고 싶다.

「1920～30年代, 東京と京城における映画観覧」, 『第7回 RICKS次世代研究者フォーラム: 東アジアの日本と朝鮮半島』, 立命館大学コリア研究センター, 2012. 08.

「도쿄 마루노우치 지역 영화관과 경성의 영화 문화」, 『2013 트랜스아시아 영상문화 국제컨퍼런스: 글로벌 컨텍스트 속의 한국 트랜스 시네-미디어』, 한국예술종합학교 트랜스아시아영상문화연구소, 2013. 03.

「1920年代～1930年代, 京城の映画館－映画館同士の関係を中心に－」, 『コリア研究』 4, 立命館大学コリア研究センター, 2013.

「1920～30년대 도쿄와 경성의 영화관과 영화문화: 도쿄에서 모던 영화관의 등장과 경성에서 그것의 수용양상을 중심으로」, 『동아연구』 32-2, 서강대학교 동아연구소, 2013.

「1920～30년대 도쿄 영화관과 영화문화: 아사쿠사(浅草)와 니시긴자(西銀座) 영화가(街)를 중심으로」, 『인문논총』 71-2, 서울대학교 인문학연구원, 2014.

「1920~30년대 경성 영화관의 상영환경과 영화문화: 변화와 차이를 중심으로」, 『아세아연구』 57-3, 고려대학교 아세아문제연구소, 2014.

박사학위를 받고 이 책이 출판되기까지 너무 많은 분의 도움을 받아야 했다. 공부를 계속할지 고민하고 방황하던 시기, 관객성 연구와 영화사 연구를 소개해주시고 그 길로 안내·지도해주신 김소영 선생님께 우선 감사의 말씀을 드려야 할 것 같다. 이 책의 출판과 학교에서의 강의 역시 선생님의 도움으로 가능했다. 많은 조언을 해주시고 모자라기만 한 내 연구를 알릴 기회를 마련해주셨다. 박사학위논문을 지도해주신 요시미 슌야(吉見俊哉) 선생님께도 큰 은혜를 입었다. 입시 때 설정한 연구 주제가 그대로 박사논문 주제가 되었는데 그 주제에 관해 단 한 번의 수정 요구도 하신 적이 없으셨고 대신 어떻게 하면 내 연구가 효과적으로 전달되고 논리적으로 구성될 수 있을지를 고민해주셨다. 유학 초기 힘들어서 한국에 돌아갈까 하는 마음이 들었을 때 좋은 연구자로서의 자질이 있으니 절대 포기하지 말라고 말씀해주셨는데 그 말은 지금까지도 고단한 현실을 살아가는 데 큰 힘이 되고 있다.

학위 과정과 논문 심사 과정은 힘들기는 했지만 너무 좋은 선생님들께 가르침을 받아 기쁘고 가치 있는 시간이기도 했다. 선생님들 덕분에 내 부족함을 깨달을 수 있었고 그 가르침을 따라서 내 연구가 부족하나마 이 정도 수준에라도 이를 수 있었다. 니와 요시유키(丹羽美之) 선생님, 키타다 아키히로(北田暁大) 선생님, 사이토 아야코(斉藤綾子) 선생님, 마나베 유코(真鍋祐子) 선생님께 감사드린다. 한국예술종합학교 전문사 과정에서 가르침을 주시고 종종 만남에서 좋은 조언을 해주신 심광현 선생님, 하승우 선생님과 토대연구지원사업 한국영화사총서 발행 사업팀 관계자께도 감사드린다. 출판을 허락해주신 현실문화 김수기 대표님과 거친 문장을 다듬느라 많이 애쓰신 좌세훈 편집자께도 감사의 말씀 전하고 싶다. 그리고 한 명 한 명 언급하지 못하지만 여러 학교에서 나와 같이 공부하고 나에게 큰 자극을 준 동학들에게도 고맙고 언제 만나 술 한잔하자는 말을 전하고 싶다.

언제나 믿어주고 곁에 있어준 아내는 내게 너무 소중한 존재다. 요즘은 회사일로 바빠 예전 같지는 않지만 그간 가장 먼저 내 글을 읽어주는 첫 독자였다. 외로운 유학 시절, 빡빡한 논문 심사 과정도 아내의 격려와 응원이 있어 버텨낼 수 있었다. 지원을 아끼지 않으시고 내가 잘되기만을 바라시는 아빠, 엄마, 장인어른, 장모님에게도 감사하고 무심한 아들, 사위라 너무 죄송하다. 박사 과정 동안 두 번의 큰 수술을 해야 했던 엄마는 앞으로는 아프지 말고 더는 고통이 없으셨으면 하는 바람이다. 언제나 큰 손자를 사랑해주시는 할아버지, 할머니께도 감사하다고 말씀드리고 싶다. 원고를 출판사에 보낸 이튿날 외할머니께서 돌아가셨다. 중고 시절부터 바쁘다는 핑계로 외할머니를 자주 찾아뵙지 못했다. 워낙 선한 분이셔서 좋은 곳으로 가셨을 테고 그곳에서 편히 지내실 것이다.

식민지 시기를 주 연구 대상으로 삼아온 나로서는 그때 젊은 시절을 보내셨을 할아버지 할머니 세대 사람들의 삶과 그 과정에서의 고통과 의미가 무엇이었을지 알고 싶을 때가 많다. 예전에는 막연하게 박사학위를 받게 되고 연구가 어느 정도 정리되면 잘 알게 되겠지라고 생각했었다. 하지만 지금도 그 답이 명확하지는 않고 과연 나의 접근 방식이 적절하고 올바른 것인지 걱정만 커져갈 뿐이다. 답이 명확하지 않다면 어떻게 해서라도 조급하게 답을 내놓고 이를 강변하기보다, 쉽지 않겠지만 내 생각이 틀릴 수도 있고 언제든 수정될 수도 있음을 염두에 두어야 할 것 같다.

사람들이 도시를 동일하게 경험하지 않듯 이 책의 독자들도 마찬가지일 것이다. 이 책을 보행해 일부분을 확대하고 삭제하며 부분 부분을 임의대로 연결해 각자의 방식으로 해석할 것이다. 독자들이 이 책을 보행해 어떻게 자신의 것으로 사냥할지 출판을 앞둔 지금 무척이나 궁금하다.

정충실

차례

제3장 도쿄의 관객성

제4장 경성의 관객성

제5장 관객성으로 본 1920~30년대 제국 일본과 식민지 조선

제1장

다르게 역사 쓰기, 다양한 관객 그리기

1. 어둠 속에 집합해 스크린을 보는 눈

이 글에서는 1920~30년대 제국 도쿄와 식민지 경성의 관객성(specta-torship)을 비교·검토하려 한다. 여기서 '관객성'은 영화 텍스트에 의해 이미 결정되어 있는 언제 어디서나 동일하게 존재하는 관객과 그들의 관람 양상이 아니라 영화 텍스트, 상영 환경, 사회·역사 등에 의해 유동적으로 결정되어 다양하게 존재하는 관객과 그들의 관람 양상을 의미한다.

관객과 관람 양상이 결정되는 데서 관람 공간 즉 영화관은 중요한 역할을 하는 만큼 관객성 연구에서는 그것에 주목할 필요가 있는데, 영화관은 '어둡고' 많은 사람이 '집합해' 있으며 '영화가 상영'되는 공간이기 때문에 밝고 공식적인 공간에서는 발생하기 어려운 자유로운 행위나 특별한 사건이 쉽게 일어날 수 있다.

여기서 관람 공간의 '어둠'이 밝고 공식적인 공간에서와는 다른 성격의 자유로운 행위나 특별한 사건이 쉽게 일어나게 하는 원인으로, '어둠'이 인간을 타인의 시선이나 사회 규범으로부터 자유롭게 한다는 것을 들 수 있다. A. 로저 에커치(A. Roger Ekirch)는 밤과 어둠은 인간에게 권위·질서·법이 약화되는 시공간으로 받아들여져왔다고 하면서, 이는 밤과 어둠이라는 시공간에서 사람들에 대한 타인의 혹은 권력의 감시가 어려운 것만이 아니라 타인과의 차이가 명확히 인식되지 않는 것도 중요한 이유라고 말한다.[1] 이처럼 타인과의 차이가 명확히 인식되지

---

1   로저 에커치, 조한욱 옮김, 『밤의 문화사』(파주: 돌베개, 2008), 18, 212~215, 303~335쪽.

않게 되면, 사람들은 타인에게 친근감을 갖게 되고 타인과 더욱 활발하게 소통·교류하게 되는 만큼 기존의 강고한 질서에서 벗어나 공식적 공간에서보다 자유로운 행위를 할 수 있는 것이다.

영화관이라는 좁은 공간에 많은 사람이 집합해 있다는 것도 자유로운 행위나 특별한 사건을 쉽게 발생시키는 요소다. 이는 좁은 공간에서의 집합이 사람들 간의 거리를 좁혀 그들 사이 교류를 촉진하기 때문이다. 또한 엘리아스 카네티(Elias Canetti)는 집합은 성별·계급 등의 측면에서 차이가 있는 사람들을 단순히 밀고 밀리는 집합의 일부로 만들기 때문에 집합해 있는 사람들로 하여금 타인에 대해 동질성과 친밀감을 느끼게 한다고 말한다.[2] 이처럼 집합을 통해 타인에 대해 동질성과 친밀감을 느끼게 되면 사람들 사이에서 규제나 차별이 약화되고 억제된 행위나 소통이 자연스럽게 이루어져 자유로운 행위나 특별한 사건이 쉽게 발생하는 것이다.

영화관에서 상영되는 영화나 그 장면에 대해 전체 또는 일부 관객은 동일한 감정이나 반응을 동시에 표출하는 것이 가능한데, 사람들은 이를 확인하면서 자신이 타인과 생각이나 욕망이 공유되고 있음을 직접적·즉각적으로 인식하게 된다. 이때 사람들은 타인과 쉽게 교류할 수 있게 되고 연대감을 강화하며 그것에 근거해 다른 공간에서는 하지 못했던 행동도 과감히 행할 수 있게 된다. 관람 공간에서 상영되는 영화 또한 상호 간 동질성을 확인하게 하여 사람들이 자유롭게 행동하게 하는 요소가 되는 것이다.

어둡고 많은 사람이 집합해 있는 공간에서 상영되는 영화에 동일한 감정을 갖고 있더라도 관객이 영화만을 집중해 감상하는 경우라면,

---

2 엘리아스 카네티, 강두식·박병덕 옮김, 『군중과 권력』(서울: 바다출판사, 2002), 17~18쪽.

그들은 타인과 교류하지 않고 고립된 개인에 머물기 때문에 영화관에서 자유로운 행위나 특별한 사건이 발생할 여지는 크지 않다고 할 수 있다. 이때 영화관의 어둠은 오히려 일부 영화이론가들이 지적하는 것처럼 관객의 고립감을 강화하는 요소로 작용할 것이다. 그러나 1920~30년대의 영화와 그 상영 환경은 관객이 영화에만 집중하지 못하게 하는 경우가 많았고, 관객 또한 집중해 영화만을 관람하는 것을 바라지 않는 경우가 많았다. 당시의 이와 같은 상황도 영화관에서 관객으로 하여금 자유로운 행위를 가능하게 하는 요소였다.

영화관에서 관객이 자유롭게 행동하고 특별한 사건이 발생한다면 당시 관객의 영화 관람 양상은 하나로 고정되지 않고 다양했을 가능성이 크다. 관객성 연구에서는 하나로 규정지을 수 없는 관객과 그들의 다양한 관람 양상을 살펴봄으로써 단일한 보편 법칙을 중시하는 거대한 역사 서술과 추상적이고 동질적인 관객을 전제하는 영화 장치 이론에서는 언급하지 못하는 관객 나아가 당시대인들의 구체적이고 실제적인 일상과 문화를 설명하는 일도 가능할 것이다.

도쿄와 경성의 관객성 비교·검토는 이 시기의 관객, 관람 양상이 다양하게 존재한 것을 더욱 잘 드러내기 위함이다. 그리고 각각의 관객성은 지역적 특성, 영화 상영 환경, 관객 구성 등의 요소가 개입되어 결정되는 만큼 각 관객성의 여러 결정 요인과 그 결정의 과정에 대해서도 상세하게 다루려 한다.

시대적 배경을 1920~30년대로 설정한 이유는, 우선 제국 일본과 식민지 조선에서 이 시기가 일부 지역만을 중심으로 한 대형 영화관의 등장, 영화 기술의 도입 등으로 새로운 관람 방식과 영화문화가 불균질적으로 성립함으로써 다양한 관객과 그들의 관람 양상, 그 의미를 효과적으로 드러낼 수 있게 하기 때문이다. 그다음으로는 다양한 관객, 불균질한 관람 양상을 고찰해, 1920~30년대를 파시즘 시기나 억압적 시기 만으로는 포착할 수 없음을 말하기 위함이다. 일반적으로 일본과 한국에서 1920~30년대는 파시즘기 또는 억압적 시기로 취급되는 경우가 많다. 요시미 순야(吉見俊哉)는 도쿄의 도시문화를 통해 1920~30년대 일본에서는 파시즘만으로는 파악할 수 없는 모던문화가 생겨났고 그것에는 계급 헤게모니, 미디어의 권력 작용, 국가 권력과의 관계가 내포되어 있다고 지적한다.[3] 김백영은 이 시기에 식민지 조선에서도 억압이나 파시즘만으로는 파악하기 어려운 대중문화·소비문화가 등장하고 이는 민족·계급의 문제, 식민지와 제국의 관계 등으로 연결되어 있다고 주장한다.[4] 이 글에서도 1920~30년대 대중문화로서 가장 폭넓게 받아들여진 영화의 관객성을 고찰함으로써 파시즘, 억압만으로는 포착할 수 없는 일상과 문화가 존재한 것을 밝히려 한다. 물론 이 일상과 문화는 여러 세력이나 권력과 관계없이 존재하는 것이 아니라 그것들이 교섭하고 갈등하는 공간이었다고 볼 것이다.

---

3 요시미 순야, 「제국 수도 도쿄와 모더니티의 문화정치」, 요시미 순야 외 지음, 연구공간 수유 + 너머 '일본근대와 젠더 세미나팀' 옮김, 『확장하는 모더니티: 1920~30년대 근대 일본의 문화사』(서울: 소명출판, 2007), 17~19, 73~75쪽.
4 김백영, 『지배와 공간: 식민지도시 경성과 제국 일본』(서울: 문학과지성사, 2009), 473~478쪽.

2. 분석의 세 시각

연구 방법으로 첫 번째는, 도쿄와 경성의 비교를 통해 영화 관객과 관람 양상의 불균질성을 설명하려고 한다. 특히 도쿄와 경성 각각의 관람 양상도 균질적이지 않고 지역, 영화관 등급, 관객 구성, 시대적 변화 등에 따라 내부적으로 차이가 있다고 보고 그것 간의 비교를 행한다. 구체적으로 도쿄의 경우 대표적 유흥가였던 아사쿠사와 니시긴자 간 영화 관람 양상의 차이를 살펴본다. 아울러 이 유흥가 지역의 관람 양상은 오모리·가마타 같은 노동자 거주지의 관람 양상과는 또 어떻게 달랐는지 비교해본다. 경성의 경우 일본인 거주지 남촌과 조선인 거주지 북촌의 영화 관람 양상 차이와, 고급 영화관과 이외 영화관의 영화 관람 양상 차이도 비교를 통해 알아본다.

이 글에서 각각의 비교 대상은 불균질함 속에서도 서열 관계, 대립 관계, 모방 관계 등에 의해 연관되어 있다고 볼 것이다. 예를 들면, 고급스러운 니시긴자 영화가의 영화문화를 경성 영화 관객의 일부는 모방하려 했고 열망했다. 이 열망 속에서 1930년대 중후반 니시긴자 영화가의 영화문화를 그대로 수용한 고급 영화관이 경성에 생겨나게 되고, 이후 경성 영화관 사이에 서열 관계가 강화된다.

둘째, 영화관이라는 공간을 '콘택트 존(contact zone)'이라 보고 이 공간에서 교섭하는 여러 관계에 대해 설명하려고 한다. 메리 루이스 프랫은 콘택트 존은 다양한 문화와 세력이 만나 충돌하고 경쟁하는 사회적 공간이라고 하는데,[1] '콘택트 존'으로서 영화관에는 기본적으로 많은 사람이 모여들어 있어서, 각각의 사람에 연관된 영화관 외부에서의 힘과 관계는 사람들이 영화관 내부에서 서로 관객으로 만남으로써 그 힘과 관계 사이 교섭이 발생할 수밖에 없다. 영화관 내부의 영화 텍스트, 상영 환경, 영사 주체와의 관계에서도 교섭이 발생한다. 영화 텍스트, 상영 환경, 영사 주체는 단일한 요소로 결정되는 것이 아니며, 역시 여기에서도 복잡한 요소가 개입되어 있다. 영화 텍스트에는 기술·권력·자본 등의 요소가, 상영 환경에는 영화관이 위치한 지역, 영화관 시설, 영화 감상 문화, 변사·악사 등의 부대 공연이 개입되어 있다. 영사 주체에는 권력이나 자본 등의 문제가 개입되어 있다. 더군다나 영화관에서 관객이 영화에 집중해 자신을 드러내지 않음으로써 관객이라는 요소가 교섭에 참여하지 않는다면 교섭은 활발히 진행되지 않을 수 있지만 초기 영화사 시기에는 관객이 영화에만 집중하지 않고 스스로를 적극적으로 드러내기 때문에 그 교섭은 활발하게 이뤄질 수밖에 없다.

셋째, '특정한' 양상의 영화 관람이 낳는 '다양한' 효과와 결과에 대해서도 다룬다. 1920~30년대 당시의 관객은 모두 동일하게 조용히 영화만을 주시하고 그 관람 양상이 관객을 영화 속의 가상세계로 봉합시키는 효과, 결과로만 연결되는 것은 아니었다. 각각의 관람 양상은 상황에 따라 다양한 효과, 결과를 가져왔다. 관객은 영화를 보면서도 산만하게 여러 행동을 할 수 있어서 자신의 욕구를 충족할 수도 있었다. 이 와중에 다른 관객과 접촉할 수 있어서 관객 사이 감정이 교류되고 이후

---

1   Mary Louise Pratt, "Art of the Contact Zone," *Profession* 91(1991). 프랫은 식민지와 노예집단 같은 비대칭적 권력관계가 작동하는 공간에서도 콘택트 존이 존재할 수 있다고 본다. 또한 콘택트 존에서 텍스트는 여러 문화적 배경의 사람들에게 동일하지 않은 형태로 받아들여질 수 있다고 본다. 특히 비대칭적 권력관계가 작동하는 콘택트 존에서는 피지배자가 지배자의 텍스트를 지배자의 의도와는 다른 방식으로 전유해 수용할 수 있다고 지적한다.

그들만의 정체성이 강화될 수도 있었다. 조용히 주시해 영화를 관람하는 관객은, 여러 행동을 하면서 영화를 관람하는 관객을 비하하고, 또 그것에 근거해 자신의 관람 양상을 차별화해 고급 취향으로 설정할 수도 있었다.

이 글에서는 관객을 수동적이고 동질적인 것으로 파악하는 영화 장치 이론과 단일한 법칙으로 역사를 보는 전체사 연구를 각각 극복하려 한 관객성 연구, 문화사(cultural history) 연구의 맥락에서 도쿄와 경성의 영화관과 관객의 영화 관람 양상에 대해 살펴볼 것이다. 이를 위해 우선은 관객성 연구와 문화사 연구의 경향에 관해 간략하게 살펴본 후 본격적으로 도쿄와 경성의 관객성을 비교·검토해보려고 한다.

제2장

관객성 연구와 문화사 연구

1. 역사적 관객에 대하여

미국의 관객성 연구

J. L. 보드리와 크리스티앙 메츠는[1] 영화를 장치 혹은 제도로 파악한다. 이는 영화 연구의 대상을 영화 텍스트만이 아니라 기술, 상영 환경, 관객까지로 확장했다는 데 의미가 있다. 그들은 영화의 기술적 토대와 영사 시스템이 관객을 퇴행적 상태로 바꾸어 관객은 영화를 보는 동안 자신이 영화에 초월적으로 통합되어 있다는 환상을 느끼게 된다고 설명한다. 구체적으로, 영화는 현실감(impression of reality)을 창출하는 방식을 숨김으로써, 초월자적 위치에서 영화 내용을 자신이 직접 경험하는 것처럼 믿는 관객을 만들어낸다는 것이다. 보드리와 메츠에 의하면, 현실감 창출 방식을 숨긴다는 것은 밀폐된 영화관 안에서 관객을 고립시키는 객석의 어둠, 관객 머리 뒤에 위치한 영사기, 연속적 편집, 관객을 시각의 중심에 위치시키는 원근법, 카메라의 유동성 등이 해당한다. 이를 통해 관객은 고립감 속에서 영화에 집중하게 되어 스크린의 영상을 만들어내는 상영 장비나 영화 제작 기술을 인식할 수 없게 된다. 이에 관객은 자신의 눈앞에 보이는 영화가 장비·기술에 의해 만들어진 것임을 잊고 이것을 마치 자신이 현실에서 직접 경험하고 있는 듯이 감각하게 된다. 이러한 과정에서 만들어지는 관객의 상태를 영화적

---

[1] J. L. Baudry, "Ideological Effect of the Basic Cinematographic Apparatus," *Film Quarterly* 28-2(Winter, 1974~1975); Christian Metz, "The Fiction Film and Its Spectator," in Ben Brewster(trans.), *The Imaginary Signifier: Psychoanalysis and Cinema*(Bloomington: Indiana University Press, 1982).

환영에 봉합되었다고 한다. 여기서 관객은 시간과 공간에 관계없이 영화를 동일한 방식으로 감상하며 이미 주어진 방식으로 해석하는 추상적 존재로 취급된다. 이때 관객은 영화의 기술적 토대 및 영사 시스템과 함께 이미 결정되어 있는 영화라는 장치에 편입되는 것이다. 관객의 형성에 사회적·역사적 문제가 고려되지 않아 관객은 추상적·수동적·동질적 존재가 되고 있다.

　　로라 멀비는,[2] 보드리와 메츠와는 달리, 관객의 관람 양상에 성차(性差)라는 사회구조의 문제를 고려하고 있다. 그녀는 여성 등장인물이 남자 주인공의 응시 대상으로 그려지는 할리우드 영화에서 카메라의 시선과 관객의 시선이 남자 주인공의 시선에 종속됨으로써 남성 관객뿐만 아니라 여성 관객도 자기를 남자 주인공과 동일화한다고 설명한다. 이런 과정을 통해 (남녀) 관객은 응시의 쾌락을 얻게 된다는 주장이다. 멀비는 성차의 문제를 고려하고 있지만, 영화 해석이 남성 시각 중심으로 수렴하는 것 그리고 실제 관객의 영화 관람 양상에 성차가 의미 없음을 말하고 있을 뿐이다. 멀비 또한 관객을 수동적이며 이미 결정되어 있는 동질적 존재로 파악하는 것이다.

　　톰 거닝은[3] 영화 장치 이론 등에서의 관객 개념과는 달리 관객은 동질적이지 않으며, 초기 영화 관객과 할리우드의 고전적 관객은 차이가 있다고 본다. 초기 영화 관객은 영화적 환영에 봉합되어 영화를 중립적이고 실제적인 것으로 받아들이지 않고 영사 장치에 매혹되는 방식으로 영화를 관람했다는 것이다. 거닝은 구체적으로, 초기 영화 관객은 흔히 이야기되듯이 스크린상에서 돌진하는 열차가 '실제'로 자신

2　Laura Mulvey, "Visual Pleasure and Narrative Cinema," *Screen* 16-3(Autumn, 1975).

3　Tom Gunning, "An Aesthetic of Astonishment: Early Film And The (In)Credulous Spectator," *Art and Text* 34(Spring, 1989).

을 습격한다고 착각하면서 영화를 본 것이 아니라 정지한 열차의 사진이 영사 장치를 통해 움직이는 영상으로 변화되는 것에 매료되면서 영화를 보았다고 말한다. 영화 상영장에서 영사기사나 설명자는 관객에게 정지한 열차의 사진을 보여준 후 영사 장치를 작동시켜 영상을 보여주는데, 이는 관객이 사진을 움직이게 하는 영사 장치에 매료되도록 관객을 유도하는 것이기도 하다. 이외에도 거닝은 영화 속의 배우가 관객에게 말을 거는 등 당시의 많은 영화는 관객으로 하여금 실제처럼 감각하게 하는 것이 아니라 관객의 주의를 끌어 그들을 매혹하는 것이었다고 한다. 그리고 이 같은 영화를 고전적 극영화와 구분해서 '어트랙션 시네마(cinema of attraction)'라고 칭했다. 거닝은 초기 영화 관객이 할리우드의 고전적 관객과는 달리 이처럼 매혹되어 영화를 관람한 것은 당시 괴이한 효과에 의해 관객을 매혹시킨 다른 시각오락의 존재와도 연관되어 있다고 파악한다. 또한 근대 초기 도시화의 확대, 시각을 자극하는 소비문화의 성장, 식민지 개척에 의한 탐험 욕구의 증대도 매혹으로서 영화를 관람한 것과 관련이 있다고 설명한다. 초기 영화 관객의 관람 양상을 당시의 시각오락 및 사회와 연관시키는 부분은 관객을 추상화하지 않고 역사화하는 것을 의미한다. 또한 거닝이 초기 영화 관객을 당시 사회와 연관시킴으로써 이들을 단순히 고전영화 시기 관객의 전 단계, 뒤처진 존재로 취급하지 않는 점은 영화사를 진보 도식으로 파악하지 않는 것이라 할 수 있다.

관객을 시기와 관련 없이 항상 동일한 존재로 간주하지 않고 초기 영화 관객과 고전영화 관객을 구분하는 것은 노엘 버치의 연구에서도 찾아볼 수 있다. 버치는[4] 초기 영화는, 고전영화와는 달리, 시점 없이

---

4   Noël Burch, *Life to Those Shadows*(Berkeley: University of California Press, 1990), p. 241.

평면적으로 구성되어 있으며 카메라는 움직이지 않고 피사체와는 멀리 떨어져 거리를 유지한 채 촬영되어 있다고 지적한다. 그는 이것이 당시의 프롤레타리아 관객이 영화적 환영에 봉합되는 방식이 아니라 반(反)환영적 오락을 즐기는 방식으로 영화를 관람하는 데서 기인하는 것이라고 본다.

미리엄 한센은[5] 관객은 역사적 특정 조건에 따라 구성된다고 본다. 특히 미국 초기 영화 관객은, 영화라는 상품의 소비자로서 현재의 동질화된 할리우드 상업영화 관객과는 달리, 젠더·인종·계급 차이에 근거해 영화에 대한 다양한 해석과 전유(appropriation)가 가능했다고 주장한다. 예를 들면, 여성 관객은 영화를 남성의 시선에 동일화시켜 관람하지 않고 남성의 신체를 즐기는 여성 자신의 시선으로 관람할 수 있었다고 한다. 한센은 이러한 전유가 가능한 것은 초기 영화 관람 조건은 영화가 현실감을 창출하는 방식을 숨길 수 없어 관객이 영사되는 영상을 자신들이 직접 경험하고 있다고 느끼지 못하는 점에도 그 이유가 있다고 본다. 초기 영화의 텍스트 자체는 연속적 편집이나 관객을 시각의 중심에 위치시키는 원근법 등을 구현하지 못했고 상영 환경 면에서도 설명자에 의한 영화 해설이나 극장주의 자의적 영화 편집이 있었으며 영화 상영과 함께 다른 공연이 병존해 있어, 이것이 관객의 영화 관람에 개입해 관객은 영화적 환영에 봉합되지 않은 것이다. 한센은 또한 이 시기의 관객은 젠더, 인종, 계급 유대를 가지면서 영화 관람 중에도 고립되지 않아 여성, 이주민, 노동자 관객은 자신들이 처한 조건이나 상황에서 영화를 자신들만의 방식에 따라 주체적으로 해석할 수 있었다고

---

5 Miriam Hansen, *Babel and Babylon: Spectatorship in American Silent Film*(Cambridge, Mass.: Harvard University Press, 1994), pp. 1~125.

말한다. 이와 같은 관객 사이 상호 소통, 주체적 해석에 의해 영화관은 지배적 공론장에 균열을 일으키는 대안적 프롤레타리아 공론장이 될 수 있다고 설명한다. 여기서 프롤레타리아 공론장은, 위르겐 하버마스(Jürgen Habermas)의 공론장과 달리 남성·백인·부르주아가 문자·이성에 근거해 안정적으로 구성하는 것이 아니라, 프롤레타리아가 처해 있는 이해관계와 사회 조건 및 그들이 공유하는 감정 등을 통해 산발적·우발적으로 생겨나는 공간을 의미한다.

거닝 및 한센은 실제적이고 구체적인 사례를 통해 다양하게 존재한 초기 영화 관객을 설명했다고 보기는 어려운데, 이후 언급할 연구들은 실제적이고 구체적인 사례를 통해 지역·민족·인종에 따른 초기 영화 관객의 다양함과 차이를 설명한다. 캐스린 H. 풀러는[6] 1910~20년대 뉴욕과 소도시의 지역에 따른 관객의 차이를 다룸으로써 관객을 역사화한다. 뉴욕에서는 주요 영화 관객이 프롤레타리아인 것에 반해, 소도시의 영화 관객은 중산층이라고 간주하고 있다. 풀러는, 이는 뉴욕 같은 대도시에서는 중산층이 영화 말고도 연극이나 오페라·전시회 등 고급문화를 즐길 기회가 많았던 데 비해 소도시에서는 영화 이외의 대중문화나 예술을 향유할 기회가 적었던 데서 기인한다고 파악한다. 여기서 뉴욕의 영화 흥행업자는 중산층 관객을 확보하기 위해 극장 시설이나 영화 내용의 고급화를 시도했는데, 이때 영화의 고급화에 대한 담론이 신문·잡지를 통해 전국적으로 전파되었다고 지적한다. 풀러는 이로써 뉴욕에서 영화를 갈망하는 중산층이 증가했지만 영화는 저급하다

---

6 Kathryn H. Fuller, "'You Can Have the Strand in Your Own Town': The Struggle between Urban and Small-Town Exhibition in the Picture Palace Era," in Gregory A. Waller(ed), *Moviegoing in America: A Sourcebook in the History of Film Exhibition*(Oxford, UK: Blackwell Publishers, 2002).

는 사회적 인식 때문에 중산층이 적극적으로 영화관에 출입하는 것에 까지는 이르지 않았다고 본다. 반면, 지방 소도시의 관객은 신문이나 잡지 기사를 통해 뉴욕의 고급 영화관과 고급 영화를 갈망하게 되는데 소도시의 열악한 영화관의 현실은 관객의 갈망을 채우지 못했다고 파악한다. 풀러는 이 연구를 통해 뉴욕과 소도시 관객의 영화에 대한 태도의 차이를 지적하고 있다. 다른 연구에서 풀러는[7] 1900년대 대도시에서는 더는 어트랙션 시네마를 관람하지 않았던 데 비해 소도시에서는 여전히 많은 관객이 어트랙션 시네마에 매혹되었다고 서술하고 있는데, 이를 통해서는 관람 양상이 각각 영화 속 환영에 봉합되는 방식과 기술에 매료되는 방식으로 지역적 차이가 있었음을 말하고 있다.

1910년대 미국 영화관은 이주민 관객을 영화적 환영에 봉합시켜 그들을 미국 국민이라는 동질적 성격의 관객으로 창출하는 공간이었다고 흔히 이야기되어왔으나, 최근의 연구는 오히려 당시의 영화관은 이주민의 민족적 아이덴티티를 강화하는 역할을 해 민족적으로 다양한 성격의 관객으로 구성된 불균질한 공간이었음을 밝히고 있다. 대표적으로 주디스 티센[8]과 조르지오 베르텔리니[9]는 각각 유대계 이주민과 이탈리아계 이주민의 영화 관람을 언급하고 있다. 상영된 영화도 미국영화가 아니고 주로 프랑스 등의 유럽영화여서 영화가 이주민들을 미국화하

---

7   Kathryn H. Fuller, "Viewing the Viewers: Representations of the Audience in Early Cinema Advertising," in Melvyn Stokes and Richard Maltby(eds.), *American Movie Audiences: From the Turn of the Century to the Early Sound Era*(London: BFI, 1999).

8   Judith Thissen, "Jewish Immigrant Audiences in New York City, 1905-1914," in Melvyn Stokes and Richard Maltby(eds.), *American Movie Audiences: From the Turn of the Century to the Early Sound Era*(London: BFI, 1999).

9   Giorgio Bertellini, "Italian Imageries, Historical Feature Film and the Fabrication of Italy's Spectators in Early 1900s New York," in Melvyn Stokes and Richard Maltby(eds.), *American Movie Audiences: From the Turn of the Century to the Early Sound Era*(London: BFI, 1999).

는 것은 애초에 가능하지 않았다고 본다. 특히 이주민들은 영화관에서 자신들의 민족 공동체를 전시하는 영화도 관람했다고 한다. 티센과 베르텔리니는, 영화관 운영자 또한 이주민 관객 확보를 위해 민족색이 짙은 영화를 상영할 수밖에 없었다고 지적한다. 영화만 상영된 것이 아니라 민족 전통 공연도 같이 행해져서 이주민 관객은 할리우드 고전영화 관객과 달리 영화 속의 환영에 완전히 봉합되지 않고 산만하게 관람하면서 영화를 자율적으로 수용할 수 있었다고 한다. 따라서 미국화의 질서를 구현하는 미국영화를 본다고 해도 관객은 미국 국민으로서가 아니라 자신들의 민족 정체성을 강화할 수 있었다는 것이다. 베르텔리니에 의하면, 특히 통일 민족국가를 경험하지 못한 남부 이탈리아에서 미국으로 온 이주민들은 로마 전통을 전시하는 영화와 공연을 보면서 미국 영화관에서 처음으로 이탈리아 민족 정체성을 구성할 수 있었다고 말한다. 추상적이고 동질적인 미국 국민으로서의 관객이 아니라 모국의 민족과 연관성 속에 형성되는 불균질한 관객의 모습을 설명하는 것이다. 티센과 베르텔리니는 영화관에서의 민족 정체성 강화는 미국화의 압력에 대한 저항으로서 기능할 수 있었다고도 보고 있다.

이만왕은[10] 1920년대 애너 매이웡(Anna May Wong)이라는 중국계 미국 여배우의 과도한 눈물 연기가 클로즈업 기술의 개발에 의해 할리우드 영화 속에서 오리엔탈리즘적으로 전시된 것을 설명하고 있다. 그러나 이 극단적으로 과도한 눈물 연기와 그 노골적 노출은 오히려 메이저 백인 관객에게는 자신들이 조롱당하고 있다고 느끼게 했으며 마이너 유색인 관객에게는 오리엔탈리즘에 대한 저항으로 받아들여졌다고

---

10 Yiman Wang, "Who is Not Afraid of Contaminated Pleasure: On Anna May Wong's Performative Pleasure And Agency," *Tasci Monthly Forum*(2016, 06).

말한다. 메이저 백인 집단과 마이너 유색인 집단으로 관객을 나누는 것은 단순하고 구체적이지도 않은 도식이지만, 중국계 여배우의 눈물 연기가 인종에 따라 다르게 받아들여질 가능성을 지적한 것은 관객성의 차이와 불균질성을 말했다는 점에서 의미가 있다.

메리 카빈은[11] 대공황 이전의 미국 시카고 교외 흑인의 영화 관람을 다루고 있다. 시카고 교외 흑인 거주지의 영화관은 시카고 도심과 백인의 지배 질서에서 어느 정도 거리를 둘 수 있어서 흑인·프롤레타리아 영화를 상영할 수 있었고, 이 지역 흑인 관객들은 백인과 미국의 지배 질서를 재현하는 영화를 감상하더라도 그것을 비판적으로 해석할 수 있었다고 한다. 카빈은 또 흑인 거주지 영화관에서 무성영화가 상영될 때는 반주를 목적으로 하는 재즈 음악이 연주되었는데, 재즈 음악은 즉흥적이라 정형의 방식이 아닌 예측 불가능한 형태로 예측 불가능한 시간에 연주되어서 관객의 영화 관람에 개입할 수밖에 없고, 이에 관객은 영화적 환영에 봉합되지 않은 채 자신만의 방식으로 영화를 해석할 수 있었다고 본다. 이러한 영화 상영 방식도 이 지역의 흑인 관객이 지배 질서에 대항하는 형태로 영화를 감상하게 한 요인이라고 본다. 카빈의 연구는 인종과 영화 상영 환경에 따라 관객의 영화 관람 양상에 차이가 있고, 이 차이가 영화 텍스트의 전유와 지배적 상징 질서에 균열을 가하는 저항으로 연결되었음을 설명하는 것이다. 또한 한센, 티센, 베르텔리니 등은 1910년대 이전과는 달리 그 이후는 영화 관객과 관람 양상이 동질화되었다고 보는데, 카빈은 1930년경에도 시카고 흑인들의 관람 양상은 다른 관객의 그것과 차이가 있음을 지적한다는 점에서도

---

11 Mary Carbine, "The Finest Outside the Loop: Motion Picture Exhibition in Chicago's Black Metropolis, 1905-1928," in Richard Abel(ed.), *Silent Film*(New Brunswick: Rutgers University Press, 1996).

그 의미가 있다.

　이상의 관객성 연구는 추상적이고 동질적인 관객이 아니라 특정 조건과 상황 속에서 구성되는 실제적이고 다양한 관객을 포착하고, 이러한 관객은 이주민, 유색인종, 흑인 등의 정체성을 형성·강화할 수 있었다고 말하고 있다. 또 관객은 영화를 주어진 대로 해석하는 것이 아니라 자신이 처한 이해관계와 상황 속에서 전유도 할 수 있었는데, 이때 전유는 지배적 상징 질서를 흔드는 일상적 저항이 되었다고 본다. 그러나 미국 관객성 연구에서 보이는 관람 양상의 다양성은 할리우드 고전 영화 관객과의 비교를 통한 차이의 관점에서만 설명되어 있다. 많은 연구가 동시기 다양하게 존재한 초기 영화 관객 간의 비교를 통한 차이와 그것들 간의 관계, 예를 들면 이탈리아 이주민 초기 영화 관객과 유대인 이주민 초기 영화 관객 간의 관람 양상 차이와 그 의미, 양자 간 관계를 설명하지 못하는 것은 한계라고 할 수 있다.

　관객성 연구는 아니지만 초기 영화 영화관이나 관객에 관한 연구들도 영화 상영 환경과 그것의 변화, 관객의 구성 등을 다루고 있어 참고할 만해 간략히 소개한다. 더글러스 고메리는 1900년대 작은 가게나 식당 등을 개조해 만든 소형 영화관인 니켈로디언(nickelodeon)을 언급하는데, 니켈로디언은 보통 50~500석 정도의 소규모이며 별도의 스크린이 없고 객석은 나무 벤치여서 시설이 열악했다고 한다.[12] 아일린 바우저는 니켈로디언에서는 영화 상영만이 아니라 강연·연주·공연 등이 행해졌고 관객은 서로 대화를 나누는 등 소란스러웠다고 말한다.[13] 니

12　Douglas Gomery, *Shared Pleasures: A History of Movie Presentation in the United States*(Madison: University of Wisconsin Press, 1992), pp. 18~24.

13　Eileen Bowser, *The Transformation of Cinema 1907-1915*(New York: Charles Scribner's Sons, 1990), pp. 1~20.

켈로디언의 관객과 관련해서는 계급 구성 논쟁이 이어져왔는데, 로버트 앨런과 러셀 메릿은 화재보험 지도, 상업 안내서, 극장주의 경영 전략 등을 분석해, 기존의 연구와는 달리, 중산층 관객이 니켈로디언에 유입되었다고 얘기한다.[14] 이에 대해 벤 싱어는 이들 연구의 오류를 지적하고 일부 사례를 통해 중산층 관객이 니켈로디언에 유입된 것을 일반화할 수 없다고 지적하며, 로버트 스클라는 중산층 유입을 이야기하는 연구들은 이 시기 노동자 관객과 그들의 계급투쟁의 중요성을 경시하는 것이라 비판한다.[15] 윌리엄 우리치오와 로베르타 E. 피어슨은 싱어와 스클라의 주장에 대해, 하루에도 몇 차례씩 관객 구성이 바뀌는 상황에서 관객의 계급적 구성을 일반화하는 것이 과연 가능한지, 관객의 계급 구성 논의가 큰 의미가 있는지 의문을 제기하며, 멜빈 스토크스는 기존 관객의 계급 구성만을 논하는 경향에서 벗어나 민족·인종·젠더 등의 여러 문제에도 관심을 기울여야 한다고 주장한다.[16]

1910년대부터 생겨난 영화궁전(movie palace)에는, 니켈로디언 관객의 계급 구성 논쟁과는 달리, 중산층이 그곳으로 유입되었다고 보는데는 별다른 이견이 없는 듯하다. 샤로테 헤어조크는 영화궁전의 수천 명을 수용할 수 있는 규모와 정교하고 화려한 장식, 직원의 전문적인 서

14 Robert C. Allen, "Motion Picture Exhibition in Manhattan, 1906-1912: Beyond the Nickelodeon," *Cinema Journal* 18-2(spring 1979); Russell Merritt, "Nickelodeon Theaters 1904-1914," in Tino Balio(ed.), *The American Film Industry*(Abingdon, UK: Routledge, 1976), pp. 73~78.

15 Ben Singer, "Manhattan Nickelodeons: New Data on Audiences and Exhibitors," *Cinema Journal* 34-3(Spring 1995); Robert Sklar, "Oh! Althusser!: Historiography and the Rise of Cinema studies," *Radical History Review* 41(Spring 1988).

16 William Uricchio and Roberta E. Pearson, "Dialogue: Manhattan's Nickelodeons New York! New York!," *Cinema Journal* 36-4(Summer 1997); Melvyn Stokes, "Introduction: Reconstructing American Cinema's Audiences," in Melvyn Stokes and Richard Maltby(eds.), *American Movie Audiences: From the Turn of the Century to the Early Sound Era*(London: BFI, 1999).

비스에 대해 언급한다.[17] 고메리는 영화궁전이 엠지엠(MGM), 워너브라더스(Warner Bros.), 폭스(FOX), 알케이오(RKO), 퍼블릭스(Publix) 등의 거대 회사로 체인화되는 과정과 함께 체인화된 영화궁전의 신속한 의사 결정 시스템과 전문적 광고, 시장조사 등의 과학적 경영법을 소개하고 있다.[18] 메릿은 영화궁전의 등장과 체인화 과정에도 니켈로디언은 사라지지 않고 존재했으며, 양자 간의 격차로 영화관 시설, 영화 개봉 시기, 관람료 등에서 차이가 발생했고 이로써 영화관 등급의 개념이 생겨났다고 밝히고 있다.[19]

한국과 일본의 관객성 연구

이 글의 대상이 되는 1945년 이전 식민지 조선의 관객과 영화문화 등 관객성에 관한 선행 연구 중에는 변사 연구가 가장 많다. 조희문은 변사를 영화의 발전과 함께 사라질 존재로 보는 반면, 주창규는 변사를 스크린 영상 속 서구에 대한 해설자로 설명한다.[20] 김소영은 만민공동회에서 볼 수 있듯이 당시 자유로운 토론 욕구가 커지는 상황에서 변사 역시 이와 관련된 강연자 또는 토론의 중재자로 간주한다.[21] 이들 연구가 변사를 해설자·강연자로 설정했다면, 우수진은 변사를 퍼포먼스를

---

17 Charlotte Herzog, "The Movie Palace and the Theatrical Sources of Its Architectural Style," *Cinema Journal* 20-2(Spring 1981). pp. 15~18.

18 Douglas Gomery, "Fashioning an Exhibition Empire: Promotion, Publicity, and the Rise of Publix Theaters," in Gregory A. Waller(ed.), *Moviegoing in America: A Sourcebook in the History of Film Exhibition*(Oxford, UK: Blackwell Publishers, 2002), pp. 124~133; Douglas Gomery, *Shared Pleasures: A History of Movie Presentation in the United States*, pp. 57~81.

19 Russell Merritt, "Nickelodeon Theaters 1904-1914," in Tino Balio(ed.), p. 78

20 조희문, 「무성영화의 해설자 辯士 연구」, 『영화연구』 13(한국영화학회, 1997. 12); 주창규, 「버나큘러 모더니즘의 스타로서 무성영화 변사의 변형에 대한 연구」, 『영화연구』 32(한국영화학회, 2007. 7).

21 김소영, 「파국의 지도: 만민공동회와 스크린 실천」, 『파국의 지도: 한국이라는 영화적 사태』(서울: 현실문화, 2014).

벌이는 공연자로 파악하며 이때 영화관은 공연장으로서의 성격이 강했다고 본다.[22] 이와 관련해 백문임은 유성영화의 도입에도 변사가 사라지지 않은 점을 지적하면서, 그 이유를 당시 영화관이 공연장으로서의 성격이 강해서라고 말한다.[23] 여선정 역시 영화관을 변사 공연 이외의 리뷰와 악사의 공연이 행해지는 공연장으로 파악하고 있다.[24]

변사 이외의 연구로는 영화관을 민족 집합의 공간으로 보면서 조선인 관객들이 일본영화가 아니라 주로 서양영화를 선택한 이유가 민족적 저항 의식 때문이라고 설명하는 유선영의 연구,[25] 당시 영화관에는 부인석이 있어 남녀 좌석이 구분되어 있었음에도 이성 간의 시선이 무수히 교차한 것을 밝히는 김소영의 연구,[26] 식민지의 억압적 현실 속에서 영화관이 여성 공론장으로 기능할 가능성을 논하는 주훈의 연구,[27] 경성의 어느 조선인 상대 영화관의 흥망을 영화산업과의 관련에서 언급하는 이순진의 연구,[28] 조선인의 공론장으로 기능한 함경도 지역 영화관을 살피는 이승희의 연구,[29] 식민지 군산 지역의 관객을 다루는 위경혜의 연구,[30] 당시 영화의 주 관객층이 도시 하층계층이라 보고 영화 〈아

---

22 우수진, 「무성영화 변사의 공연성과 대중연예의 형성」, 『한국극예술연구』 28(한국극예술학회, 2008. 10).
23 백문임, 「식민지 극장의 무성 영화 관람성(audienceship): 청각장(場)의 문제를 중심으로」, 『한국언어문화』 38(한국언어문화학회, 2009. 4).
24 여선정, 「무성영화시대 식민도시 서울의 영화관람성 연구」, 중앙대학교 석사학위논문(1999).
25 유선영, 「황색 식민지의 서양영화 관람과 소비실천, 1934~1942: 제국에 대한 '문화적 부인'의 실천성과 정상화 과정」, 『언론과 사회』 13-2(사단법인 언론과사회, 2005. 5).
26 김소영, 「신여성의 시각적 재현」, 『문학과 영상』 7-2(문학과영상학회, 2006. 12).
27 주훈, 「1920-30년대 한국의 영화 관객성 연구: 무성영화 관객을 중심으로」, 서울대 석사학위논문(2005).
28 이순진, 「1930년대 조선 영화문화의 변동과 조선인 영화상설관의 소멸: 단성사의 몰락 과정을 중심으로」, 『대동문화연구』 72(성균관대학교 대동문화연구원, 2010. 12).
29 이승희, 「공공 미디어로서의 극장과 조선민간자본의 문화정치: 함경도 지역 사례 연구」, 『대동문화연구』 69(성균관대학교 대동문화연구원, 2010. 03).
30 위경혜, 「식민지 개항도시 극장의 장소성: 군산 지역을 중심으로」, 『대동문화연구』 72(성균관대학교 대동문화연구원, 2010. 12).

리랑〉(나운규, 1926)의 성공을 그것과 연관시키는 노지승의 연구,[31] 〈아리랑〉이 항일영화로 받아들여진 것은 영화 텍스트만이 아니라 관객의 전유와 변사의 해설에 기인한다는 김려실의 연구,[32] 일본어, 조선어 사용 변사에 의해 일본인과 조선인의 동족 공간이었던 식민지 조선의 영화관이 토키의 도입으로 취향의 공간으로 변화하게 된 것을 설명하는 이화진의 연구[33] 등이 있다.

1945년 이전 일본의 관객과 영화문화 등 관객성에 관한 연구도 변사를 주제로 한 것이 많다. 버치는 변사를 일본영화 발전의 걸림돌로 취급해서는 안 되며 변사가 있어서 서양과는 구별되는 일본 특유의 영화 형식이 형성될 수 있었다고 말한다.[34] J. L. 앤더슨(J. L. Anderson)은 변사를 인형극·노(能)·가부키(歌舞伎) 같은 공연과 해설이 뒤섞여 있는 일본의 전통 연예 형태에서 온 것이라 서술하고, 변사의 성립 과정과 그 형태·기능에 대해서도 언급하고 있다.[35] 에런 제로[36]와 키타다 아키히로(北田暁大)[37]의 연구는 유성영화의 도입과 동시에 변사가 사라지지 않고 엘리트의 논쟁 속에서 혹은 고급 영화관에서 그 역할과 양상이 변화된 것을 지적한다는 점에서 의미가 있다.

31 노지승, 「'나운규 영화'의 관객들 혹은 무성 영화 관객에 대한 연구: 식민지 시기, 관객의 변화와 나운규 영화의 의미」, 『상허학보』 23(상허학회, 2008. 6).

32 김려실 『투사하는 제국 투영하는 식민지: 1901~1945년의 한국영화사를 되짚다』(서울: 삼인, 2006), 88~118쪽.

33 이화진, 「식민지 조선의 극장과 '소리'의 문화정치」, 연세대 박사학위논문(2011), 21~83쪽.

34 Noël Burch, To the Distant Observer: Form and Meaning in the Japanese Cinema(Berkeley: University of California Press, 1979). pp. 77~88.

35 J. L. 앤더슨, 「설명이 곁들여진 일본의 무성영화 또는 화면을 보며 이야기하기: 가쓰벤에 관한 논의, 텍스트 문맥화하기」, 아서 놀레티·데이비드 데서 편, 편장완·정수완 옮김, 『일본영화 다시보기: 작가주의, 장르, 역사』(서울: 시공사, 2001).

36 アーロン·ジェロー(Aaron Gerow), 「弁士について: 受容規制と映画的主体性」, 『映画史を読み直す: 日本映画は生きている』(東京: 岩波書店, 2010).

37 키타다 아키히로, 「유혹하는 소리(聲)/영화(관)의 유혹」, 요시미 슌야 외 지음, 『확장하는 모더니티』.

그 외, 영화관에서 부인석 및 여자 안내원의 존재와 그 젠더적 의미에 대해서 언급하는 이시츠키 마유코의 연구,[38] 뉴스영화의 유행과 근대적 도시 생활 양식의 관련성에 주목하는 후지오카 아츠히로의 연구,[39] 여성 팬의 존재 때문에 당시 다른 사극 남자 배우들과는 다른 방식으로 캐릭터가 구성된 한 배우를 다루는 미야오 다이스케의 연구,[40] 어느 한 영화가 도쿄와 달리 오사카 지역의 한 영화관에서만 성공할 수 있었던 것에 주목해 이는 그 영화관이 위치한 유흥가의 지역적 특징과 영화관의 특정한 흥행 양식 등과 관련되어 있다고 지적하는 사사가와 게이코의 연구,[41] 아사쿠사(浅草) 덴키관(電気館)의 구조와 관객의 관계, 도쿄와 교토 영화관의 흥행 시기 차이와 그 이유를 밝히는 우에다 마나부의 연구,[42] 초기 영화사 시기 영화관의 외관과 상영 환경 등에 대해 서술하는 가토 미키로의 연구[43] 등이 있다.

한국과 일본에서 영화관과 영화 관객에 관한 연구는 그 1차 자료의 부족 등으로 제약이 많은 상황임에도 영화관 시설이나 변사 등의 상영 환경과 그 변화의 의미, 고전영화 관객과는 달리 공연장에서처럼 소란스럽게 영화를 관람하는 관객, 영화관과 도시 감각 사이의 관계, 영화관의 지역적 차이 등을 설명한다는 점에서 큰 성과를 거두고 있다고 할 수 있다. 그럼에도 몇 가지 한계를 제기할 수 있겠다.

38 石月麻由子, 「モダン都市の映画館 二, 映画館のなかの《ジェンダー》」, 十重田裕一 編, 『映画館(コレクション・モダン都市文化 19)』(東京: ゆまに書房, 2006).

39 藤岡篤弘, 「近代化する都市の映画観客: ニュース映画館の形態と機能」, 加藤幹郎 編, 『映画学的想像力: シネマ・スタディーズの冒険』(京都: 人文書院, 2006).

40 宮尾大輔, 「顔斬り: 林長二郎のスターダムと女性観客」, 藤木秀朗 編 『観客へのアプローチ(日本映画史叢書 14)』(東京: 森話社, 2011).

41 笹川慶子, 「『折鶴お千』と道頓堀興行」, 藤木秀朗 編, 『観客へのアプローチ(日本映画史叢書 14)』(東京: 森話社, 2011).

42 上田学, 『日本映画草創期の興行と観客: 東京と京都を中心に』(東京: 早稲田大学出版部, 2012), 115~168쪽.

43 加藤幹郎, 『映画館と観客の文化史』(東京: 中央公論新社, 2006), 209~254쪽.

첫 번째는 많은 연구가 영화 상영 환경 차이와 관객의 영화 관람 양상 차이에 대해 언급하지 않는다는 점이다. 이는 1920~30년대의 영화 상영 환경과 관람 양상을 어디서나 동일한 것으로 취급해 그 다양성을 포착하지 못하게 하고, 영화 관람·수용에 개입하는 지역·젠더·인종·계급 등의 관계와 이 관계를 통해 구성되는 역사적 관객을 파악하기 어렵게 한다. 앞서 거론한 연구 중 사사가와 게이코는 〈오리츠루오센(折鶴お千)〉(미조구치 겐지, 1935)의 상영에 있어 오사카와 도쿄의 흥행 양식, 배급사, 관객의 성향, 영화관이 위치한 유흥가의 차이를 밝히고 있다. 우에다 마나부는 영화 관객의 성립 및 관람 양상의 차이까지는 아니지만 유흥가의 구조에 따른 영화 흥행 시기의 차이를 언급하고 있으며, 후지오카 아츠히로도 앞의 연구와는 다른 연구[44]에서 영화관의 지역적 차이를 시설이나 주변 교통 상황의 측면에서 간략히 다루고 있다. '차이'에 주목하는 연구는 이 정도에 그치는데, 특히 식민지 조선에 대한 많은 연구는 민족 문제만을 중점적으로 다루고 관객의 구성과 그들의 영화 관람 양상이 지역·계급에 따라 차이가 있고 불균질적이고 다양하게 존재할 수 있는 것에는 별달리 주목하지 않는다. 일부 연구는 특정 지역의 관객·영화관을 대상으로 삼고 있지만, 아쉽게도 지역적 특징과 영화 관람 양상의 관계, 관람 양상의 차이는 보여주고 있지 못하다. 이순진·이승희·주훈의 연구는 1930년대 이후 일제의 군국주의 강화와 함께 식민지 조선의 영화관 관객이 획일화·균질화된다고 보는데, 이는 제국 권력과 자본의 힘 때문이라 파악하고 있다. 이 관점은, 권력과 자본의 힘이 대중의 일상과 문화에 존재하는 다양한 요소와의 관계

---

44 藤岡篤弘, 「日本映画興行史研究: 1930年代における技術革新および近代化とフィルム・プレゼンテーション」, 『CineMagaziNet!』 No. 6(2002). (http://www.cmn.hs.h.kyoto-u.ac.jp/CMN6/fujioka.html)

속에서 왜곡되어 불완전하고 불균질적으로 적용될 가능성을 염두에 두지 않은 것이라 하겠다. 물론 영화 상영 환경과 관람 양상의 다양성 및 불균질성을 설명하지 못하는 것은 영화관·관객에 대한 자료가 극히 부족한 것에서도 기인한다. 그러나 자료적 한계가 있더라도 지역이나 관객의 구성 등에 따라 영화 상영 환경과 관람 양상에 차이가 있을 수 있음을 염두에 두고 논의를 진행할 필요는 있다고 생각한다.

두 번째는 많은 연구가 1920~30년대 특정한 관람 양상이 가져오는 다양한 효과와 결과에 대해 언급하지 않는다는 점이다. 연구들은 대부분, 영화적 가상세계에 봉합되어 주어진 의미대로 조용히 영화를 감상하는 고전적 관객과 달리, 소란스럽고 산만하게 영화를 관람하는 초기 영화 관객을 다루고 있다. 이에 김려실은 이러한 관람 양상을 통해 관객은 〈아리랑〉을 전유할 수 있었다고 보고 있다. 유선영이 영화관에서의 저항을 설명하고 있긴 하지만, 이는 영화 선택이 민족 저항으로 연결됨을 이야기하는 것이지 특정 관람 양상의 효과와 결과로서 민족 저항을 언급하는 것은 아니다. 주훈은 여성 공론장 형성 가능성을 언급하나 이 역시 특정 관람 양상과 그것을 연결하고 있지는 않다. 당시 관객은 영화관이 위치한 장소의 특성과 특별한 상영 양식 및 관객 구성 등으로 인해 소란스럽고 산만하게 영화를 관람하면서도 자신의 입장·조건에 근거해, 주어지는 의미와는 다른 방식으로 영화를 관람하고 해석하면서 민족으로서만이 아니라 노동자, 식민지민, 이주민, 여성으로서의 정체성을 형성할 수도 있었을 것이다. 관객들은 이런 전유와 정체성 형성에 근거해 저항할 수도 있고 자신의 정체성에 기초해 타자를 배제할 수도 있다. 즉, 당시 특정의 관람 양상이 전유, 정체성 형성·강화, 타인의 배제, 저항 등으로 연결되는 것에 대해 밝힐 필요가 있다는 것이다.

세 번째는 많은 연구가 제국 일본과 식민지 조선 사이 영화관, 영화 관객, 관람 양상이 연관되는 것에 대해 언급하지 않는다는 점이다. 대표적으로 앞서 거론한 한·일의 연구 중 상당수는 변사 연구가 많고 양 지역에서 변사는 상당히 유사한 방식으로 존재한 것을 알 수 있는데, 그 상호 연관성이나 비교 연구는 거의 행해지지 않는 실정이다. 또한 당시 제국 일본과 식민지 조선에는 상대 지역으로부터의 많은 이주민이 거주해 영화관에서 민족 간 접촉이 발생할 수 있었다. 실제로도 일본의 영화 상영 공간에서 이주 조선인들은 일본인으로부터 감시의 대상이 되기도 하고 때로는 이주민으로서의 애환을 공유해 민족적 정체성을 강화하기도 했다.[45] 조선인이 주로 모인 식민지의 영화관에서 이주 일본인은 조선어 공연과 병존해 상영되는 영화를 관람하면서 생경함을 느끼고 식민지 조선인들을 멸시의 시선으로 바라보기도 했다.[46] 월등한 제국의 영화산업 시스템과 영화문화가 식민지에 이식될 가능성도 있었고, 이것들이 식민지의 다양한 존재와 만나는 과정에서 예기치 못한 결과를 낳을 수도 있었다. 일례로 일본에서 들어온 대형 고급 영화관의 문화는 영화 외 다른 대중문화나 예술이 부족한 조선에서는, 일본에서와는 달리, 취향 구분의 수단으로서 적극적으로 이용될 가능성이 있었다. 또한 제국 일본과 식민지 조선에서 제작된 영화가 상대 지역에서 상영될 수도 있었고, 같은 영화가 각 지역의 특별한 상황 속에서 다른 방식으로 수용될 수도 있었다. 예를 들면 일본에서는 특별한 의미 없는 풍경영화가 조선의 일본인에게는 향수를 달래어주는 영화로, 일본인으로서의 정체성을 강화해주는 영화로 수용될 수 있었다.

45　「朝鮮映畵禁止에 對하야」, 『東亞日報』, 1936. 7. 25, 3면; 山田三吉, 「関東自由への特込」, 『プロレタリア映画』 十月(東京: 新鋭社, 1930), 68쪽.
46　瀧川淸弘, 「朝鮮映画界槪観」, 『キネマ旬報』 375(東京: キネマ旬報社, 1930), 75쪽.

영화사 이외의 분야에서도 1945년 이전 제국 일본과 식민지 조선의 관계를 다루고 있는 연구는 많지 않으나, 그와 관련된 것으로 고마고메 다케시, 스기하라 토오루, 호리 가즈오의 연구 등을 들 수 있다. 고마고메 다케시(駒込武)의 연구는 식민지에서 모순된 동화 정책의 원인을 일본 내부의 불완전한 정체성의 형성에서 찾고 있다.[47] 스기하라 토오루는 조선인의 일본 이주를 식민지 정책과 일본의 경제 상황에서 서술하며, 연락선을 둘러싼 일본인 자본과 이주 조선인 자본의 경쟁, 이주 조선인에 대한 본토 일본인의 시선 등도 이야기하고 있다.[48] 호리 가즈오(堀和生)는 식민지 조선의 경제사를 수탈론으로 고립시키는 것이 아니라 식민지 조선의 경제 성장을 일본 자본주의와의 관련성 속에서 포착한다.[49] 이들 연구는 제국 권력과 식민지 권력의 관계, 제국민과 식민지민의 만남, 제국의 경제 상황과 식민지 산업의 연관성을 언급한다는 점에서 영화관에서 일본인과 조선인의 만남, 일본 영화산업과 조선 영화산업의 관계 등을 설명하는 데 참고할 만하다.

마지막으로, 제국 일본과 식민지 조선에서 영화관이 대형화되고 흥행업이 산업화되는 과정과 그것이 관객에 끼치는 영향에 대한 연구가 별달리 없다는 점을 지적할 수 있겠다. 일본에서는 1930년대 초반, 조선에서는 1930년대 후반 거대 자본이 운영하는 대형 영화관이 등장하는데, 영화관 시설·서비스·경영법이 기존의 영화관과 근본적으로 달랐고, 이는 일본·조선의 영화 흥행계와 영화문화에 큰 영향을 끼쳤다. 물론 대형 영화관의 건설 상황이나 그것이 주는 영향력은 일본 및 조선

---

47 고마고메 다케시, 오성철·이명실·권경희 옮김, 『식민지제국 일본의 문화통합: 조선·대만·만주·중국 점령지에서 식민지 교육』(서울: 역사비평사, 2008).
48 杉原達, 『越境する民: 近代大阪の朝鮮人史研究』(東京: 新幹社, 1998).
49 호리 가즈오, 주익종 옮김, 『한국근대의 공업화: 일본 자본주의와의 관계』(서울: 전통과 현대, 2003).

내부의 지역별 편차가 있을 것이므로 그 편차에 대해 주목할 필요도 있다.

2. 새로운 역사 쓰기의 경향들

서구의 문화사 연구

마르크스주의 역사학은 경제'구조'의 변화에 의해 역사는 단선적으로 진보한다고 보았다. 마르크스주의 역사학자인 에릭 홉스봄(Eric Hobsbawm)은 역사란 어떤 단절도 없이 보편적 인권의 완성을 향해 과거-현재-미래로 연속해서 나아간다고 파악했다.[1] 홉스봄은 역사의 결정 요인으로 경제구조보다는 보편적 인권의 완성을 중요시해 인류의 역사는 이것에 의해 진보한다고 본 것이다. 이러한 단선적 진보 모델의 역사는 서구 사회에만이 아니라 어느 지역·사회에도 적용되는 보편적인 것으로 간주하는데, 이 점에서 마르크스주의 역사학은 전체사 구성에 주목하고 있으며, 다양한 방식으로 작동하는 역사가 존재할 가능성은 염두에 두지 않는다고 할 수 있다. 마르크스주의 역사학과 함께 서구의 역사학에서 중요한 위치를 점했던 아날학파는 단선적으로 진보하는 시간 개념을 제시하지 않았다. 1970년대까지 아날학파를 대표한 페르낭 브로델(Fernand Braudel)은 고대-중세-근대로 연결되는 단선적 시간 개념을 부정하고, 역사가 개인적 시간, 사회적 시간, 지리적 시간이라는 세 다른 속도의 시간으로 결합되어 있다고 보았다. 그럼에도 역사를 결정하는 가장 중요한 요소는 장기적으로 지속되는 지리적 시간이라 보고, 인간의 삶은 지리적 환경의 영향을 받아 수 세기 동안 반복되면서 큰 변화가 없다고 주장했

---

1   에릭 홉스봄, 강성호 옮김, 『역사론』(서울: 민음사, 2002), 430~435쪽.

다.[2] 브로델에게는 거의 움직이지 않는 역사, 반복되는 시간이 중요한 것이다. 브로델은 마르크스주의 역사학과는 달리 복수의 시간 개념을 인정했지만, 변하지 않고 반복되는 시간의 지리적 환경을 역사를 결정하는 절대적 요소로 보아서 이 이외의 시간은 경시될 수밖에 없고, 다양한 방식으로 움직이는 다발적인 개인적 시간도 장기 지속 구조의 절대적 영향 아래 있는 것으로 생각했다. 이 점에서 브로델 또한 장기 지속 '구조'에 의한 전체사 구성에 주목한다고 할 수 있다.

이처럼 마르크스주의 역사학과 브로델의 아날학파는 구조 등의 결정 요인에 집중하는 만큼 두 학파에서 인간이라는 존재는 이 결정 요인에 의해 이미 주어진 것으로 간주되었다. E. P. 톰슨(Edward Palmer Thompson)이 비판하듯이, 마르크스주의 역사학자들은 노동계급을 실제 인간의 생활이라는 측면에서 파악하지 않고 경제구조에 의해 일방적으로 주어진 것으로 간주했다.[3] 피터 버크는 브로델로 대표되는 아날학파가 개인의 삶을 자연환경에 의해 결정되는 것으로 설정해 개인을 자연환경이라는 운명의 수인(囚人)으로 만들어버린다고 비판한다.[4] 마르크스주의 역사학이나 아날학파에서는 개인의 존재를 이미 주어진 것으로 보아서 개인이나 개별 집단은 개성을 가지고 있지 않는 동질적 존재로 다루어질 수밖에 없다. 따라서 두 학파는 개인이나 집단 각자가 처한 상황에서 정체성이 구성되는 과정, 개인·집단 간 정체성의 차이에 주목하기 어렵다.

마르크스주의 역사학과 브로델은 역사 속의 개인은 이미 결정된

---

2   이것에 대해서는 전수연, 「아날학파와 역사의 파편화?」, 『학림』 17(연세대학교 사학연구회, 1996. 2), 224쪽을 참조.

3   E. P. 톰슨, 나종일·노서경·김인중·유재건·김경옥·한정숙 옮김, 『영국 노동계급의 형성(상)』(서울: 창비, 2007), 6~8쪽.

4   Peter Burke, *History and Social Theory*(Ithaca, N.Y.: Cornell University Press, 2005), p. 234.

것으로 보아서 개인의 자율적 일상생활 또는 그들이 설정하는 일련의 의미구조로서의 문화에 대해서도 관심을 갖기 어렵다. 마르크스주의 역사학은, 널리 알려져 있는 것처럼, 경제구조 등의 하부구조가 문화 등의 상부구조를 규정한다고 간주하며, 아날학파는, 조지 이거스(Georg Iggers)가 지적하듯이, 문화나 망탈리테(mentalité)는 장기 지속 구조의 영향력 아래에서 변하지 않고 오랫동안 유지되는 것으로 본다.[5]

마르크스주의 역사학과 브로델은 개인이라는 존재와 그들의 일상과 문화를 주어진 것으로 설정하는 만큼 개개인의 자유 의지와 다양한 방식의 저항 행위에 관심을 갖기도 어렵다. 특히 개인의 시간은 깊은 바다의 표면에 불과하다고 보는 브로델에게 일상적 저항은 역사에 큰 의미를 가질 수 없다. 물론 마르크스주의 역사학은 노동계급의 명시적이고 전복적인 저항 행위를 다루고 있지만, 이는 사람들의 일상과 문화 속에서 발견되는 구체적 저항이라기보다는 현 경제구조의 모순 속에서 발전된 사회를 열기 위해 당위적으로 발생해야 하는 것으로 설정된다. 그러므로 저항 행위는 도식적 방법으로 서술될 수밖에 없고, 여러 성격의 실제적 저항 행위를 말하기 어렵게 된다.

문화사는 기본적으로 위에서 언급한 마르크스주의 역사학과 브로델의 한계를 극복하려고 하는데, 우선 역사를 결정하는 요인으로 구조 및 단선적 진보 모델의 보편성을 거부하고 다양성·불균질성에 주목한다. 따라서 차이와 특수성에 의미를 부여한다. 예를 들어 미셸 드 세르토(Michel de Certeau)는 17세기 루됭(Loudun)이라는 프랑스 마을에서의 마귀들림에 관해 서술하는데, 왕권·신학·과학이 마귀들림에 대해 각기 다른 인식을 갖고 있었고 이러한 인식의 차이가 세력 간 갈등을

---

5   조지 이거스, 임상우·김기봉 옮김, 『20세기 사학사』(서울: 푸른역사, 1998), 95쪽.

발생시켰다고 말한다.[6] 로제 샤르티에(Roger Chartier) 등은 독서의 양상은 책의 내용에 의해 이미 결정되어 언제 어디서나 동일하지 않고, 각기 다른 성격의 역사적 독자에 의해 시공간에 따라 다양하게 구성된다고 설명한다.[7] 린 헌트(Lynn Hunt)는 근대의 기원이자 자유·평등의 구현, 진보의 달성이라고 받아들여져온 프랑스혁명이 어디서나 동질하게 작동한 것이 아니라고 본다. 특히 여성과 개인 사생활의 영역에서는 프랑스혁명이 자유와 평등의 역사로 작동하지 않았다고 말한다.[8]

문화사는, 다양성과 불균질성에 주목함으로써 보편성, 단선적 진보 모델로는 파악할 수 없는 역사에서의 배제와 차별에 눈을 돌릴 수는 있으나, 서구 역사에 집중함으로써 유럽 중심의 단선적 진보 모델이 비유럽에 적용될 때의 배제와 차별에 대해서는 크게 주목하지 않는 한계를 보인다. 이에 대해 포스트콜로니얼리즘(postcolonialism)에서는 유럽 중심의 보편성, 단선적 진보 모델 지향은 유럽 역사에 절대성을 부여하고 유럽사가 세계사의 기준이 되게 한다며 그러한 지향은 비유럽사를 타자의 역사로 전락시킨다고 지적한다. 디페시 차크라바르티는(Dipesh Chakrabarty)는, 인도의 민족주의 역사학이 서양 역사학의 서사 방식인 부르주아 엘리트가 지배하는 민족국가와 자본주의 체제에 기초해 인도 근대사를 구성하고 전근대에서 부르주아 근대로의 발전을 인도 부르주아 엘리트의 성취로 서술하는 것은 인도사를 유럽사에 동화시키는 것이라고 본다. 아울러 그는 유럽사를 세계사의 기준으로 삼는 것은 제삼세계 식민지 국가의 미래 지향점을 유럽식 근대화와 자본주의로 설정

---

6   미셸 드 세르토, 이충민 옮김, 이성재 감수, 『루됭의 마귀들림: 근대 초 악마 사건과 타자의 형상들』
    (파주: 문학동네, 2013).
7   로제 샤르티에, 굴리엘모 카발로 엮음, 이종삼 옮김, 『읽는다는 것의 역사』(서울: 한국출판마케팅연구
    소, 2006).
8   린 헌트, 조한욱 옮김, 『프랑스 혁명의 가족로망스』(서울: 새물결, 1999).

하는 것이라고 말한다. 따라서 보편성, 단선적 진보 모델의 부정은 유럽사를 주변화하는 것이고 제삼세계의 역사와 미래를 새 기준으로 파악하려는 시도로 이어지는 것이라고 한다.[9] 같은 문제의식 속에서 라나지트 구하(Ranajit Guha)는 식민지 인도에서 봉기를 일으킨 농민들을, 민족주의 역사학이 다루는 것처럼 유럽 역사를 기준으로, 시대착오적이며 봉건적인 것 또는 통일적·조직적이지 않은 것으로 비판해서는 안 된다고 주장한다. 구하는, 유럽사와는 다른 시각으로, 농민들은 봉기에서 자신들만의 코드를 개발하고 사회적 권위와 권력의 상징을 폐기하려 했다고 해석한다.[10]

문화사 연구는, 마르크스주의 역사학이나 브로델과는 달리, 개인의 자율적 일상생활이나 생활방식으로서의 문화를 주 연구 대상으로 한다. 경제구조나 지리환경 등의 거시적 요소에 의해 결정되지 않는 문화의 개념은 레이먼드 윌리엄스(Raymond Williams)의 연구에서 찾을 수 있다. 윌리엄스는 감정구조를 특정 집단이나 계급사회가 공유하는 가치로 보고 어느 시기의 문화가 특별한 생활 감각을 갖는 것은 이 감정구조 때문이라고 한다. 그는 이 감정구조는 정형화된 거대 이념과 구조에 의해 규정되는 것이 아니라 느껴진 사고(thought as felt), 사고된 감정(feeling as thought)이라고 파악한다. 문화는 유동적이고 복잡한 과정을 통해 만들어지는 것이지 하나의 거대 구조에 의해서만 결정되는 것은 아니라는 의미다. 이어 그는 문화는 사람들의 특정 생활방식과 의미 및 가치의 표현이라고 정의 내린다. 그런 만큼 문화의 분석은 특정 생활방식과 특정 문화의 내부에서 명시적·암시적으로 나타나는 의미와 가

---

9 디페시 차크라바르티, 김택현·안준범 옮김, 『유럽을 지방화하기: 포스트식민 사상과 역사적 차이』(서울: 그린비, 2014), 86~120쪽.
10 김택현, 『서발턴과 역사학 비판』(서울: 박종철출판사, 2011), 45~46쪽에서 재인용.

치를 밝히는 것이라고 본다.[11]

마크 포스터(Mark Foster)는 문화사에서 주체와 그들의 정체성은 경제구조 등에 의해 이미 결정되어 있는 것이 아니라 특정의 일상과 문화 속에서 구성되는 것이라고 본다.[12] 나아가 샤르티에는 정체성은 항상 분류하고 명명하는 권력이 강요하는 표상과 그에 대한 굴종적 혹은 저항적 수용 사이에서 만들어진다고 설명하는데,[13] 정체성 구성 과정에서의 일상과 문화는 평온하기만 한 공간이 아니라 여러 세력이 교섭하고 갈등하는 공간이라 파악하는 것이기도 하다.

이처럼 문화사는 정체성은 주어지는 것이 아니라 구성되는 것이라고 본나는 데서 노동계급을 이미 주어진 것으로 설정하고 그에 따라 계급 간 투쟁에 전념하는 마르크스주의 역사학에서 벗어나 있다. 나아가 문화사는 가해자(자본가)/피해자(노동자)로 나누고 이들의 폭력/저항의 도식적 관계로 사회·역사를 파악하는 것은 모더니티의 이념적 신화라고 간주한다. 또한 문화사는 권력 및 사회구조와의 관계 속에서 개인 정체성과 집단 정체성이 어떻게 형성되었는지를 밝히는 것이 오히려 근대의 한계를 드러낼 수 있다고 본다.[14] 안정적이며 확고한 중심, 자율성을 가진 주체와 그 정체성을 이야기하는 메커니즘에서 주체가 될 수 없는 타자는 어떤 방식으로 명명되고 배제되는지를 밝힘으로써 근대성을 비판할 수 있게 된다는 것이다.

톰슨은 계급을 이미 주어진 것으로 인식하는 마르크스주의 역사

---

11 레이먼드 윌리엄스의 문화 개념에 관해서는, 정재철, 『문화연구자』(서울: 커뮤니케이션북스, 2013), 22~27쪽을 참고했다.
12 마크 포스터, 조지형 옮김, 『포스트 모던시대의 새로운 문화사』(서울: 이화여자대학교 출판부, 2006), 25~28쪽.
13 로제 샤르티에, 김응종 옮김, 「표상으로서의 세계」, 『아날학파의 역사세계』(서울: 아르케 2001), 478쪽.
14 마크 포스터, 『포스트 모던시대의 새로운 문화사』, 26~28쪽.

학을 비판하는데, 그러한 인식은 노동자의 실제 생활을 정확하게 파악하지 못하게끔 한다는 지적이다. 계속해서 그는 영국의 농업노동자·공장노동자의 작업장과 의식주·의례·여가생활 등을 분석하고, 노동계급은 경험·전통·사회구조 등에 의해 복합적으로 구성되는 것이라고 한다. 노동계급은 상황에 따라 구성되는 만큼 노동계급의 성격은 어디서나 동일한 것이 아니라 사회와 국가에 따라 차이가 있다고 본다.[15]

포스트콜로니얼리즘에서는, 제삼세계에 대해서는 관심이 부족한 문화사에서와는 달리, 주어진 존재로서 유럽의 프롤레타리아와 다른 식민지에서의 정체성 구성에 주목한다. 유럽의 프롤레타리아와 식민지·제삼세계 서발턴 사이의 차이를 밝히고 서발턴에 대해 행해진 복잡하고 다중적인 차별을 명확히 하려는 것이다. 여기서 서발턴은 민족이나 계급 같은 특정 범주를 특권화하고 지배적 지위에 두는 것이 아니라 여러 요소나 범주에서 작동하는 지배와 종속의 복잡한 관계를 지시하는 개념이라 할 수 있다.[16]

문화사에서는 피해자(노동자)가 가해자(자본가)에게 행하는 도식적 저항이 아니라 일상 속에서 이루어지는 개개인의 전유를 통한 자율적 저항에 주목한다. 샤르티에는 창조(생산, 쓰기) 대 수용(소비, 읽기)의 관계에서 기존 역사학은 전자에 긍정성과 능동성을 후자에 부정성과 수동성을 부여하지만, 문화사에서는 후자를 긍정적으로 보며 후자의 창조성을 강조한다고 말하고 있다.[17] 샤르티에에게서 후자가 긍정적이고 창조적인 활동이 될 수 있는 것은 전유 때문인데, 여기서 전유란 수용

15 E. P. 톰슨, 『영국 노동계급의 형성(상)』.
16 이에 관해서는 로절린드 C. 모리스 엮음, 가야트리 차크라보르티 스피박, 「서발턴은 말할 수 있는가?」, 가야트리 차크라보르티 스피박 외 지음, 태혜숙 옮김, 『서발턴은 말할 수 있는가?: 서발턴 개념의 역사에 관한 성찰들』(서울: 그린비, 2013)을 참조.
17 마크 포스터, 『포스트 모던시대의 새로운 문화사』, 23쪽에서 재인용.

자가 수용과 소비 과정에서 지시 사항 및 발신·생산된 텍스트를 재해석하고 그것들에 새로운 의미를 부여하는 창조적 행위를 통해 일상 속에서 발신자·생산자·권력자에게 저항하는 것을 의미한다. 이때 문화는 전유에 의해 변형·재창조되며 이를 통해 저항의 장이 된다.

세르토는 높은 곳에서 도시를 조망해 도시 공간을 투명하게 만드는 것이 지배욕에 의한 고정된 텍스트의 생산이라고 한다면 도시를 횡단해 도시 공간을 자기 것으로 특권화하는 보행을 전유라고 설명한다. 보행을 통해 도시 공간을 나누어 어떤 부분은 확장하고 과장하며 어떤 부분은 축소하고 삭제함으로써 텍스트의 완고한 질서에서 도시를 구출할 수 있다는 것이다.[18] 여기서 보행은 샤르티에가 말하는 독서 과정과 비슷하다. 여기저기 횡단하며 공간과 책의 일부만 선택하고 과장하며 일부는 삭제하고 축소하며 특정 부분과 부분을 결합함으로써 새로운 도시와 책을 만든다는 점에서 그러하다. 도시 조망과 책이 권력의 텍스트와 지시 사항에 해당한다면, 보행과 독서는 피지배자의 일상적 전유와 창조적 저항에 해당한다고 할 수 있다.

보편성이 아닌 차이를 강조하고, 이미 주어진 것으로서가 아닌 구성되는 것으로서의 정체성과 일상적 저항으로서의 전유를 다루는 문화사 연구의 특징은 앞서 언급한 관객성 연구와 공통적이라 할 수 있다. 이러한 접점이 있는 상황에서 관객성 연구와 문화사 연구는 상대편의 다양한 연구 사례를 참조함으로써 자신의 연구 영역을 확장하고 문제의식을 강화할 수 있을 것이다.

---

18 Michel de Certeau, "Walking in the City," in Steven Rendall(trans.), *The Practice of Every-day Life*(Berkeley: University of California Press, 1984).

일본의 '새로운 역사학'

전후(戰後) 몇십 년간 일본 역사학계의 주류였던 전후역사학은 기본적으로 일본의 제2차 세계대전 패전 원인에 대한 문제의식과 전후 일본 사회의 강한 개혁 요구에서 출발하여 황국사관을 대신해 세계사의 보편 법칙을 강조하고 경제구조로 역사를 파악하려 했다. 결론적으로, 전후역사학은 일본의 근대는 반봉건적인 것으로, 영국식 경제 산업화와 프랑스식 정치혁명으로 상징되는 반드시 도달해야 할 근대로부터 이탈한 것이라고 보았다.

이러한 전후역사학을 캐럴 N. 글럭, 니노미야 히로유키, 나리타 류이치, 나가하라 게이지는 몇 가지 이유를 들어 비판하고 있다.[19] 이를 간단히 살펴보면 첫째, 전후역사학은 서구식 근대로 향하는 역사를 보편적이라 보고 일본 근대사를 왜곡된 것, 정해진 코스에서 이탈한 것으로 해석하려 했다는 비판이다. 이는 일본의 역사를 후진적인 것으로 보게 하고 일본 사회의 나아갈 길을 서구식 근대로 강제할 뿐만 아니라 서구식 근대를 보편화·절대화해 그것에 내재하는 차별적·착취적 성격을 비판할 수 없게 한다.

둘째, 전후역사학은 권력자인 지배계급과 혁명 세력인 피지배계급의 대항 관계를 축으로 역사를 보기에 추상적·기계적이라는 비판이다. 따라서 계급 대항 관계 이외 개인으로서 인간, 그들의 삶과 문화를 설명할 수 없어, 역사에서 구조만이 남고 개인은 삭제되어버린다는 것이다. 또한 계급 문제만으로는 정의할 수 없는 지방 사람, 여성, 식민지로

---

19 キャロル・グラック(Carol N. Gluck), 「戦後と「近代化」: 20世紀後半の歴史学」, テツオ・ナジタ, 前田愛, 神島二郎 編, 『戦後日本の精神史: その再検討』(東京: 岩波書店, 1998); 二宮宏之, 「戦後歴史学と社会史」, 歴史学研究会 編, 『戦後歴史学再考: 「国民史」を超えて』(東京: 青木書店, 2000); 成田龍一, 『歴史学のスタイル: 史学史とその周辺』(東京: 校倉書房, 2001); 永原慶二, 『20世紀日本の歴史学』(東京: 吉川弘文館, 2003).

부터의 이주민 등의 정체성 형성, 상호 정체성 차이, 그들이 받는 차별과 고통도 설명할 수 없게 한다.

셋째, 전후역사학은 내재적 발전 양상만을 중시하여 외부와의 연관성에 관해 별다른 것을 언급하지 못한다는 비판이다. 내재적 발전론은 역사 발전의 원인과 결과를 내부에서만 찾아서 외부와의 연관성을 언급할 수 없게 된다는 것이다. 전후역사학이 특히 제국주의 일본과 그 제국주의 일본이 식민화한 아시아 국가들 사이의 연관성을 말하지 못하는 것은 일본 근대나 제국주의 역사를 알기 어렵게 하고 일본의 식민지 지배가 초래한 과오를 등한시하는 것일 수밖에 없다.

1970, 80년대 이후 일본에서는 이상의 보편 법칙을 강조하는 역사 연구의 흐름에서 변화가 나타나기 시작했다. 이는 '새로운 역사학' 혹은 '사회사'로 불렸는데, 니노미야 히로유키는 이러한 연구 경향이 좌표축을 전후역사학으로부터 아래와 같은 세 방향으로 이동시켰다고 본다.[20]

첫째, 보편성에서 특수성으로.
둘째, 추상적 개념 세계에서 일상적 생활 세계로.
셋째, 유럽 근대 모델의 상대화로.

첫째 이동은, 보편적인 거대 이론으로 역사를 재단하는 것을 지양하고 여러 세력의 교섭과 갈등 양상, 산재한 시간 개념을 지역·상황 등에 따라 해석하는 것을 의미한다.

둘째 이동은, 민족과 계급으로는 포착할 수 없는 개인들을 일상생활의 장으로 끌어내 그들의 실제적 생활·문화의 양상과 그 이면의 상

---

20 二宮宏之,「戰後歷史学と社会史」, 132~136쪽.

징과 의미를 파악하는 것을 말한다. 이때 사람들의 일상생활과 문화는 어떠한 교섭과 갈등이 없는 평온한 공간이 아니라 지역·젠더·민족·계급 등의 영향을 받으며 여러 개인과 집단이 교섭하고 갈등하는 공간을 의미한다.

셋째 이동은, 유럽식 근대를 비판적으로 바라보며 일본 사회를 서구 사회의 하위에 놓고 여타 아시아 국가를 무시하거나 관심조차 두지 않는 것을 극복하려는 시도라 할 수 있다.

이러한 '새로운 역사학', '사회사'의 특징은 서구의 문화사 연구 흐름과 유사하다고 할 수 있다.

일본에서 '새로운 역사학' 연구의 성과는 초기에는 전근대사 연구가 많았는데, 대표적으로 아미노 요시히코의 연구는[21] 기존의 연구들이 중세를 유럽식의 영주-농민의 관계로만 환원한다고 비판하면서 장원 영토에서 지배-피지배의 관계만으로는 포착할 수 없는 무주(無主)·무연(無緣)의 공간에 주목한다. 이 연구는 계급투쟁, 단선적 발전론에 매몰되어 역사를 바라보지 않고 중세 사람들의 다양한 일상을 통해 새로운 중세의 역사상을 포착한다는 점에서는 큰 의미를 가진다. 하지만 중세 사람들의 일상을 평온한 것이나 자유로운 것으로만 파악해 중세 사람들의 일상생활을 낭만화한다는 점에서 한계가 있다. 일상생활이라는 장에서 다양한 세력은 어떤 방식으로 교섭하고 갈등하며 권력은 어떻게 작동하는지에 대해서는 별다른 설명을 하지 못하는 것이다.

이와는 달리 문화를 권력의 문제로 파악하는 것으로는 다카시 후

21　網野善彦, 『無緣·公界·楽: 日本中世の自由と平和』(東京: 平凡社, 1978); 網野善彦, 『日本中世の非農業民と天皇』(東京: 岩波書店, 1984).

지타니(Takashi Fujitani)의 연구[22]가 있다. 이 연구는 일본의 황실 의례를 대중이 참여하는 일상과 문화로 보고 이를 정치 및 권력과의 연관성 속에서 파악한다. 황실 의례를 근대 일본 국민으로서 공통의 경험과 문화를 만들어내는 장치, 감시의 시선으로 규율을 만들어내는 장치라고 보는 것이다. 그러나 황실 의례를 대중이 엘리트의 의도대로 받아들였다고 전제하는 데서, 대중이 황실 의례를 엘리트의 의도와는 다른 방식으로 수용하거나 거부하는 소극적 저항, 전유의 사례에 대해서는 별다른 언급을 하지 못하는 것은 한계라 하겠다.

이외에도 일상이나 문화를 다루면서 이를 교섭과 갈등의 장 또는 권력 작동의 장으로 설명하는 대표적인 연구 성과로는 여성사 연구 분야를 들 수 있다. 히메오카 토시코와 우에노 치즈코 등이 지적하듯이, 전후 여성사 역시 다른 전후역사학 분야와 마찬가지로 마르크스주의 역사학의 강한 영향력 아래 여성을 피지배계급으로 설정했으며 아시아적 낡은 가부장제의 잔존에 의해 일본 여성은 정숙과 희생을 강요당했다고 본다. 이후 여성사 연구는 '새로운 역사학', 젠더 연구의 영향을 받아 이전의 이항대립적 억압 사관에서 벗어나 개인사·지방사 등의 개별 실증 연구와, 억압으로만 설명될 수 없는 여성의 다양한 상황에 관한 연구들을 진행했다. 나아가 여/남의 정체성이 구조 등에 의해 이미 주어져 있고 고정되어 있다고 보는 것을 지양하고 여/남을 구분하는 경계선과 여/남의 정체성은 구성된다고 파악했다. 근대사회 및 근대 권력의 구축에는 이러한 여/남의 경계선, 여/남의 정체성의 구성이 중요한 역할을 한다고 보았다.[23]

---

22 다카시 후지타니, 한석정 옮김, 『화려한 군주: 근대일본의 권력과 국가의례』(서울: 이산, 2015).
23 姫岡とし子, 「女性・ジェンダーの近代」, 歴史学研究会 編, 『歴史学における方法的転回』(東京: 青木書店, 2002); 上野千鶴子, 「歴史学とフェミニズム: 「女性史」を超えて」, 『岩波講座 日本通史: 別卷1(歴史意識の現在)』(東京: 岩波書店, 1995).

대표적 여성사 연구로서 가와무라 쿠니미츠의 연구는[24] 대중잡지의 독자란과 광고 등에 나타나는 소녀를 둘러싼 담론을 고찰해 일본 여성의 근대를 말하고 있다. 여성의 이미지, 여성의 몸에 대한 관념, 여성의 정체성은 남자라는 타자와의 유동적 관계에 의해 형성되는데, 여성은 소녀 잡지 등의 미디어를 공유해 상상의 공동체를 형성하며 이렇게 공유된 여성의 이미지·정체성은 여성을 제한하고 규제하는 원리로 작동한다는 지적이다. 가와무라 쿠니미츠는, 또한 여성은 식민지 및 식민지 남성과의 관계에서 식민지 남성을 미개·후진·원시라는 이미지로 규정짓고 자신들은 근대적이고 선진적인 일본인으로 정립하고 있다고도 본다. 이는 일본 여성의 이미지·정체성이 항상 억압적 위치에서 결정되는 것은 아니며 다양한 세력과의 관계 속에서 유동적으로 형성되는 것을 말해준다.

미리엄 실버버그(Miriam Silverberg)는[25] 천황제 국가 체제, 계급 대립, 전쟁 등의 거시적 요인들로 개인의 일상과 문화를 사장시키지 않고 대중잡지 등의 담론에서 1930년대 도시인의 여러 파편적인 모습의 일상과 문화를 에로틱·그로테스크·난센스라는 세 개념으로 파악하고 있다. 특히 에로틱의 문제는 여성사와 연관되는 주제인데, 모던걸은 여/남이 구획되어 있는 사회에서 남성 어투를 사용하거나 문란하게 행동함으로써 여/남 구분 짓기에 의문을 제기했고, 카페 여급들은 자신들을 섹슈얼하게 보이게끔 조작함으로써 남성을 통제하고 스스로의 성적 욕망을 드러낼 수 있었다고 간주한다. 이처럼 실버버그의 연

---

24 川村邦光, 『オトメの祈り: 近代女性イメージの誕生』(東京: 紀伊国屋書店, 1993); 川村邦光, 『オトメの身体: 女の近代とセクシュアリティ』(東京: 紀伊国屋書店, 1994).

25 미리엄 실버버그, 강진석·강현정·서미석 옮김, 『에로틱 그로테스크 넌센스: 근대 일본의 대중문화』(서울: 현실문화, 2014).

구는 모던걸과 카페 여급이 주어진 여/남의 사회질서를 순종적으로 수용하지 않고 전유를 통해 여/남의 사회질서에 일상에서 실천적으로 저항함을 언급하는 점에서 여성사 연구 측면에서도 의미가 크다고 하겠다.

'새로운 역사학'에서는, 가노 마사나오의 지적처럼,[26] 1980년대 이전 일본 역사학이 중앙과 주류 연구에만 편중된 것을 비판하고 마이너리티 연구에 많은 관심을 기울여왔다. 바로 위에서 언급한 여성사 연구 역시 그러한 경향의 하나라 할 수 있다. 이외 마루카와 데쓰시, 고모리 요이치, 야카비 오사무, 스기하라 토오루는[27] 일국사의 민족 개념으로는 파악하기 어려운 오키나와·북해도로의 일본인 진출·침략과 오키나와·북해도 원주민에 대한 차별 정책, 재일조선인과 오키나와인의 정체성 형성, 재일조선인과 오키나와인 등의 마이너리티 저항 등을 다루고 있다. 또 이들의 연구는 식민지와 제국의 관계 속에서 식민지민의 이주, 오키나와인 등의 마이너리티와 일본 외부의 연결 및 일본 국민으로의 편입 과정에서 그 연결의 단절을 논해 연구의 대상을 일본 외부로도 확대했다.

민족사의 경계를 넘어 식민지에 초점을 맞춘 연구로는 1992년부터 1993년까지 간행된 『이와나미 강좌: 근대일본과 식민지(岩波講座: 近代日本と植民地)』(전 8권)가 대표적이다. 이 시리즈는 식민지 지배의 정치·경제 정책과 구조, 식민지민들의 저항을 다루는 것 이외에도, 특히 제7권 『문화 속의 식민지』는 일본인의 식민지에 대한 인식, 식민지의 미디어·

---

26 鹿野政直, 『「鳥島」は入っているか: 歴史意識の現在と歴史学』(東京: 岩波書店, 1988).

27 丸川哲史, 『冷戦文化論: 忘れられた曖昧な戦争の現在性』(東京: 双風舎, 2005); 小森陽一, 「差別の感性」, 『感性の近代 1870-1910年代 2(岩波講座: 近代日本の文化史 4)』(東京: 岩波書店, 2002); 屋嘉比収, 「越境する沖縄: アメリカニズムと文化変容」, 『冷戦体制と資本の文化: 1955年以後 1(岩波講座 近代日本の文化史 9)』(東京: 岩波書店, 2002); 杉原達, 『越境する民: 近代大阪の朝鮮人史研究』(東京: 新幹社, 1998).

대중문화, 식민지민의 문화적 저항을 다루고 있다.[28]

고마고메 다케시의 연구도 조선·대만·만주·중국에서 일본의 동화 정책을 비교·분석하고 있다. 일본은 식민지에서 동화 정책을 실시했지만 일본인의 혈족 관념에 근거한 허약한 민족주의로 인해 식민지민을 제국민의 일원으로 포섭하지 못했다고 지적하고 있다. 고마고메 다케시는, 식민지민은 이러한 모순을 직감해 일본 제국의 동화 정책을 불신할 수밖에 없었다고 말한다. 식민지에서의 모순적인 동화 정책과 일본 제국민의 허약한 정체성의 형성이 제국 균열과 붕괴의 원인이라는 것이다.[29] 이 연구는 제국주의 시기 일본의 역사를 일국사로 단절시키지 않고 일본인의 허약한 정체성 형성과 식민지의 모순적 동화 정책 사이의 연관성을 밝혔다는 점에서 의미가 있다.

일본에서 전후역사학을 극복하려고 한 새로운 연구 흐름은, 그중에는 한계가 있는 것도 있지만, 전체사 연구에서 벗어나 서양사를 일본사에 일방적으로 적용하지 않고 다양성·불균질성에 주목했다. 여러 세력이 경합한 권력의 장으로서 문화를 파악하고 여성과 재일조선인·오키나와인 등 마이너리티의 유동적 정체성과 일상적 저항을 논했다는 것에서도 의미가 크다.

한국의 문화사 연구

한국의 민족주의 역사학은 일제에 의해 식민지기에 이식된 타율성론·정체성론의 극복을 위해 내재적 발전론, 자본주의 맹아론을 발전시켜왔다. 민족주의 역사학은, 조선시대 후기 자본주의 맹아가 발생했지

---

28 大江志乃夫 外編, 『文化のなかの植民地(岩波講座: 近代日本と植民地 7)』(東京: 岩波書店, 1993).
29 고마고메 다케시, 오성철·이명실·권경희 옮김, 『식민지제국 일본의 문화통합: 조선·대만·만주·중국 점령지에서 식민지 교육』(서울: 역사비평사, 2008).

만 이 자본주의 맹아는 이후 식민지화 과정에서 일제의 공권력과 일본의 자본에 의해 제거되어 조선의 독자적 근대화와 자본주의화가 좌절되고 말았다고 본다. 또한, 식민지의 한국인은 폭압을 휘두르는 일제 권력에 적극적으로 저항하면서 좌절된 민족 독립 국가 건설과 자본주의 사회의 달성을 위해 노력했다고 설명한다.

민족주의 역사학은 일제의 식민지 침략을 정당화하기 위해 만든 역사학을 비판하고 한국인의 주체적 역사상을 정립하려 했다는 점에서 큰 의미가 있다. 하지만 1990년대 이후 민족주의 역사학은 많은 비판의 대상이 되어왔다. 대표적으로 신기욱, 마이클 로빈슨, 윤해동 등은[30] 우선 민족주의 역사학은 한국의 역사는 서구 근대와 서구 자본주의를 향해 발전하는 것으로 설계되어 있다고 보는데, 이는 오리엔탈리즘적이라고 비판한다. 두 번째로 민족주의 역사학은 기본적으로 일본 식민지 권력은 식민지민에 대해 억압적이기만 하고 식민지민은 이러한 식민지 권력에 대해 격렬하게 저항한다고만 설정해 식민지 사회를 이분법적으로 단순화한다고 비판한다. 세 번째로 민족주의 역사학은 역사 서술의 대상으로 민족만을 중시해 민족 이외 개인·집단의 정체성 형성에 관계하는 다양한 요소를 고려하지 못한다고 비판한다.

민족주의 역사학에 대한 비판 이후 민족주의 역사학과는 성격을 달리하는 연구가 다수 발표되었다. 대표적인 연구 성과들을 살펴보면, 윤해동은[31] 식민지 조선에서는 억압과 저항의 관계만으로 포착할 수 없는 회색지대가 존재한다고 지적한다. 여기서 회색지대는 식민지민이 식

---

30 윤해동, 「'숨은 신'을 비판할 수 있는가?: 김용섭의 내재적 발전론」, 연대를 위한 동아시아 역사포럼 기획, 도면회·윤해동 엮음, 『역사학의 세기: 20세기 한국과 일본의 역사학』(서울: 휴머니스트, 2009); 신기욱·마이클 로빈슨 엮음, 도면회 옮김, 『한국의 식민지 근대성: 내재적 발전론과 식민지 근대화론을 넘어서』(서울: 삼인, 2006), 37~61쪽.

31 윤해동, 『식민지의 회색지대: 한국의 근대성과 식민주의 비판』(서울: 역사비평사, 2003).

민지 정부에 협력하면서 동시에 저항하는 일상을 의미한다. 저항은 독립운동과 같은 적극적 형태가 아니라 일상에서 흔히 행해질 수 있는 소극적 형태의 저항이라고 본다. 나아가, 식민지 정부에 대한 협력과 저항이 만나는 과정에서는 사적 이해관계가 물러서고 지방선거에서 참정권 확대 과정이나 전기사업 부영화(府營化) 운동과 같은 공동의 삶과 관련된 문제가 전면화한다고 설명한다. 윤해동은 이를 식민지 공공성이라 칭하고 있다.

윤해동의 연구는, 민족주의 역사학과는 달리, 식민지 권력에 대한 식민지민의 태도를 협력과 소극적 저항이 동반된 것으로 보고 협력과 저항이 만나는 식민지 공공성에 주목하는 점에 의미가 있다. 그러나 협력과 소극적 저항이라는 설정은 민족주의 역사학의 억압과 저항이라는 설정처럼 식민지 권력과 식민지민의 관계를 단순화하는 것이라고도 할 수 있다. 일례로, 협력에 동반된 저항이라는 설정은 협력이 동반되지 않은 식민지민의 비웃음·조롱·속이기·전유 등의 일상적 저항 행위는 설명하지 못한다. 권명아의 연구는 식민지기 저항의 양상으로 노동자들의 잦은 지각, 출근 거부, 이직, 불량 학생들의 등교 거부, 교외선 타고 놀러 다니기, 술 마시기, 도박, 영화 보러 가기 등을 언급하고 있는데,[32] 이와 같은 행위는, 협력과 관련이 없는 저항 행위로 협력과 저항이 동반된 것으로는 식민지 권력과 식민지민의 관계, 저항의 의미를 명확히 드러낼 수 없음을 알 수 있게 한다. 또한 협력과 저항이 만나는 과정을 사적 이해관계와 관련 없는 공공영역으로만 한정함으로써 사적 공간과 대중문화의 소비 공간에서 은밀하게 우연적으로 행해지는 권력과 식민지민의

---

32 권명아, 「생활양식과 파시즘의 문제: 식민지와 그 이후」, 방기중 편, 『식민지 파시즘의 유산과 극복의 과제』(서울: 혜안, 2006), 88쪽.

교섭 및 저항에 대해서도 포착하기 어렵게 한다고 할 수 있다.

김진균과 정근식이 편저한 『근대주체와 식민지 규율권력』은[33] 식민지 조선 사회를 규율권력의 측면에서 분석하고 있다. 학교·공장·병원 등의 공간에서 식민지 권력은 식민지민을 억압이 아니라 규율의 방식으로 감시·통제·동원하는 것을 자세히 밝히고 있다. 식민지의 개개인은 이 규율을 내면화해 식민지적 질서를 유지·재생산하는 주체가 되었다는 것이다. 또한 서양 근대를 달성해야 할 지선(至善)의 가치로 두지 않으며 식민지 조선을 근대사회로 보고 근대를 비판적으로 분석하고 있다. 아울러 식민지 권력을 억압-저항의 관계로 단순화하지 않는다는 점에서도 의미가 있다. 그러나 이 연구는 식민지에서 규율권력 작동 양상에 주목하여 언제나 규율권력이 효과적으로 작동해 유순한 신체의 순종적인 사람들을 생산해낸다고 전제하고 있다. 그렇기 때문에 규율권력이 식민지 권력의 미숙함 등이 원인이 되어 효과적으로 작동하지 못하는 경우, 식민지 권력의 의도가 개개인의 일상 속에서 왜곡되거나 변질되는 것과 그 왜곡과 변질의 과정에서 발생하는 저항은 포착하지 못하는 한계를 가진다. 이 연구는 학교·공장·병원 등의 공공장소만 다루고 있다는 점에서 당시 사람들의 사생활이나 일상에 대해서도 주목하지 못하는 한계도 있다.

이상의 연구들이 식민 시기 사람들의 일상과 문화를 별달리 말하지 못한 것에 반해, 문화사 연구는 기존의 역사적 문헌 이외 문학·예술·대중문화 등의 분석을 통해 식민지 사회를 살아간 사람들의 일상과 문화에 주목한다. 그 대표적인 연구로서, 김진송은[34] 정치·경제 등의

---

33 김진균·정근식 편저, 『근대주체와 식민지 규율권력』(서울: 문화과학사, 1997).
34 김진송, 『서울에 딴스홀을 허하라: 현대성의 형성』(서울: 현실문화연구, 1999).

거시적 부분이 아니라 감각·사고·인식 등 미시적 부분에서 모더니티가 어떤 방식으로 형성되는가를 분석한다. 구체적으로는, 물질·과학을 통해 새로운 감각이 형성되는 양상, 룸펜문화와 모더니티의 관계, 대중문화 유행의 양상, 근대사회에서 여성의 인식과 역할 변화, 육체와 성 관념의 변화, 도시적 감수성의 형성 등을 다루고 있다. 권보드래는[35] 헤어 스타일, 교육에 대한 열망, 신식 가정에 대한 열망 등의 담론을 분석해 여학생·기생·구여성·신여성의 이미지 형성 양상, 상호 간의 관계를 서술한다. 또한 연애라는 개념이 어떻게 만들어지고 유통되는가를 분석함으로써 식민지 사회의 일상·열정·욕망 등도 언급하고 있다.

이성욱의 연구는[36] 1930년대 한국 문학과 도시성의 관계에 관한 것이다. 정지용·이효석·이상·김기림·박태원의 문학 작품을 분석해 도시인들의 백화점 등의 도시문화 경험 방식과 도시인의 정체성 구성 양상을 밝히고 있다. 특히 이상의 작품을 분석해 식민지 엘리트와 도시인의 정체성이 식민지의 농촌과 제국의 수도 사이에서 결정된다고 보고 있다. 천정환의 연구는[37] 근대적 독서 문화의 성립과 독자의 탄생에 관한 것이다. 독서에 의한 문화 향유 계층의 분화를 다루고 있는데, 전통적 독자층과 대중 독자층 및 엘리트 독자층의 병존을 통해서는 근대소설이 일거에 득세한 것이 아님을 보여주고 있다. 더불어 중간층, 여성, 학생, 노동자, 지식층은 어떠한 방식으로 책을 읽었는지에 대해서도 언급하고 있다.

한국의 문화사 연구는 정치사·경제사·사회사의 거시적 역사 연구에서는 거론하지 못하는 감각·사고·인식의 변화 및 대중문화의 수용과

---

35 권보드래, 『연애의 시대: 1920년대 초반의 문화와 유행』(서울: 현실문화연구, 2003).
36 이성욱, 『한국 근대문학과 도시문화』(서울: 문화과학사, 2004).
37 천정환, 『근대의 책 읽기: 독자의 탄생과 한국 근대문학』(서울: 푸른역사, 2003).

같은 일상과 문화를 다루고 있다는 점 외에도, 민족 개념만으로 포착할 수 없는 여성, 도시 지식인, 독자를 언급한다는 점에서 의미가 있다. 반면 한국의 문화사 연구가 일상과 문화를 다양한 세력이 교섭하고 경쟁하며, 지배하고 저항하는 권력의 장으로 설정하는 것에는 다소 한계가 있다. 권보드래가 여학생과 기생 및 구여성과 신여성의 관계를 언급하고 있고, 천정환이 대중 독자층과 엘리트 독자층이 전통적 독자층을 배제하는 것, 엘리트들이 일본어 소설을 선호하는 것, 조선어 소설이 독자를 조선인으로 호명하는 것 등에 대해 언급하고 있지만, 이들 연구는 여성 정체성이나 독자의 형성 과정을 지배와 저항이 있으며 다양한 세력이 갈등을 일으키고 경쟁하는 권력의 문제로 전면화하지는 못하고 있다. 특히 이성욱의 연구를 제외하면 식민지 상황에서의 교섭과 갈등에 대해서는 별달리 언급하지 못한다는 한계가 있다.

이에 반해 김백영과 마이클 로빈슨(Michael Robinson)의 연구는 식민지 조선인의 일상과 문화를 다양한 세력이 교섭하고 갈등하는 공간으로 분석한다는 점에서 의미가 있다. 김백영은 1920년대 경성에 일본으로부터의 대중문화·소비문화가 조선인 상류층과 하류층 간에 차별적으로 유입되는 것을 지적함으로써 문화를 둘러싼 민족 내부 균열과 위계의 성립에 관해 다룬다.[38] 로빈슨은 라디오 방송이 식민지 권력에 의해 주도되었음에도 불구하고 제작과 수용의 과정에서 조선인의 자율적 공간이 마련되었으며 이 과정에서 일본인과 조선인 사이 갈등뿐만 아니라 민족 내부 엘리트와 대중 사이 갈등이 발생한 것에 관해 다룬다.[39]

---

38 김백영, 「제국의 스펙터클 효과와 식민지 대중의 도시 경험: 백화점과 소비문화를 중심으로」, 『지배와 공간: 식민지도시 경성과 제국 일본』(서울: 문학과 지성사, 2009).
39 마이클 로빈슨, 「방송, 문화적 헤게모니, 식민지 근대성, 1924~1945」, 신기욱·마이클 로빈슨 엮음, 도면회 옮김, 『한국의 식민지 근대성: 내재적 발전론과 식민지 근대화론을 넘어서』(서울: 삼인, 2006).

이상 거론한 연구 이외에도 많은 문화사 연구의 성과가 있지만, 아직 한국에서 문화사 연구는 역사가 짧아 정치사·경제사·사회사에 비해 상대적으로 그 성과가 많이 집적되어 있지 않은 상황이다. 또한 기존의 민족주의 역사학을 비판하고 등장한 다수의 새로운 연구 성과들도 한국과 외부의 연관성, 최소한 식민지 조선과 제국 일본의 연관성에 관해 큰 성과를 남기지 못했음을 한계로 지적할 수 있겠다. 이러한 상황에서 문화사 연구와 특징을 공유하는 관객성 연구가 한국에서 문화사 연구를 더욱 두텁게 하고 연구 주제를 확장·다양화하는 데 기여할 여지가 있다고 생각한다.

제3장

도쿄의 관객성

1. 영화관의 지역적 분포

1920~30년대, 영화관은 도쿄 전역에 걸쳐 분포하고 있었다. 이는 1933년 도쿄 영화관의 지역적 분포를 나타내는 〈표 1〉에서 확인할 수 있다.

영화관은 아사쿠사, 요도바시(지금의 신주쿠新宿 주변), 고지마치(지금의 치요다千代田구), 니혼바시, 교바시 같은 도심 지역만이 아니라 도시 외곽에도 다수 있었다. 도쿄 외곽인 에도가와, 가쓰시카, 아다치, 오지,

〈표 1〉 1933년 도쿄 지역의 영화관 분포[1]

지역	개소	지역	개소	지역	개소
아사쿠사구(浅草区)	15	시타야구(下谷区)	6	이타바시구(板橋区)	1
니혼바시구(日本橋区)	3	혼조구(本所区)	9	스기나미구(杉並区)	4
교바시구(京橋区)	5	후카가와구(深川区)	12	나카노구(中野区)	4
고지마치구(麹町区)	2	조토구(城東区)	10	고이시카와구(小石川区)	4
요도바시구(淀橋区)	11	에도가와구(江戸川区)	3	시부야구(渋谷区)	12
요쓰야구(四谷区)	6	무코지마구(向島区)	9	세타가야구(世田谷区)	1
우시고메구(牛込区)	4	가쓰시카구(葛飾区)	3	메구로구(目黒区)	5
간다구(神田区)	10	아라카와구(荒川区)	17	에바라구(荏原区)	6
아카사카구(赤坂区)	3	아다치구(足立区)	5	시나가와구(品川区)	13
아자부구(麻布区)	5	다키카와구(滝川区)	5	오모리구(大森区)	7
시바구(芝区)	7	오지구(王子区)	6	가마타구(浦田区)	6
혼고구(本郷区)	5	도시마구(豊島区)	11		

1 キネマ旬報社, 「全国映画館録」, 『キネマ旬報』 466(東京: キネマ旬報社, 1933), 附14~附17쪽에 실려 있는 영화관 목록에 근거해 작성했다.

나카노, 아라카와, 가마타, 오모리, 무코지마 등에도 많은 영화관이 있었던 것을 확인할 수 있다. 도시 외곽에는 1930년대만이 아니라 그 이전에도 상당수의 영화관이 있었다. 1923년 행정구역 변경 전에는 전통적인 도쿄의 시내를 시부(市部), 외곽을 군부(郡部) 지역으로 나누었는데, 문부성의 조사에 의하면 1921년 도쿄의 62개 영화관 중 군부에도 14개 영화관이 있었다고 표시하고 있다.[2]

이와 같이 도시 외곽에도 많은 영화관이 생겨날 수 있었던 것은 도쿄 외곽 지역의 주 거주자인 중하층계급의 생활이 윤택하거나 부유하다고는 할 수 없지만 영화 관람이 가능할 정도로 안정적이어서였다. 특히 제1차 세계대전 이후의 호황에 힘입어 도쿄는 중공업 지역으로 개발되었는데, 이시즈카 히로미치의 연구에 의하면, 1919년경 도쿄의 기계공업·화학공업 공장 수는 일본 전체의 약 40퍼센트를 차지할 정도여서 일본의 중공업화는 도쿄를 중심으로 행해졌다고 한다. 이러한 공업화에 따라 노동자의 임금이 상승했다.[3] 소득 상승에 의한 일본 노동자의 비교적 안정적인 수입으로, 내무국 조사에 의하면, 불경기였던 1933년에도 조사 대상 중 최저 소득 구간에 해당하는 1개월 소득 60엔 미만 가구도 1개월당 2. 82엔의 오락비를 지출할 수 있었다.[4]

영화 관람료는 지출 가능 오락비에 비해 그다지 높지 않았다. 통계자료에서 1927년 일본 전국의 평균 영화 관람료는 0.3엔 정도였다고 기록되어 있다.[5] 1920년대 말에서 1930년대 초 아사쿠사 영화관은 0.2엔 정도로도 입장이 가능했으며, 유성영화 도입과 영화관 신·개축이 진행

2   文部省普通学務局 編, 『全国に於ける活動写真状況調査』(東京: 文部省普通学務局, 1921), 4쪽.
3   石塚裕道, 『東京の社会経済史: 資本主義と都市問題』(東京: 紀伊国書店, 1977), 201~210쪽.
4   上田久七, 『余暇娯楽研究基礎文献集』(東京: 太白書房, 1938), 48쪽.
5   国際映画通信社, 『日本映画事業総覧』(東京: 国際映画通信社, 1930), 57쪽.

된 1930년대 초에는 관람료가 상승했지만 0.3~0.4엔 정도였다.[6] 곧 살펴보겠지만 니시긴자(西銀座)의 고급 영화관은 이보다 높은 0.5엔 정도로 입장할 수 있었다.[7] 도쿄 외곽의 영화관 관람료는 이보다 저렴했는데, 1930년대 초반 오이마치(大井町)의 영화 관람료는 0.05엔에 지나지 않았다고 한다. 종합하면, 1920~30년대 도쿄의 일반적 영화 관람료는 0.3~0.4엔 수준이었다. 이와 같은 영화 관람료는 앞서 언급한 지출 가능 오락비를 생각해보면 노동자·서민이 영화를 일상적으로 관람하는 것에는 무리가 없었다고 할 수 있다. 실제로 1931년 조사에 의하면 일본인이 가장 좋아하는 대중문화로 영화가 선정되었고, 곳곳에서 영화는 민중오락이라고 언급되기도 했다.[8]

도쿄 전역에 영화관이 있었다고 하더라도 관객은 단순히 자신의 거주지 주변 영화관만을 찾은 것은 아니었다. 관객이 거주지 이외 지역의 영화관을 선택할 수 있었던 가장 큰 이유는 도쿄의 발달한 교통망 덕분이었다. 도쿄의 경우, 국철은 1910년대부터 사철은 1920년대부터 건설되었다.[9] 도쿄는 꽤 이른 시기부터 도시 고속철도망을 건설했다고 할 수 있다. 따라서 관객은 영화관이 멀리 떨어져 있어도 철도 등을 이용해 자신의 취향에 맞는 영화관이나 영화를 선택할 수 있었다. 이러한 상황에서 교통이 발달한 도심과 유흥가의 영화관은 특정 취향의 관객을 끌어들이기 위해 그들에게 맞는 영화를 상영하거나 영화관의 성격을 특화할 수 있었다. 지역별로 영화관의 분위기, 영화 문화의 차이가

---

6 「浅草各館値上げ」, 『キネマ旬報』 423(東京: キネマ旬報社, 1932), 20쪽; 「興行恐慌来る」, 『キネマ旬報』 422(東京: キネマ旬報社, 1932), 16쪽.

7 「工場地帯の映画館巡り」, 『映画グラフ』, 1931. 12. 1, 2면.

8 文部省社会教育局 編, 『民衆娯楽調査資料 5(全国農山漁村娯楽状況 上)』(東京: 文部省, 1934), 47쪽; 「映画館のレビュー上演とその実際問題」, 『キネマ旬報』 385(1930), 15쪽.

9 이 시기 도쿄의 철도에 관해서는 大阪市立大学経済研究所 編, 『東京·大阪(世界の大都市 7)』(東京: 東京大学出版会, 1990), 162~167쪽을 참고.

발생할 수 있었던 것이다.

　아래에서는 많은 지역 가운데 도쿄 최고의 유흥가, 영화 극장가였던 아사쿠사·니시긴자 지역의 영화관, 영화 관람 양상의 성격을 살펴보고 양자를 비교해 그 차이를 알아보려 한다. 이를 통해 1920~30년대, 도쿄 영화 관객과 관람 양상의 다양성·불균질성, 그 의미를 밝힐 수 있을 것이다. 도심이 아닌 도쿄 주변부 지역인 오모리·가마타 지역의 영화관 상황도 살펴보려 한다. 자료가 부족해 상세하게 다룰 수는 없지만 도심 영화관과 비교해보는 작업만으로도 의미가 있을 것이다.

2. 1920년대의 영화관과 관객의 관람 양상: 아사쿠사의 영화관

아사쿠사의 지역적 특징

도쿄 북동부에 위치한 아사쿠사는 1882년 공원 정비 사업을 통해 근대적 도시공원으로 계획되었지만 공원으로서의 성격보다는 메이지(明治) 말기 이래 일본 최고의 유흥가로 번성하게 된다. 도쿄 사람들은 공연·영화를 비롯한 각종 흥행물과 음식·술·도박·매춘 등의 유흥을 이 지역에서 소비할 수 있었다. 이 때문에 백화점과 댄스홀을 빼면 모든 것이 아사쿠사에 있다는 표현이 당시에 회자되기도 했다.[1] 이렇게 아사쿠사에는 갖가지 유흥 시설이 들어서 있어서 여러 부류의 사람들이 아사쿠사를 찾아 자신의 욕망을 충족하려 했다. 이에 당시 작사가로 활동했던 소에다 아젠보는 아사쿠사에 대한 그의 책 가장 첫 부분에서 아사쿠사에는 '모든 것이 날것으로 던져져 있고 인간의 여러 욕망이 생동하고 있다'고 언급하고 있다.[2] 아사쿠사에서의 다양함은 어떤 연결 고리 없이 존재하는 것이 아니라 생생함이나 대담함, 노골적임과 같은 특유의 아사쿠사적 성격을 공유하고 있었다. 소설가 가와바타 야스나리는 새롭고 다양한 것들이 아사쿠사에 도입되더라도 잡다하고 노골적인 아사쿠사의 독특한 문화로 녹여진다고 쓰고 있다.[3] 요시미 순야의 연구에서도 아사쿠사적인 것의 특징 중 하나로서 각각의 독자성을 잃지 않는 강력한 소화력을 들고 있다.[4]

1 　川端康成,「浅草: 土地の記憶」, 山田太一 編, 『浅草: 土地の記憶』(東京: 岩波書店, 2000), 155쪽.
2 　添田唖蟬坊, 『浅草底流記(添田唖蟬坊·添田知道著作集 2)』(東京: 刀水書房, 1982), 3쪽.
3 　川端康成,「浅草: 土地の記憶」, 150〜151쪽.
4 　吉見俊哉, 『都市のドラマトゥルギー: 東京·盛り場の社会史』(東京: 河出書房, 2008), 216쪽.

아사쿠사의 음식이나 흥행물 등의 즐길거리는 값싸고 간소하다는 특징이 있다. 영화관에서는 상대적으로 입장료가 비싼 외국영화보다는 입장료가 저렴한 일본영화를 상영했고, 오래된 필름을 상영하는 경우도 많았다. 식당가 음식을 보더라도 고급 음식이 아닌 간소한 스시·소바·튀김이나 중국 음식이 주를 이루고 있었다.[5] 아사쿠사에는 여러 계층과 성격의 사람들이 방문했지만, 저렴한 가격에 유흥을 즐길 수 있어서 특히 하층계급과 서민이 쉽게 찾을 수 있었다.

아사쿠사는 제1구부터 제7구까지 총 7개 지역으로 나누어져 있었다. 그중 제6구에 영화관이 집중되어 있었다.[6] 6구는 처음에는 미세모노(見世物: 진기한 것이나 곡예·마술 등을 보여주는 흥행 양식) 흥행장이 집중된 곳이었으나 메이지 말기부터 다이쇼(大正) 초기에 걸쳐 영화관으로 변화한다.[7]

아사쿠사 6구는 영화관이 띄엄띄엄 다른 건물들 사이에 위치하는 것이 아니라 10~20여 개 영화관 건물이 군집을 이루어 영화가를 형성하고 있었다. 아사쿠사 6구의 영화관 위치에서 특이한 것은, 〈그림 1〉에서도 확인할 수 있듯이, 효탄지(ひょうたん池)라고 하는 연못의 왼쪽과 아래쪽에 영화관이 집중되어 있었다는 점이다. 길 건너편에서 영화관이 위치한 아사쿠사 6구를 바라본 모습은 〈사진 1〉과 같다. 살바토르-존 A. 리오타와 마사루 미야와키는 효탄지가 있음으로 해서 아사쿠사 6구에 독립된 영화도시라는 이미지와 특별한 공간성이 부여된다고 지적하고 있다.[8]

---

5   他人社 編纂, 『大東京史蹟名勝地誌』(東京: 他人社, 1936), 79~83쪽.

6   같은 곳.

7   [東京都] 台東区立下町風俗資料館 編, 『浅草六区興行史』(東京: 台東区立下町風俗資料館, 1983).

8   Salvator-John A. Liotta, Masaru MIYAWAKI, 「A STUDY ON THE HISTORY OF "CINEMA-CITY" IN ASAKUSA, TOKYO: Analysis of land use and landscape transformations based on cadastral maps and photos」, 『日本建築学会計画系論文集』74(東京: 日本建築学会, 2009), 623~624쪽.

효탄지

〈그림 1〉 1945년 이전 쇼와기의 아사쿠사 6구와 영화관 위치

출처: 浅草の浅草会 編, 『写真にみる昭和浅草伝』(東京: 浅草の会, 1981), 75쪽.

〈사진 1〉 건너편에서 바라본 아사쿠사 6구의 풍경

출처: 浅草の会 編, 『写真にみる昭和浅草伝』(東京: 浅草の会, 1981), 88쪽.

효탄지는 영화관이 모여 있는 아사쿠사 6구를 다른 건물에 가려지지 않고 전체적으로 조망이 되게 해 아사쿠사 6구 영화가를 명확하게 시각화해주었으며, 또한 화려한 이국적 건물로 구성된 영화 극장가를 푸른 호수에 떠 있는 것처럼 느껴지게 해 아사쿠사 6구 영화가에 신선하고 환상적인 이미지를 부여해주었다. 이처럼 효탄지가 아사쿠사 6구에서 갖는 중요성 때문에 작가 소에다 토모미치(添田知道)는 〈사요나라 효탄지(さよなら ひょうたん池)〉라는 시에서 "효탄지가 있어 6구가 있을 수 있었다. 너는 6구를 낳은 부모다"라고 표현하기도 했다.[9]

1920년대 후반까지의 아사쿠사 영화관

영화관의 상영 환경

간토대지진(1923) 이후 본격적으로 영화관이 신·개축된 1920년대 이전까지 아사쿠사 6구의 영화관들은 콘크리트 건물이 아니었다. 당시 영화관 건물은 바라크(barracks)라 불렸는데, 이는 목재로 지어진 가설 건물을 의미한다.

〈그림 2〉와 〈그림 3〉은 아사쿠사 6구에 위치한 덴키관(電気館)과 산유관(三友館)의 내부 도면이다. 도면을 보면 관람 공간의 한쪽 측면만 지나치게 길거나(〈그림 2〉의 ⇦ 부분) 관람 공간 전방이 길어서(〈그림 3〉의 ⇨ ⇦ 부분), 스크린으로 시야가 확보되기 어려운 좌석이 많은 것을 알 수 있다. 관람 공간은, 복도를 통해 영화관 외부와 연결되는 것이 아니라 외부와 바로 맞닿아 있었다. 건물 외벽이 목재이고, 내부 도면에서 확인할 수 있듯이, 관람 공간 측면 곳곳에는 창문이 있어서 외부의 소

---

9   浅草の会 編, 『写真にみる昭和浅草伝』(東京: 浅草の会, 1981), 88~89쪽.

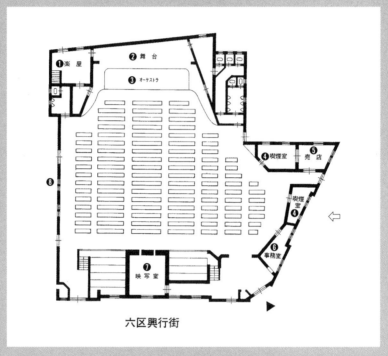

<図면 내 텍스트>
❶ 楽屋
❷ 舞台
❸ オーケストラ
❹ 喫煙室
❺ 売店
❹ 喫煙室
❻ 事務室
❼ 映写室
❽
六区興行街

〈그림 2〉 1926년 이전 덴키관의 내부 도면(▲는 출입구)

출처: [東京都]台東区教育委員会 編, 『興行と街の移り変(台東区文化財調査報告書 第5集)』(東京: 台東区教育委員会, 1987), 92쪽.

① 악사 대기실 ② 무대 ③ 오케스트라 박스 ④ 흡연실
⑤ 매점 ⑥ 사무실 ⑦ 영사실 ⑧ 창문

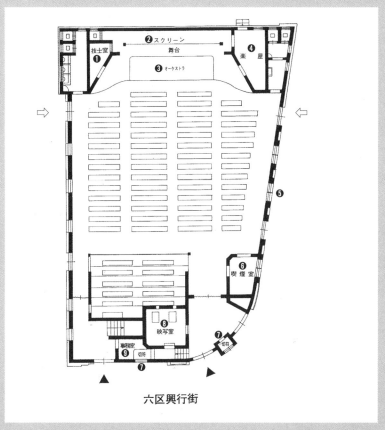

〈그림 3〉 신축(1920년대 후반) 이전 산유관의 내부 도면(▲는 출입구)

출처: [東京都]台東区教育委員会 編, 「興行と街の移り変(台東区文化財調査報告書 第5集)」,(東京: 台東区教育委員会, 1987), 94쪽.

① 기사실 ② 스크린 ③ 오케스트라 박스 ④ 악사 대기실
⑤ 창문 ⑥ 흡연실 ⑦ 매표소 ⑧ 영사실 ⑨ 사무실

음을 제대로 막을 수 없는 구조였다. 관람 공간 외부가 아니라 내부에 사무실·매점·흡연실이 있었는데, 이 역시도 그곳에서의 소음이 관객에게 고스란히 전달될 수밖에 없게 했다.

이 시기 영화관의 좌석 대부분은, 아사쿠사뿐만 아니라, 팔걸이나 등받이를 통해 1인석으로 분리·독립되어 있지 않았다. 다다미방 형태거나, 팔걸이·등받이가 없는 벤치 형태의 긴 의자가 일반적이었다.[10] 이는 다른 관객으로부터 분리·독립되어 어떠한 방해도 없이 조용히 영화를 보기 어렵게 하며, 좌석이 만원인 경우에는 좌우 또는 앞뒤 관객과 살을 맞대고 영화를 볼 수밖에 없게 해 안락한 영화 관람을 방해하는 요소였다.

〈사진 2〉는 1920년대 아사쿠사 6구에 위치한 영화관 다이도쿄(大東京)의 내부 관람 공간 사진이다. 독립된 1인 관람석을 갖추지 못한 상황에서 영화관은 사람으로 가득 차 있어 관객과 관객 사이 공간이 거의 없는 것을 확인할 수 있다. 당시 영화 잡지 『키네마순보』는 아사쿠사 영화관의 많은 관객과 독립되지 않은 관람석으로 인해 다른 관객에 눌려 영화를 보는 경우도 있었으며 관객이 너무 들어차 스크린이 잘 보이지 않는 경우도 많았다고 언급하고 있다.[11] 이렇게 낙후된 아사쿠사 6구 영화관에서는 냉난방 장치를 기대하기도 어려운 일이었다. 냉방기가 없어 여름의 아사쿠사 6구 영화관은 관객 체온의 열기와 땀으로 인한 습기 등으로 목욕탕과 다름없는 상황이었다.[12] 난방기가 없어 겨울에는 몸을 덜덜 떨며 영화를 보아야 했다고 한다. 이처럼 영화관에서의 더위

---

10 大串雅美, 「映画常設館に対する希望」, 『キネマ旬報』 241(東京: キネマ旬報社, 1926), 110~111쪽.
11 水上博水, 「常設館のこと」, 『キネマ旬報』 131(東京: キネマ旬報社, 1923), 21쪽; 大串雅美, 「映画常設館に対する希望」, 110~111쪽; 石川俊彦, 「映画見聞録」, 『キネマ旬報』 655(東京: キネマ旬報社, 1938), 9쪽.
12 酒井俊, 『浅草あれこれ話』(東京: 三一書房, 1979), 128쪽.

〈사진 2〉 1930년 이전 아사쿠사 다이도쿄 관람 공간

출처: 御園京平, 『活弁時代:みそのコレクション』(東京: 岩波書店, 1990), 109쪽.

와 추위로 인해 영화를 제대로 관람하기 어려운 상황을 당시 『키네마순보』는 관객이 도저히 영화에 흥미를 가질 수 없는 조건이라고 한탄하고 있다.[13]

관객의 관람 양상과 그 효과

일반적으로 관람 공간에는 관객이 스크린만 조용히 주시할 수 있도록 스크린에 영사되는 영화와 이를 관람하는 관객만이 있을 수 있도록 해야 하지만, 1920년대 아사쿠사의 영화관에는 여러 사람이 활동하고 있었다. 우선은 당시가 무성영화 시기여서 영화를 설명해주는 변사가 있었다. 당시 영화광이자 이후에는 영화사가(史家)로 활동한 미소노 교헤이는 무성영화기 아사쿠사 긴류관(金龍館)에서의 변사 연행을 다루고 있는데, 변사는 영화 상영 전 전설(前說)을 행했다고 한다.[14] 전설은 영화의 간략한 줄거리를 영화 시작 전에 설명하는 것을 의미한다. 아직 영화를 보기 전의 관객을 상대로 영화의 줄거리를 소개했다는 것은, 관객이 영화에 몰입해 얻는 즐거움이 절대적이지 않았음을 알 수 있게 한다. 변사는 관객과 스크린 사이에 위치했는데, 이처럼 관객의 눈앞에 자리를 잡고 있는 변사는 당시 『키네마순보』에서도 언급되었듯이 스크린으로 향하는 관객의 시야를 방해할 수밖에 없었다.[15] 변사는, 그가 단순히 관객의 영화 이해를 돕는 역할을 한다면, 관람 공간 뒤편 관객의 시야에서 벗어난 곳에 위치하는 편이 좋다. 변사가 스크린으로 향하는 관객의 시야까지 방해하면서 관객의 눈앞에 위치했다는 것은, 변사는 영화를 설명하는 보조적 역할에 그쳤던 것이 아님을 알 수 있게 한다. 이

---

13 岩井清一, 「活動常設館のこと」, 『キネマ旬報』 241(東京: キネマ旬報社, 1926), 112쪽.

14 御園京平, 『活弁時代: みそのコレクション』(東京: 岩波書店, 1990), 34쪽.

15 岩井清一, 「活動常設館のこと」, 112쪽.

는 당시의 관객이 영화 관람 방해 요소를 최소화하기를 최우선으로 생각한 것이 아니라 오히려 영화로의 집중을 방해할 수 있는 있는 변사의 해설을 중요시하고, 이것으로부터 큰 즐거움을 얻었음을 의미한다. 이처럼 두드러지게 존재한 변사를 앤더슨은 배우의 연기와 해설자의 설명이 혼합되어 있는 노·가부키와 같은 일본 전통 예능의 형태에서 영향받은 것이라 본다. 전통 예능의 관객은 배우의 연기보다 해설자의 설명에 더욱 집중했다고 한다.[16]

변사는 영화를 설명하는 이외에도 효과음을 만들거나 영화의 템포를 조절하기도 했다. 이것을 통해서도 변사가 단순한 설명자가 아니라 공연 연출자로서의 역할을 담당한 것을 알 수 있다. 변사가 영화 속 배우의 연기를 재연하거나 무성영화의 주제가를 부르는 경우도 있었다.[17] 변사는 영화의 텍스트를 변경·조작하기도 했는데, 『키네마순보』는 변사가 마음대로 영화의 내용을 바꾸어 설명하거나 영화 속 사건의 전개를 맥락을 고려하지 않고 설명해 선인을 악인으로 만들어버리는 경우까지 있었다고 말한다.[18] 이와 같은 영화 해설자를 넘어선 공연자·연출가로서 변사의 역할, 변사에 의한 영화 텍스트 조작도 관객이 영화의 텍스트를 절대화하지 않고 영화로의 집중만을 중요시하지 않아서 가능한 것이었다.

영화관에는 과자장수도 있었다. 1920년대 당시 아사쿠사의 영화관을 경험한 여러 사람의 회고에 의하면 과자장수는 관람 공간 내부를 이리저리 돌아다니며 판매 행위를 했는데, 과자장수가 과자·빵·음료수

16 J. L. 앤더슨, 「설명이 곁들여진 일본의 무성영화 또는 화면을 보며 이야기하기: 가쓰벤에 관한 논의, 텍스트 문맥화하기」, 362~368, 380~391쪽.
17 御園京平, 『活弁時代: みそのコレクション』, 34~36쪽; 今村昌平 外編, 『トーキーの時代(「講座」日本映画 3)』(東京: 岩波書店, 1986), 1쪽.
18 大井生, 「映画の三つの問題に就いて」, 『キネマ旬報』173(東京: キネマ旬報社, 1924), 37쪽.

등이 있다고 소리를 지르면 관객이 이를 주문하고 과자장수는 바구니에서 주문 받은 물건을 꺼내어주는 방식이었다고 한다.[19] 과자장수들은 휴게 시간만이 아니라 영사 중에도 소란스럽게 관람 공간을 돌아다녀서 스크린으로 향하는 관객의 시선과 집중을 방해할 수밖에 없었다. 영화관이 만원일 때는 관객과 몸이 부딪히는 일도 자주 발생해 이들 과자장수가 관객의 영화 감상에 지장을 주는 경우도 많았다.[20] 과자장수의 존재를 통해 영화 상영 중에도 관객이 음식물을 섭취하는 것에 별다른 제한이 없고 이것이 일반적이었음도 알 수 있다.

여자 안내원도 영사 중 관람 공간 내부에 출입할 수 있었다. 여자 안내원에 대해서는 이시즈키 마유코[21]의 연구가 잘 말해주는데, 여자 안내원은 영화 상영 이후 관람 공간에 관객이 입장할 때 관객의 손을 잡고 관객을 좌석에 안내하는 역할을 했다. 관람 공간은 어두웠던 만큼 이때 안내원은 전등을 가지고 좌석 주위를 비추어주었다고 한다. 어두운 관람 공간에서 전등을 소지하고 움직이는 여자 안내원 역시도 관객의 영화 집중을 방해할 수밖에 없었다. 변사·과자장수와 함께 여자 안내원의 존재를 통해서도 그들에 의한 관객의 영화 감상 방해는 큰 문제가 아니었으며, 관객 또한 영화를 집중해 감상하는 것이 아니었음을 알수 있다.

소에다 아젠보에 의하면, 이 시기 1920년대의 관객은 영화 장면이나 등장인물의 대사에 흥분해 소리를 지르는 경우가 많았다고 한다.[22]

19 三矢文子,「劇場に行くのが楽しみ」, 日本映画テレビプロデューサー協会 編,『プログラム映画史: 大正から戦中まで』(東京: 日本放送出版協会, 1978), 419~418쪽; 御園京平,『活弁時代: みそのコレクション』, 108~109쪽.
20 中西信郎,「常設館に対する希望」,『キネマ旬報』241(東京: キネマ旬報社, 1926), 112쪽.
21 石月麻由子,「モダン都市の映画館 二, 映画館のなかの《ジェンダー》」, 919~922쪽.
22 添田唖蝉坊,『浅草底流記(添田唖蝉坊·添田知道著作集 2)』, 67쪽.

『요미우리신문』 1927년 5월 14일 자 기사는, 당시 아사쿠사 쇼치쿠관(松竹館)의 소란스러운 관람 분위기를 전하며, 관객으로부터 시끄러운 박수 소리와 배우를 응원하는 소리가 터져 나온다고 전하고 있다.[23] 1922년 『키네마순보』 기사도 아사쿠사의 관객이 영화 장면에 흥분해친 박수 소리로 인해 변사의 설명도 듣지 못하고 영화도 제대로 감상할 수 없다고 쓰고 있다.[24] 이처럼 소란스러운 관람 분위기로 관객은 영화에 집중할 수 없어서, 같은 영화를 보더라도 영화에 대한 느낌이 아사쿠사 영화관과 다른 지역의 영화관은 전혀 상이하다고 말하는 경우까지 있었다.[25]

영화 관람 양상이 소란스럽고 자유로운 가운데 1회 상영 시간도 상당히 길어 4시간 이상이었다.[26] 관객이 영화에만 집중한다면 이는 있을 수 없는 일이지만, 아사쿠사 영화관의 관객들은 음식을 섭취하고 남녀가 신체 접촉도 하고 환호성도 지르면서 영화를 보아서 영화 상영 시간이 4시간 이상일 수 있었다.

아사쿠사 영화관의 관객들은, 이처럼 영화 관람 공간에서 다양한 것을 즐겼던 데서, 꼼꼼하고 계획적으로 영화를 선택하지 않았을 가능성 또한 크다. 아사쿠사 영화관의 외관은 〈사진 3〉에서 보듯 영화 홍보 깃발이나 포스터 등의 장식이 상당히 많았는데, 이는 이 지역 관객이 영화관에서 영화 관람만을 중요시하지 않고 영화를 계획적으로 선택하지 않아서 영화를 그 자리에서 즉흥적으로 선택하는 관객을 유인하기 위한 것이었다.[27]

23 「映画館めぐり 浅草松竹館の卷」, 『読売新聞』, 1927. 5. 14, 5면.
24 かもめ浪路, 「伴奏楽と拍手のこと」, 『キネマ旬報』 106(東京: キネマ旬報社, 1922), 15쪽.
25 古川緑波, 「近頃の雑感」, 『キネマ旬報』 118(東京: キネマ旬報社, 1922), 14쪽.
26 国際映画通信社, 『映画年鑑』(東京: 国際映画通信社, 1926), 41쪽.
27 友田純一郎・川村秀治, 「映画館表装飾採集」, 『キネマ旬報』 621(東京: キネマ旬報社, 1937), 130〜131쪽.

아사쿠사 영화관의 영화만을 주시하지 않는 '노는 방식'의 영화 관람 양상은, 영화관이 어두워 관객이 기존 질서의 감시에서 벗어날 수 있는 상황에서 관객이 타인과 자유롭게 접촉하게 하는 것이었기에, 젠더·세대·계급 등의 사회질서를 초월해 자유 분출의 효과를 낳기도 했다. 대표적으로 아사쿠사의 영화관에서는 남녀 간 만남이 아주 자유로웠다. 서로 얼굴을 알지 못하는 남녀가 접촉을 시도하기도 했다. 실제로 『학교와 활동사진』에서는 낯선 남녀가 영화관의 어두움과 산만한 분위기를 이용하여 접근해 포옹을 하는 경우도 있었고, 남자 관객은 젊은 여자 안내원과 만남을 시도하는 경우도 잦았다고 기록하고 있다.[28] 이러한 상황으로 여학생은 아사쿠사의 영화관에 출입한다는 사실만으로도 품행을 오해받는 일이 많았다.[29] 1920년대 당시 영화관의 남녀석 구별은 실제로 영화관에서 잦았던 남녀 간 접촉을 풍기문란으로 인식한 것에서 실행된 것이기도 했다.

아사쿠사 영화관에서는 어둠 속에서 학생도 기성세대의 감시를 피해 자유를 분출할 수 있었다. 당시의 기사에 의하면, 아사쿠사 영화관의 관객 상당수는 학생이라고 할 만큼 학생의 영화관 출입은 자유로웠다고 한다. 관객인 학생들은 기성세대의 시각에서 위험하다고 생각될 정도로 학교도 빼먹은 채 영화관이라는 공간에서 감시의 시선을 피해 밤늦게까지 자유를 즐길 수 있었다.[30]

아사쿠사 영화관의 놀면서 영화를 관람하는 분위기에서 상류계층·인텔리 관객도 노동자·서민과 함께 영화를 보았다. 문예평론가 호리키리 나오토에 의하면, 이 시기 많은 인텔리도 아사쿠사에서 영화를 관

---

28 海野辛德, 『学校と活動写真』(東京: 内外出版, 1924), 17쪽.

29 「外国映画常設館市内集合を叫ぶ」, 『キネマ旬報』 6(東京: キネマ旬報社, 1919), 1쪽.

30 「映画よりも恐ろしい館内の悪感化」, 『朝日新聞』, 1918. 5. 11, 5면; 「文部省の役人が浅草の学生調べ」, 『読売新聞』, 1925. 12. 19, 9면.

〈사진 3〉 개축 이전의 1920년대 산유관 외관

출처: [東京都]台東区教育委員会 編, 『浅草六区 : 興行と街の移り変(台東区文化財調査報告書 第5集)』(東京: 台東区教育委員会), 94쪽.

람했다고 한다.[31] 『요미우리신문』 1927년 4월 21일 자 기사도 아사쿠사 영화관에는 인텔리·신사 등의 다양한 계급이 모여 있다고 언급하고 있다.[32] 당시 아사쿠사 영화관은 노동자층·서민층 관객이 많았지만 상류 계층·인텔리도 그들과 놀면서 영화를 관람해서 계급적으로 열린 공간이었음을 알 수 있다.

31 堀切直人, 『浅草: 大正編』(東京: 右文書院, 2005), 28~33쪽.
32 「映画館めぐり 浅草観音劇場の巻」, 『読売新聞』, 1927. 4. 21, 5면.

3. 1920년대 후반 이후의 영화관과 관객의 관람 양상

1920년대 후반 이후의 아사쿠사 영화관

영화관의 상영 환경

아사쿠사 영화관의 영화 상영·관람 환경은 1920년대 후반 이후 큰 변화의 계기를 맞게 된다. 그 첫 번째 계기는 1923년 간토대지진으로 아사쿠사 영화관이 파손되면서 대대적으로 바라크 건물에서 콘크리트 건물로 신축되는 움직임이고, 두 번째 계기는 유성영화의 도입이다.

먼저 『요미우리신문』을 통해 당시 아사쿠사 영화관의 신·개축 상황을 살펴보면, 덴키관, 니혼관(日本館), 쇼치쿠좌(松竹座)가 1920년대 후반에 신축되었다.[1] 다이쇼관(大正館), 데이코쿠관(帝国館)은 1930년에 신축되었는데 당시로는 드물게 1,500석 규모의 대형 영화관이었다. 이들 신축 영화관은 콘크리트 건물에 냉난방 장치와 1인 관람 좌석을 구비하고 있었다.[2] 이는 더위나 추위의 고통과 다른 관객으로부터의 방해 없이 조용하게 영화를 관람하게 하는 조건을 갖춘 것이었다.

신축된 덴키관의 내부 도면(〈그림 4〉)을 보면 우선, 관람 공간이 이전에는 복도 없이 외부와 맞닿아 있던 것에서 신축 이후에는 외부에서 복도를 통해 관람 공간으로 연결되는 것을 확인할 수 있다. 이전에 관람

---

1 「東洋一の映画館として電気館新築なる」, 『読売新聞』, 1926. 12. 12, 5면; 「日本館本建築」, 『読売新聞』, 1927. 11. 27, 10면; 「出来上がった新築の浅草松竹座」, 『読売新聞』, 1928. 8. 26, 10면.
2 遷石政太郎, 「大勝館の建設について」, 『キネマ週報』 42(東京: キネマ週報社, 1930), 10~11쪽; 「帝国館開館」, 『キネマ旬報』 324(東京: キネマ旬報社, 1929), 53쪽.

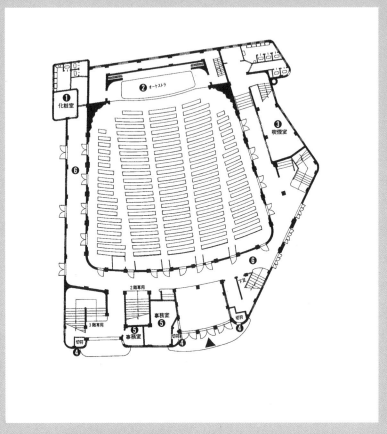

〈그림 4〉 1926년 신축 당시 덴키관의 내부 도면

출처: [東京都] 台東区教育委員会 編, 『浅草六区 : 興行と街の移り変り(台東区文化財調査報告書 第5集)』, (東京: 台東区教育委員会), 93쪽.

① 화장실　② 오케스트라 박스　③ 흡연실
④ 매표소　⑤ 사무실　⑥ 복도

공간 내부에 있었던 사무실·흡연실 등도 전부 관람 공간 외부 복도와 로비 쪽으로 옮겨진 것도 알 수 있다. 이는 관람 도중 관객의 이동을 제한하고 사무실·흡연실·외부로부터 발생하는 소음의 방해 없이 관객이 조용히 영화를 관람할 수 있게 하는 것이었다. 또한 이전처럼 관람 공간의 한쪽 측면이 비정상적으로 긴 구조가 아니라 스크린 쪽에서 뒤로 가면서 점점 길어지는 부채꼴 구조를 취해 객석 측면의 관객도 원활하게 스크린을 볼 수 있게 했다. 좌석 배열도 이전에는 스크린에서 평행인 '一' 자 구조에서 신축 이후에는 'U' 자 형태로 변화했는데, 이 또한 관객이 어디에서도 스크린을 잘 볼 수 있게끔 하는 것이었다.

조반좌(常磐座), 도쿄쿠라부(東京倶楽部) 등의 영화관도 신축되어 아사쿠사 영화관의 신축 움직임은 지속되었다.[3] 그러나 모든 영화관이 신축된 것은 아니었다. 치요다관(千代田館), 가와이키네마(河合キネマ), 다이도쿄 등 일부 영화관은 내부 개축 등에 그쳐 근본적으로 상영·관람 시설을 새로 꾸미지 못하고 건물도 이전처럼 바라크 형태에 머물러 있었다.[4] 이러한 시설 개선의 차이는 아사쿠사에서 영화관의 등급을 명확히 하는 것이기도 했다. 당시 1920년대 후반 이후의 영화관 등급은 관람료 차이를 통해 알 수 있다. 최저 및 최고 관람료는 쇼치쿠좌·후지관(富士館)·덴키관·다이쇼관이 각각 0.5엔과 1.2엔, 조반자·니혼관·쇼치쿠관이 0.3엔과 0.7엔, 치요다관·가와이키네마가 0.2엔과 0.4엔이었는데,[5] 이를 통해 대체로 아사쿠사의 영화관은 세 등급으로 나누어진 것을 알 수 있다. 가장 싼 관람료의 삼류관은 앞서 언급한 신축하지 않고

3   国際映画通信社, 『日本映画事業総覧』(東京: 国際映画通信社, 1930), 110쪽.
4   「浅草通信」, 『キネマ旬報』 390(東京: キネマ旬報社, 1931), 119쪽; 「興行街の異変来るか」, 『キネマ旬報』 565(東京: キネマ旬報社, 1936), 10쪽.
5   「浅草映画館の入場料」, 『キネマ週報』 38(東京: キネマ週報, 1930), 211쪽; 「浅草通信」, 『キネマ旬報』 390(東京: キネマ旬報社, 1931), 120쪽.

내부 시설만 개선한 영화관이다. 당시 기사에 의하면 객석 규모 면에서도, 가장 비싼 관람료에 해당하는 일류관은 1,300석 이상, 이류관은 대체로 500~600석이었고, 삼류관은 500석 이하였다.[6] 일류관에 해당하는 쇼치쿠좌·다이쇼관은 쇼치쿠가 배급하는 영화를 가장 먼저 공개할 수 있었지만, 삼류관인 다이도쿄에서는 그후 6개월이 지나서야 상영할 수 있었다.[7] 이를 통해 영화관 등급별로 관객 수용 규모와 영화 개봉 시기에도 차이가 있었음을 알 수 있다.

관객의 관람 양상과 그 효과

1920년대 후반, 일본 영화계에도 유성영화가 도입됨에 따라 아사쿠사의 영화관은 신·개축과 함께 발성 장치를 갖추게 된다. 이에 따라 변사, 과자장수, 여자 안내원 등 이전의 다양한 사람들은 그들이 만들어내는 소리가 영화 사운드와 중첩될 수밖에 없다는 점에서 사라질 운명에 처해 있었다. 특히 무성영화를 설명하는 역할을 해온 변사의 퇴장은 우선적으로 요구될 수밖에 없었다. 그러나 유성영화가 일반화된 1935년의 시점에도 아사쿠사의 영화관에서 변사는 사라지지 않았다. 『키네마주보』에 실린 조사에 의하면, 아사쿠사의 조사 대상 14개 영화관 중 다이쇼관·도쿄쿠라부를 제외한 12개 영화관에는 보통 변사가 3~5명이 고용되어 있었다고 한다.[8] 호리키리 나오토는 1940년대에는 관객이 더욱 유성영화에 익숙해지고 서양영화는 자막으로 감상하는 것이 일반화되었지만, 아사쿠사의 일부 영화관에서는 여전히 변사

6   国際映画通信社, 『日本映画事業総覧』(東京: 国際映画通信社, 1930), 551쪽.
7   「映画館めぐり9 - 大東京」, 『読売新聞』, 1931. 9. 12, 11면; 「ジキル博士とハイド」, 『読売新聞』, 1931. 6. 8, 6면.
8   「お客と女給との関係」, 『キネマ週報』 240(東京: キネマ週報社. 1935), 18쪽.

가 활동하고 그들에 의한 영화 해설이 행해졌다고 서술하고 있다.[9] 유성영화의 도입으로 관객이 영화에 더욱 몰입할 수 있는 여건이 마련되었음에도 여전히 변사가 있어, 변사의 설명과 영화 사운드가 겹쳐져 영화관은 아주 소란스러웠고 관객은 여전히 산만하게 영화를 관람할 수밖에 없었다.

과자장수도 여전히 있었다. 『요미우리신문』 1931년 9월 4일 자 기사에서 일류 개봉관 다이쇼관에 과자장수가 활동했던 것을 확인할 수 있는데, 기사는 판매를 위해 "아이스크림"을 외치고 다니는 과자장수 소녀의 목소리는 신축된 고급 영화관에 전혀 어울리지 않는다고 평가하고 있다.[10] 『니혼에이가』는 1938년에도 다이쇼관에서는 영화 상영 중에도 과자장수가 돌아다니고 있다고 언급하고 있다.[11] 이러한 과자장수의 활동은 고급 영화관인 다이쇼관에서는 그나마 덜했다고 한다. 당시 과자장수의 매출을 조사한 기사에서는 아사쿠사 영화관 중 다이쇼관의 매출이 가장 낮고 다른 영화관에서는 매출이 이보다 높다고 기록하고 있어,[12] 다이쇼관에서보다 아사쿠사의 다른 영화관에서 과자장수는 더 활발히 활동하고 관객은 더 음식을 즐기며 영화를 감상했음을 알 수 있다.

여자 안내원 역시 유성영화 도입 이후에도 계속 활동했다. 『니혼에이가』 1938년 기사는, 일류 개봉관 다이쇼관에서 영사 중임에도 여자 안내원이 큰 소리를 질렀으며 이 상황을 접하는 순간 내가 아사쿠사 영화관에 있음을 느낄 수 있다고 말하고 있다. 이를 통해 소란스러운

---

9   堀切直人, 『浅草: 大正篇』, 33쪽.
10   「映画館めぐり2-大勝館」, 『読売新聞』, 1931. 9. 4, 11면.
11   「映画館診てある記: 浅草の巻」, 『日本映画』 1938-11(東京: 日本映画社, 1938), 118쪽.
12   「浅草興行街」, 『実業の日本』 39-14(東京: 実業之日本社, 1936), 84~85쪽.

여자 안내원의 존재와 그 행동이 아사쿠사 특유의 것이었음을 알 수 있다.[13]

영화관 신축으로 객석이 1인석으로 바뀌었음에도 관객이 타인으로부터 분리되어 영화를 감상하지 못하는 경우가 많았다. 1930년대에 덴키관·니혼관에서 근무했던 한 여자 안내원의 기억에 의하면, 항상 관객이 많아서 상당수는 서서 영화를 보아야 했는데 이때 정면으로 서기조차 어려워 몸을 옆으로 한 채 영화를 관람할 수밖에 없었다고 한다.[14] 몸을 스크린 정면으로 향하게 하는 것조차 불가능해 몸을 옆으로 돌려 영화를 보아야 하는 상황에서는 관객 간 신체 접촉이 불가피하고, 관객은 영화만 조용히 주시하기가 어려웠을 것이다. 이와 같은 상황이 예외적인 것이 아니라 빈번히 발생했음에도 관객이 영화관을 지속적으로 찾았다는 사실은, 관객은 타인과의 신체 접촉 없이 분리되어 영화만 주시하는 일이 중요하지 않았음을 알 수 있게 한다.

『요미우리신문』 1931년 9월 30일 자 기사에 의하면, 검극영화 상영관으로 유명했던 일류 개봉관 조반좌에서는 관객이 영화 장면에 즉흥적으로 박수를 보냈다고 한다.[15] 가와바타 야스나리는 당시 아사쿠사 관객은 영화를 보면서 울거나 소리를 지르기도 했다고 기록하고 있다.[16] 변사에 대해서도 관객은 "변사, 제대로 해", "변사, 죽여버린다" 같은 고함을 지르는 것이 일반적이었다.[17] 이처럼 소란스럽게 영화를 관람하는 것이 일반적이어서, 1930년대 아사쿠사 영화관을 자주 찾았던 한 영화

---

13 「映画館診てある記: 浅草の巻」, 118쪽.
14 三矢文子, 「劇場に行くのが楽しみ」, 日本テレビプロデューサー 編, 『プログラム映画史』(東京: 日本放送出版協会, 1978), 418, 419쪽.
15 「映画館めぐり15─常磐座」, 『読売新聞』, 1931. 9. 30, 11면.
16 川端康成, 「浅草」, 150〜151쪽.
17 美都禎二, 「映画説明者楽屋咄し」, 『実業の日本』 33-13(東京: 実業之日本社, 1930), 74쪽.

팬은 아사쿠사 영화관에서는 조용히 앉아서 영화를 관람한 일이 거의 없다고 당시를 회고하고 있다.[18]

요시미 슌야는 유흥가로서 아사쿠사의 특징은 무대와 객석의 경계가 없는 것이라고 지적한다.[19] 상영되는 영화에 박수를 보내고 환호하며, 변사에게 고함을 지르는 것 등을 통해 아사쿠사의 영화관도 무대(스크린)와 객석이 분리되어 있지 않은 것을 알 수 있다.

아사쿠사 영화관의 외부에는 영화관 신축 이후에도 여전히 다른 지역의 영화관에 비해 영화 홍보 깃발·포스터 등이 많이 달려 있었다. 이는, 앞서도 언급했지만, 관객의 영화 선택이 즉흥적임을 말해준다. 여전히 관람 양상은 소란스럽고 관객은 영화만이 아니라 갖가지 것을 즐기기 위해 영화관을 출입했기에, 관객의 영화 선택은 계획적이지 않았던 것이다. 1936년의 『와세다 광고학연구』도 아사쿠사의 관객은 신문 광고 등을 참고해 영화를 미리 살펴보고 영화관에 오는 것이 아니라 '뭔가 재미있는 영화 한번 봐볼까' 하는 가벼운 마음가짐으로 영화관을 찾는 경우가 많았다고 하는데, 이를 통해서도 관객이 영화를 즉흥적으로 선택하고 있음을 알 수 있다.[20]

여전히 아사쿠사 관객은 영화관에 장시간 머무는 경우가 많았다. 그러한 관객은 종일 같은 영화를 반복적으로 감상하며, 미리 준비해온 빵으로 식사를 해결하기까지 했다.[21] 아사쿠사의 영화관에서는 영화를 보는 것 이외 음식을 즐기며 웃고 떠드는 등 노는 것이 가능했기에 관

18 遠藤憲昭, 「我が個人的映画館史」, 国書刊行会 編, 遠藤憲昭 解説, 『映画黄金期小屋と名作の風景』(東京: 国書刊行会, 1989), 122쪽.
19 吉見俊哉, 『都市のドラマトゥルギー: 東京·盛り場の社会史』, 219~220쪽.
20 水島時三, 「浅草の映画宣伝と観客: 某映画館とりみたる」, 『早稲田広告学研究』 8(東京: 早稲田大学広告学研究会, 1936), 200~201쪽.
21 「映画界検討: 匿名座談会」, 『キネマ旬報』 586(東京: キネマ旬報社, 1936), 60쪽.

객이 영화관에서 여러 욕구를 채우면서 하루를 보낼 수 있었던 것이다.

영화관의 시설 개선과 유성영화의 도입에도 불구하고 일류관·삼류관의 구분 없이 관객이 여전히 소란스럽고 산만하게 영화를 감상한 것은 무엇보다 유흥가로서 아사쿠사의 특징인 잡다함, 노골적임, 무대와 객석이 구분되지 않음 등에 중요한 이유가 있다 하겠다. 즉 1920년대 후반 이후에도 아사쿠사의 영화 관람 양상과 영화문화가 이전과 별다른 변화가 없었던 것은 아사쿠사 관객의 영화 관람 양상이 영화관 시설 개선과 유성영화 도입의 문제보다는 유흥가로서 아사쿠사의 특징에 더욱 큰 영향을 받았기 때문이다.

또한, 1920년대 초반처럼 산만하게 노는 방식의 영화 관람은 젠더·세대 등의 사회적 경계를 초월한 자유 분출의 효과가 있었다. 1920년대 후반과 1930년대의 아사쿠사 영화관은 여전히 남녀가 영화관의 어두움과 아사쿠사 특유의 자유로운 분위기를 이용해 접촉을 행하는 공간이었다. 1936년 『키네마순보』의 한 기사는 서로 알지 못하는 남녀가 영화관에서 만나 영화가 끝난 이후는 같이 영화관을 나서는 일이 흔하다고 언급하고 있다.[22] 영화에만 집중한다면 서로 모르는 남녀가 영화가 상영되는 공간에서 접촉하기란 상당히 어려운 일이다. 『아사히신문』 1932년 12월 2일 자 기사는 아사쿠사 영화관에서 여성 관객이 좋아하는 비극영화가 상영될 때는 군인 관객 역시 증가한다고 하고 있다.[23] 이역시도 영화관에서 서로 알지 못하는 남녀의 접촉과 만남이 자주 발생하는 상황에서 군인들이 여성 관객과의 만남을 기대해 의도적으로 영화관을 찾았기 때문이라 할 수 있다.

22 같은 글, 58쪽.
23 「浅草見物は暇つぶしに非ず」, 『朝日新聞』, 1932. 12. 2, 9면.

학생들 역시 이전처럼 어른들의 감시를 피해 밤늦게까지 아사쿠사 영화관에서 자유를 즐길 수 있었다. 1936년 12월 3일 자 『아사히신문』 기사는 도쿄 중등학교 보도(保導)협회의 영화관에 대한 요구 사항을 전하면서, 아사쿠사 영화관의 어둠 속에서 감시의 눈을 피해 남녀 학생들이 밤늦게까지 사랑을 속삭인다고 언급하고 있다.[24] 『요미우리신문』 1931년 9월 23일 자 기사는 여학생들이 변사의 설명과 영화 사운드가 닿지 않는 도쿄쿠라부 객석 뒤편에 서로 모여 앉아 밤늦게까지 연애담을 나누었다고 전하고 있다.[25]

그러나 1930년대에는 이전과 달리 상류층 관객과 엘리트 관객은 그 이전만큼 아사쿠사 영화관을 찾아 노동자·서민 관객과 뒤섞여 영화를 보지 않았다고 생각된다. 이는, 이후에 살펴보겠지만, 니시긴자에는 그들을 위한 대형 고급 영화관이 건설되어 상당수 상류층 관객과 엘리트 관객이 그쪽으로 이동했기 때문이다.

1930년대, 니시긴자 영화가의 탄생

니시긴자의 지역적 특징

1930년 이후에는 당시 도쿄 최대 영화가인 아사쿠사를 위협하는 영화가가 등장하는데, 바로 니시긴자(西銀座) 영화가다. 니시긴자는 긴자(銀座)와 마루노우치(丸の内)의 경계에 위치해 있었다.

당시 긴자 지역의 성격은 요시미 슌야의 연구[26]가 잘 말해준다. 애초 긴자는 요코하마(橫浜)발 철도 종착역 주위에 위치해 서양 상품이

---

24 「保導協会員の六区懇談会」, 『朝日新聞』, 1936. 12. 3, 5면.
25 「映画館めぐり12―東京倶楽部」, 『読売新聞』, 1931. 9. 23, 11면.
26 吉見俊哉, 『都市のドラマトゥルギー: 東京·盛り場の社会史』, 228~252쪽.

판매되고 서양 문화가 유입되는 지역이었다. 그러나 이곳에서의 서양 문화는 대중은 일상적으로 접할 수 없고 일부 상류층만 경험할 수 있는 것이었다. 긴자가 많은 이에게 알려지고 유흥가로서 대두하게 되는 것은, 1920년대 중후반 이후인데, 간토대지진 이후 긴자에 많은 카페와 백화점이 생겨나고 새로 개발된 교외 주택 단지에 거주하는 중산층 젊은이들이 교통이 발달한 긴자를 용이하게 방문할 수 있었던 데 그 중요한 이유가 있었다. 긴자는 이전부터도 서양과 연결되어 고급스러운 지역이라는 인식이 있었지만, 1920년대 중후반 이후 많은 사람이 긴자를 찾게 되면서 긴자의 고급스럽고 모던한 이미지가 광범위하게 확산하게 된다. 이와 같은 긴자의 이미지가 일본 전체에 공유되면서 긴자가 아닌 지역에서도 상품 또는 서비스 등의 고급스러움이나 모던함을 선전하기 위해 상표나 상호 등에 '긴자'라는 명칭을 붙이기도 했다고 한다.

마루노우치는 기본적으로 기업과 주요 관청이 밀집된 지역이었다. 마츠하시 다츠야에 의하면, 간토대지진 이후 복구 과정을 거치면서 비교적 피해가 적었던 마루노우치에 이전보다 많은 기업의 사무소와 관청이 건설되어 정경(政經) 기능이 더욱 집중되었으며, 니혼바시에 있던 쇼핑가도 마루노우치로 옮겨져 상업 기능이 보강되었다고 한다. 마루노우치에는 쇼핑가가 들어서면서 이전부터 있었던 샐러리맨 외에 모던걸·모던보이 등이 유입되었으며, 많은 고층 건물이 건설되고 버스·택시 등의 교통수단이 도입되면서 새로운 근대적 스펙터클이 만들어지게 되었다.[27] 이를 통해 긴자 바로 옆에 위치한 마루노우치도 고급스럽고 모던한 분위기의 공간이었음을 알 수 있다.

---

27 松橋達矢, 『モダン東京の歴史社会学: 「丸の内」をめぐる想像力と社会空間の変容』(京都: ミネルヴァ書房, 2012), 177~196쪽.

고급스럽고 모던한 지역에 위치한 니시긴자의 영화관들은 아사쿠사처럼 10~20개 영화관이 군집해 별도의 영화가 공간을 형성하지는 않았다. 〈사진 4〉는 니시긴자 지역을 상공에서 찍은 것인데 A로 표시된 곳이 니혼극장(日本劇場), B가 히비야영화극장(日比谷映画劇場), C가 데이코쿠극장(帝国劇場)이다. 영화관 사이와 주위에는 많은 빌딩과 건물이 있고, A와 B 사이로는 철길도 지나고 있다. 니시긴자는 별도의 영화가가 형성되지 않았기에 영화가로서 공간성을 부여받을 수도 없었고, 사람들이 아사쿠사 하면 영화가나 영화관을 떠올리는 것과는 달리, 니시긴자 영화가가 니시긴자 지역 자체를 대표하는 상징성을 부여받을 수도 없었다.

영화관의 상영 환경

니시긴자의 영화관이 아사쿠사의 영화관을 위협할 정도로 성장하는 것은 1930년 중반 이후의 일이지만, 그 이전에 니시긴자에 영화관이 없었던 것은 아니다. 1930년대 중반 이전부터 있었던 호라쿠좌(邦楽座)와 데이코쿠극장은 아직 니시긴자만의 특별한 영화문화를 형성하지는 못했지만 도쿄 내에서 서양영화를 상영하는 고급 영화관으로서의 명성은 지니고 있었다.

먼저 호라쿠좌는, 『아사히신문』 1923년 8월 23일 자 기사에 의하면, 1923년에 공연장으로 건설되었고 건설 당시 아사쿠사 영화관과 비교해 수용 인원이 많아 1,300명 정도가 되었으며 우수한 냉난방 시설을 갖추고 있었다.[28] 『요미우리신문』 1931년 6월 8일 자 기사에 의하면, 1931년 이전에는 파라마운트(Paramount)가, 1931년부터는 쇼치쿠영

---

28 「演芸風聞録」, 『朝日新聞』, 1923. 8. 23, 7면.

〈사진 4〉 1934년 상공에서 내려다본 니시긴자

출처: 東宝株式会社総務部 編, 『東宝75年のあゆみ: ビジュアルで綴る 3/4世紀(1932~2007)』(東京: 東宝, 2010), 48쪽.

화사가 배급하는 서양영화를 상영하게 된다.[29] 『요미우리신문』 1929년 1월 17일 자 기사와 7월 2일 자 기사에 의하면, 호라쿠좌는 고급 영화관이었던 만큼 일본 내에서도 유성영화가 가장 이른 시기에 도입된 영화관이기도 했다.[30] 호라쿠좌는, 『극장·영화관』[31]에 실린 도면을 보면 우선 1920년대 초반의 아사쿠사 영화관과는 달리, 1인석을 갖추어 관객은 타인으로부터의 방해를 많이 받지 않고 분리되어 조용히 영화를 감상할 수 있었다. 또한 영화 관람 공간이 바로 외부와 맞닿은 것이 아니라 영화 관람 공간과 외부 사이에는 복도와 홀이 있었다. 영화 관람 공간 외부에 휴게실·식당 등이 위치해 있는 것도 알 수 있다. 이는 영화가 상영되는 동안 관객이 소음에 방해받지 않고 영화를 조용히 관람할 수 있게 해주는 것이었다. 그러나 호라쿠좌는 애초 공연장으로 설계되었기에 이후 신축되는 영화관과는 달리 좌석이 'U'자 형태가 아니었으며 무대가 넓어 스크린과 객석 사이 거리가 멀었다. 이러한 한계 때문에 『요미우리신문』 1931년 9월 5일 자 기사에서는 호라쿠좌가 고급 극장이긴 하지만 모던 도쿄를 대표하는 전문 영화관으로서는 부족함이 있다고 지적했다.[32]

『아사히신문』 1911년 2월 11일 자 및 1911년 3월 3일 자 기사에 의하면, 1911년에 완공된 데이코쿠극장은 프랑스·독일 등의 국립극장을 염두에 두고 지어진 공연장으로 유럽의 최고급 공연장에 견주어도 손색이 없을 정도였다.[33] 데이코쿠극장에 본격적으로 영화가 상영된 것은

---

29 「ジキル博士とハイド」, 『読売新聞』, 1931. 6. 8, 6면.

30 「いよいよ邦楽座が発声映画館に」, 『読売新聞』, 1929. 1. 17, 10면; 「今度は楽手のフリーランサー生る」, 『読売新聞』, 1929. 7. 2, 10면.

31 木村栄二郎, 『劇場·映画館』(東京: 常磐書房, 1934), 304~305쪽.

32 「映画館めぐり3 - 邦楽座」, 『読売新聞』, 1931. 9. 5, 11면.

33 「新築落成の帝国劇場」, 『朝日新聞』, 1911. 2. 11, 5면; 「帝国劇場開場式」, 『朝日新聞』, 1911. 3. 3, 5면.

1931년의 일로, 호라쿠좌처럼 쇼치쿠 배급 서양영화가 상영되고 극장은 이내 쇼치쿠 배급 영화 중 가장 우수한 영화가 가장 빨리 개봉되는 영화관으로 자리 잡았다.[34] 좌석은 1,500여 석이었는데, 『요미우리신문』 1911년 2월 9일 자 기사에 의하면 건설 당시부터 1인석을 갖추고 있었으며, 같은 신문 1930년 7월 12일 자 기사는 냉난방 장치도 구비하고 있었다고 밝히고 있다. 역시 같은 신문 1931년 7월 29일 자 기사에 의하면, 데이코쿠극장은 영화관으로 변신했을 때부터 주로 유성영화가 상영되었다. 그러나 데이코쿠극장 역시 고급스럽고 화려한 시설에도 불구하고 기본적으로는 공연장으로 만들어진 건물이어서 영화 상영에 최적화된 조건은 아니었다.[35]

호라쿠좌와 데이코쿠극장은 고급스러운 대형 영화관이었지만 전문 영화관으로는 한계가 있는 상황에서, 니시긴자 지역에 대형 고급 영화 전용관이 탄생한 것은 1934년의 일이었다. 먼저 히비야영화극장은 원형의 철골 콘크리트 건물이었다. 니시긴자의 기존 두 영화관(호라쿠좌, 데이코쿠극장)이 쇼치쿠에 의해 직영되었던 데 반해, 히비야영화극장은 도호(東宝)영화사에 의해 건설·운영되었다. 『영화연감』의 소개에 의하면, 히비야영화극장은 수용 인원이 1,700여 석으로 당시 도쿄에서 가장 큰 규모였던 데이코쿠극장보다 많았으며 객석은 모두 1인석이었다. 또한 냉난방 장치를 갖추었으며 발성 장치는 당시 최고급 기종을 구비했고, 바닥에는 빨간색 카펫을 깔아 쾌적도를 높이고 내부 분위기를 고급스럽게 꾸몄다.[36]

34 「帝国が映画劇場に」, 『キネマ旬報』 417(東京: キネマ旬報社, 1931), 16쪽.
35 「帝国劇場が落成」, 『読売新聞』, 1911. 2. 9, 3면; 「帝国劇場」, 『読売新聞』, 1930. 7. 12, 9면; 「マダムと女房/帝国劇場」, 『読売新聞』, 1931. 7. 29, 2면.
36 国際映画通信社, 『映画年鑑』(東京: 国際映画通信社, 1934), 8~9쪽.

〈사진 5〉를 보면, 히비야영화극장은 별다른 장식 없는 깔끔한 외관이었음을 확인할 수 있다. 〈그림 5〉는 히비야영화극장의 내부 도면인데 좌석 배열이 데이코쿠극장이나 호라쿠좌와는 달리 'U'자 형태임을 알 수 있다. 관람 공간은 외부에서 복도를 통해 연결되며, 휴게실과 화장실은 복도에 위치해 있는 것을 알 수 있다. 영화관이 원형이어서 스크린에서 멀어질수록 관람 공간의 가로가 길어져, 관객이 스크린으로의 시야를 잘 확보할 수 있었다.

니혼극장도 1934년 히비야영화극장에서 멀지 않은 곳에 건설되었다. 니혼극장은 개장 이후 1935년까지는 니카츠(日活)·쇼치쿠의 영화를 상영했지만[37] 1935년 8월 27일 도호영화사에 합병·경영되면서 도호가 배급하는 영화를 상영하게 된다.[38] 1934년의 『영화연감』은 니혼극장의 수용 인원은 무려 5,000석, 건물은 지하 3층 지상 7층의 콘크리트 철골 구조라고 소개하고 있다. 영화관 규모는 동양 최대라고 언급되었다. 1인석은 쿠션이 좋아 관객은 안락하게 다른 관객으로부터의 방해 없이 영화를 감상할 수 있었으며, 발성기는 RCA의 최고급 기종이었고 냉난방 시설을 갖추고 있었다. 영화관 주(主) 시설 이외 별도로 수백 명을 수용할 수 있는 시사실을 지하에 갖추고 있었다. 6, 7층에는 1,000명을 수용할 수 있는 댄스홀과 2개 대식당도 입점시켜 영화관 건물 자체가 커다란 유흥·소비 공간이었음을 알 수 있다.[39]

〈사진 6〉과 〈사진 7〉은 니혼극장의 외부와 내부 모습이다. 외부는 별다른 장식이 없는 간결한 형태에 타원형 구조였다. 내부의 벽과 천장에는 세련된 장식이 많고 고급스럽고 깔끔한 분위기였음을 확인할 수

---

37 「日本劇場遂に日活をはずれ」, 『キネマ週報』 224(東京: キネマ週報社, 1935), 10쪽.
38 「東宝日劇合併」, 『キネマ週報』 252(東京: キネマ週報社, 1935), 9쪽.
39 国際映画通信社, 『映画年鑑』, 7~8쪽.

〈사진 5〉 1934년 히비야영화극장의 외관

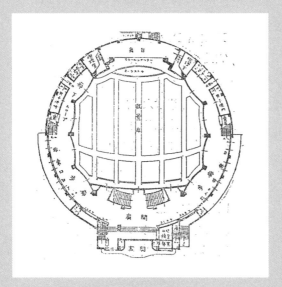

〈그림 5〉 1934년 히비야영화극장의 내부 도면

출처: 木村栄二郎, 『劇場·映画館』(東京: 常磐書房, 1934), 310~311쪽.

있다. 〈그림 6〉의 극장 내부 도면을 보면, 관람 공간은 외부에서 복도를 통해 연결되도록 하고 관람 공간이 아닌 복도에 흡연실과 화장실을 배치했음을 알 수 있다. 좌석 배열은 'U' 자 형태였고 시야 확보가 어려운 전방의 측면에는 좌석을 많이 두지 않았다는 것도 알 수 있다.

1934년 이전 니시긴자에는 고급 영화관이 데이코쿠극장과 호라쿠좌밖에 없어, 아직 니시긴자는 아사쿠사 같은 영화가가 되지는 못하는 상황이었다. 그러나 이후 규모나 시설 면에서 두 영화관을 뛰어넘는, 관객의 영화 감상에 최적화된 대형 고급 영화관인 히비야영화극장과 니혼극장의 건설은 일거에 니시긴자를 1회 상영에만 관객을 1만 명 가까이 수용할 수 있고 고급스러운 일류 개봉 영화관이 밀집해 있는 도쿄의 주요 영화가로 부상하게 했다.

관객의 관람 양상과 그 효과

니시긴자 지역의 관객은 영화 선택이 충동적이지 않고 계획적이어서 영화관을 찾기 전에 미리 관람할 영화를 선택하는 경우가 많았다. 『키네마순보』에서는 이 지역 영화관의 외부가 깔끔한 이유는 관객이 미리 꼼꼼하게 관람할 영화를 결정해 영화관을 찾아서 관객을 유인하기 위한 영화관 외부 장식이나 선전물을 설치할 필요가 없기 때문이라고 설명하고 있다.[40] 영화를 계획적으로 선택한다는 것은 니시긴자 지역 관객이 영화관을 찾는 가장 중요한 이유가 영화 감상이었음을 알 수 있게 한다.

니시긴자의 영화관은 영화 상영 시간을 단축했다는 공통적 특징을 보인다. 아사쿠사의 영화관에서 1회 영화 상영 시간은 4시간 이상

---

40 友田純一郎·川村秀治, 「映画館表装飾採集」, 131쪽.

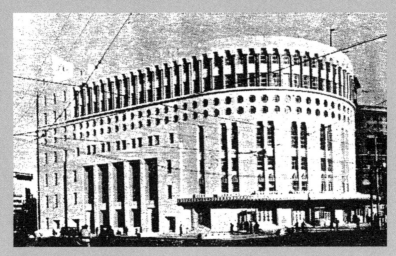

〈사진 6〉 1934년 니혼극장의 외관

출처: 国際映画通信社, 『映画年鑑』(東京: 国際映画通信社, 1934), 7쪽.

〈사진 7〉 1934년 니혼극장의 내부

출처: 渡辺仁建築工務所 編, 『日本劇場』(東京: 渡辺仁, 1934).

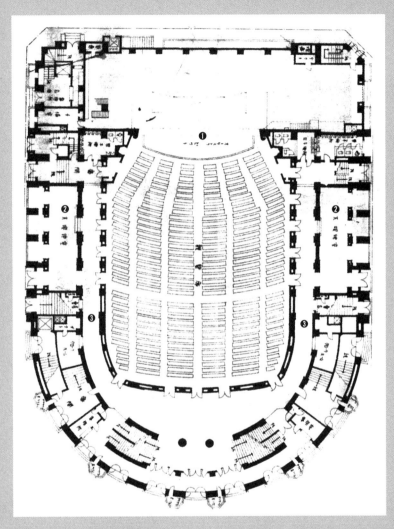

〈그림 6〉 1934년 니혼극장의 내부 도면

출처: 渡辺仁建築工務所 編, 『日本劇場』(東京: 渡辺仁, 1934).

① 스크린   ② 흡연실   ③ 복도

이었지만, 니시긴자 영화관의 1회 영화 상영 시간은 2~3시간 정도였다. 도호의 대형 영화관이 신축되기 전에도 데이코쿠극장·호라쿠좌에서는 이미 영화 상영 시간을 3시간 이내로 단축했다.[41] 히비야영화극장은 개장 이전에 이미 영화 상영 시간을 2시간에서 2시간 30분 정도로 계획했다.[42] 니혼극장의 1935년 7월 1일 자 『요미우리신문』 광고를 보더라도 1회 영화 상영 시간은 2시간 남짓임을 알 수 있다.[43] 이처럼 니시긴자 지역 영화관이 영화 상영 시간을 대폭 단축할 수 있었던 것은, 1934년 3월 『키네마순보』에서 확인할 수 있듯이, 영화 감상만을 중시하는 이 지역 관객이 장시간의 영화 상영을 원하지 않아서였다.[44] 즉, 이 지역의 관객은 다양한 행동을 하고 욕구를 충족시키면서 놀면서 영화를 보는 것이 아니라 스크린만을 주시하며 영화를 감상한 데서 아사쿠사 관객과 달리 상영 시간 단축을 원했던 것이다.

상영 시간 단축은 1일 영화 상영 횟수를 늘려주었다. 아사쿠사 지역의 영화관에서는 1일 2회 상영밖에 할 수 없었지만, 『요미우리신문』 1934년 2월 8일 자 및 1935년 7월 1일 자 기사에 의하면, 니시긴자 지역의 영화관은 평일의 경우 1회 더 추가해 3회까지 영화를 상영할 수 있었고 휴일에는 4~5회까지 영화를 상영할 수 있었다.[45] 이러한 1회 상영 시간 단축과 1일 영화 상영 횟수의 증가는 니시긴자 영화관의 관람료를 높지 않은 선에서 책정할 수 있게 했다. 당시 영화관 대부분은 좌석의 위치에 따라 관람료에 차이가 있어 가장 비싼 좌석은 1엔을 넘기

---

41 「帝劇で一ヶ月続映計画」, 『キネマ旬報』 407(東京: キネマ旬報社, 1931), 17쪽; 三橋哲生, 「吾れ若し支配人たりせば(二)」, 『キネマ旬報』 499(東京: キネマ旬報社, 1934), 27쪽.

42 「日比谷劇場開場」, 『キネマ旬報』 494(東京: キネマ旬報社, 1934), 18쪽.

43 「映画カーニバル」, 『読売新聞』, 1935. 7. 1, 7면

44 三橋哲生, 「吾れ若し支配人たりせば(二)」, 『キネマ旬報』 499(東京: キネマ旬報社, 1934), 27쪽.

45 「映画 アフリカは笑う」, 『読売新聞』, 1934. 2. 8, 3면; 「映画 カーニバル」, 『読売新聞』, 1935. 7. 1, 7면; 「日比谷劇場の新方法」, 『朝日新聞』, 1934. 1. 10, 2면.

도 했는데, 도호가 소유한 히비야영화극장과 니혼극장은 관람료를 모든 좌석에 동일하게 50센(銭, 0.5엔)으로 책정했다. 일본 최고급 영화관에서의 50센 균일 요금제는 상당한 성공을 거두어 일본 내에서도 화제가 되었는데, 당시 히비야영화극장과 니혼극장의 50센 균일 요금제를 『키네마순보』 등의 영화 잡지에서는 전국 영화관에 상당한 파급을 주었다거나 "50센의 바람"이라고까지 표현했다.[46]

『요미우리신문』 1933년 12월 25일 자 기사 및 1937년 3월 11일 자 기사에 의하면, 니시긴자의 영화관은 예매제를 실시해 관객의 편의를 향상시켰다.[47] 예매제 시행은 니시긴자 관객이 영화를 미리 계획적으로 선택하는 데서 가능한 것이었다.

니시긴자 지역의 영화관에서는 아사쿠사 지역의 영화관에서 활동했던 다양한 사람이 사라졌다. 우선 변사가 그러했는데 『요미우리신문』 1930년 5월 20일 자 기사에 의하면, 1930년 이전 니시긴자의 유일한 영화관이었던 호라쿠좌는 이른 시기에 유성영화를 도입하면서 1930년에 변사 없는 영화 상영을 시작했다.[48] 1935년의 도쿄 주요 영화관 고용 상황 조사가 『키네마순보』에 실려 있는데, 아사쿠사 대부분의 영화관과 신주쿠 일부 영화관에 있었던 변사가 니시긴자 4개 영화관(데이코쿠극장, 호라쿠좌, 히비야에이가극장, 니혼극장)에는 없었던 것을 확인할 수 있다.[49] 니시긴자의 영화관에는 과자장수도 존재하지 않았다. 1935년의 『키네마순보』는 영화관의 등급이나 서양영화 상영관이냐 일본영화 상

---

46 「日比谷劇場の均一料金製: 遂に日活直営館にたいし」, 『キネマ週報』 193(東京: キネマ週報社, 1934), 193쪽; 「五十銭の嵐」, 『キネマ週報』 259(東京: キネマ週報社, 1935), 38쪽; 「日比谷劇場の新方法」, 『朝日新聞』, 1934. 1. 10, 2면.

47 「無名戦士ほか」, 『読売新聞』, 1933. 12. 25, 7면; 「帝劇より皆様へ 前売り実施中」, 『読売新聞』, 1937. 3. 11, 6면.

48 「トーキーを無説明で上映 邦楽座の試み」, 『読売新聞』, 1930. 5. 20, 6면.

49 「お客と女給との関係」, 『キネマ週報』 240(東京: キネマ週報社, 1935), 18쪽.

영관이냐에 따라 과자장수의 활동 정도나 매출액 차이가 있었지만, 니시긴자의 영화관에서는 과자장수가 전혀 없다고 언급하고 있다.[50] 여자 안내원은 그 역할에 변화가 있었다. 개장 이후 히비야영화극장의 지배인으로 취임한 미츠하시 데쓰오는 세련된 종업원의 서비스를 강조하면서 통로 쪽 좌석 아래에 조도가 낮은 조명을 설치해, 당시 관객의 영화 감상에 큰 방해가 되었던, 영화 상영 중 관객 안내를 이유로 전등을 소지한 여자 안내원이 객석을 돌아다니는 행위를 금지할 것을 계획했다. 대신 여자 안내원의 역할은 관객의 영화 감상을 방해하지 않는 한으로 축소되었다.[51]

이와 같이 아사쿠사 등 다른 지역의 영화관에서는 여전히 활동했던, 관객의 영화 집중을 방해할 수밖에 없는 사람들이 1930년대 니시긴자에서는 사라지고 일부는 그 활동이 제약되었다는 것은 이 지역 영화관에서는 변사, 과자장수, 여자 안내원으로 인한 소란스러움, 관객과 그들의 신체적 접촉이 없었고, 니시긴자 관객은 어느 지역에서보다 조용히 영화만을 주시할 수 있었음을 의미한다. 이는, 1930년대 니시긴자의 관객은 영화 관람에서 스크린으로의 주시를 무엇보다 중요시했고 영화 감상 이외의 변사의 재담, 변사와의 대화, 과자장수에게서 사 먹는 음식, 여자 안내원과의 접촉 등에서 얻는 즐거움을 필요로 하지 않은 데서 가능했다.

니시긴자의 관객은 영화 관람 공간에서는 영화 감상 이외의 즐거움을 얻으려 하지 않았지만 상대적으로 짧은 시간 집중해 영화를 관람한 후 영화 관람 공간이 아닌 곳에서 다른 유흥을 쉽게 즐길 수 있었

---

50 「キネマファンは何が好き?」, 『キネマ週報』 240 (東京: キネマ週報社, 1935), 18쪽.
51 三橋哲生, 「吾れ若し支配人たりせば(二)」, 28~29쪽.

다. 『아사히신문』 1933년 11월 27일 자 기사에 의하면, 당시 데이코쿠극장 건물에는 32개 상점이 들어서 있어 관객은 영화 관람 후 영화 관람 공간을 떠나 여러 유흥을 즐길 수 있었다고 한다.[52] 히비야영화극장과 니혼극장을 운영하고 있던 도호는 더욱 적극적으로 다른 유흥 공간과 연계하여 영화 관람을 전후해 관객이 영화 이외의 유흥을 손쉽게 즐길 수 있게 했다. 『아사히신문』 1937년 4월 2일 자 기사에 의하면, 도호 소유의 니혼극장 내부에는 대식당과 댄스홀, 미용실, 양장점, 고급 목욕탕을 입점시켜 관객이 갖가지 유흥과 소비를 즐길 수 있도록 했다고 한다.[53] 니시긴자에서는, 아사쿠사 6구에서와는 달리, 영화관만이 집중된 것이 아니라 중간중간 다른 건물과 상점이 많아 관객이 영화관 건물을 나서서도 쉽게 영화 이외의 유흥이나 소비를 즐길 수 있는 상황이기도 했다. 도호는, 『요미우리신문』 1935년 6월 9일 자에서 확인할 수 있듯이, 영화관 주위에 고급 찻집과 레스토랑을 운영해 관객이 차와 커피나 카레, 스테이크 등의 음식을 즐길 수 있도록 했다. 도호는 이처럼 영화관과 연계한 다양한 유흥·소비 시설을 "어뮤즈먼트 센터(アミューズメント·センター)"라 칭하고 이를 여러 신문·잡지에 광고하기도 했다. 이러한 니시긴자의 유흥·소비 양상은 아사쿠사와는 상당한 차이를 보이는 것이라 하겠다.[54] 아사쿠사에서는 관객이 다른 지역으로부터 독립된 6구의 영화관에 오래 머물며 영화 상영 중 놀면서 갖가지 쾌락을 동시에 즐겼다고 한다면, 니시긴자에서는 영화관에서 영화를 단시간에 집중해 감상하고 이후 장소를 옮겨 다른 시설에서 영화 이외의 유흥과 소비를 즐겼다고 할 수 있다. 즉, 니시긴자의 유흥·소비 양상은 아사쿠사와 달

---

52 「華やかな帝劇名で籠城ハンスト戦術」, 『朝日新聞』, 1933. 11. 27. 11면.
53 「日劇の4, 5階解放」, 『朝日新聞』, 1937. 4. 2, 3면.
54 「日本劇場, 日比谷映画劇場, 東宝グリル, 喫茶カティ」, 『読売新聞』, 1935. 6. 9, 2면.

리 그 방식과 내용에 따라 공간이 명확히 분리되었던 것이다.

이상을 통해 니시긴자 지역의 영화 관객은, 아사쿠사의 경우와 달리, 놀면서 영화를 관람하려 하지 않고 조용히 영화만 주시했으며 다양한 존재와 접촉하지 않았음을 알 수 있었다. 물론 이는 니시긴자 영화관에 1인 관람석 등 고급 시설이 갖추어져 있고 영화관 측이 세련된 서비스를 제공한 점에서도 연유했다고 할 수 있다. 한편으로 니시긴자 관객의 영화 관람 양상은 당시 고급스럽고 모던한 유흥가로서 긴자 방문객의 유흥·소비 방식, 그들의 신체와 유사한 면이 있다. 요시미 순야는 아사쿠사의 방문객들은 신체적으로 접촉하고 서로 뒤섞여 유흥과 소비를 즐겼던 반면, 긴자의 방문객들은 상호 간 신체적으로 분리되고 백화점에 전시된 상품을 둘러보듯이 조망하는 방식으로 유흥과 소비를 즐겼다고 설명한다.[55] 따라서 니시긴자 주변의 모던한 지역적 특성, 긴자 방문객의 유흥·소비 방식의 특징도 이 지역 관객의 영화 감상 방식에 상당 부분 영향을 끼쳤다고 할 수 있다.

니시긴자 관객의 주시하는 영화 관람 방식은 중산층·인텔리를 위한 고급 취향의 형성이라는 효과로 연결되었다. 실제로 당시의 기사는 주시하는 방식의 관람 문화가 정착된 니시긴자 영화관에 간다고 함은 문화 수준이 높은 인텔리 관객임을 보증받는 것을 의미한다고 말하고 있다.[56] 1936년의 『키네마주보』의 기사는, 니시긴자 영화관 및 그곳에서의 관람 양상은 세련되고 아름다워서 인텔리 관객의 취향에 맞는 것이라 언급하고 있다.[57] 고급 취향의 관객, 스마트한 관객이 선택하는 영화관이라는 이미지를 구축하기 위해 니시긴자 영화관을 소유한 도호영화

---

55 吉見俊哉, 『都市のドラマトォルギー: 東京·盛り場の社会史』, 262쪽.
56 『中央経済』 152(東京: 中央経済評論社, 1938), 22쪽.
57 「サラリーマンス·シネマの奨励」, 『キネマ週報』 280(東京: キネマ週報社, 1936), 7쪽.

사는 광고를 통해 니시긴자의 영화관은 고급스럽고 스마트한 관객의 공간임을 선전했다. 『요미우리신문』 1935년 6월 9일 자 광고에는, 히비야 영화극장은 스마트한 영화 감상 공간이고 니혼극장은 인텔리 취향의 고급 영화관이라고 선전되어 있다.[58] 반면 니시긴자 영화관과 그 영화 관람 양상을 고급 취향과 스마트한 분위기의 인텔리에게 어울린다고 언급하는 1936년의 『키네마주보』의 기사는, 아사쿠사의 영화관은 외설스럽고 잡다한 분위기이고 이곳에는 인텔리가 더는 찾지 않는다고 전하고 있다. 1936년 『키네마순보』는 아사쿠사의 영화관과 관객은 낡고 모던함이 부족하다고 말하고 있다.[59] 이것은 아사쿠사의 관객을 타자화함으로써 주시하는 관람 양상의 니시긴자 관객을 고급 취향자로서 정립하기 위함이라고 할 수 있다.

당시의 기사는 니시긴자 영화관에는 아사쿠사 영화관과는 달리 중산층·엘리트 이상의 관객이 많다고 보도하고 있다.[60] 1935년 당시 인텔리라 할 수 있는 게이오대학 학생 1,200명을 대상으로 자주 찾는 영화관에 관한 조사가 남아 있다. 그 조사에서 1~3위는 데이코쿠극장, 히비야영화극장, 니혼극장 순이었는데, 전체의 70퍼센트 학생이 니시긴자 지역의 영화관을 자주 찾는다고 답하고 있다. 아사쿠사 지역의 영화관 중에서는 유일하게 다이쇼관을 찾는다고 답한 학생들이 있는데 그 수는 13명에 불과해서, 1930년대의 인텔리들은 1920년대와 달리 아사쿠사의 영화관을 자주 찾지 않는다는 것을 알 수 있다.[61] 니시긴자 영화관의 주 관객이 중산층·엘리트라고 하는 것은 이 지역의 영화관이 계

---

58 「日本劇場, 日比谷映画劇場, 東宝グリル, 喫茶カティ」, 『読売新聞』, 1935. 6. 9, 2면
59 「映画館景況調査」, 『キネマ旬報』 579 (東京: キネマ旬報社, 1936), 25쪽.
60 「サラリーマンス・シネマの奨励」, 『キネマ週報』 280 (東京: キネマ週報社, 1936), 7쪽.
61 「慶応生は何館がすき」, 『キネマ週報』 253 (東京: キネマ週報社, 1935), 9쪽.

급적으로는 닫힌 공간이었음을 의미한다고도 하겠다.

아사쿠사 영화관과 그 관객이 낡고 잡다한 이미지로, 니시긴자 영화관과 그 관객이 고급스럽고 스마트한 이미지로 구축되었다고 해도, 아사쿠사의 영화관과 그 관객이 니시긴자의 고급 취향 관객에 의해 과도하게 비난을 받는 경우는 거의 없었다. 그보다는 "전통 있는 아사쿠사 흥행가의 부진이 아쉽다", "아사쿠사의 영화가가 아름다운 꿈의 공간이었던 때에는 모든 것이 아름다운 추억의 연속이었다" 등으로 표현되어 아사쿠사 영화가의 쇠락을 아쉬워하거나 과거의 아사쿠사를 그리워했다.[62] 이는 아사쿠사가 오랜 시간 도쿄인과 일본인에게 영화가로 사랑받아왔고 많은 사람의 추억이 담긴 공간인 때문이라 할 수 있다. 이외에도, 니시긴자 영화가의 등장 후 관객 수가 상당히 줄기는 했지만, 여전히 아사쿠사가 일본 최대 영화가의 지위를 유지한 것도 아사쿠사 영화관을 무시할 수 없는 이유였다. 경시청 자료에 의하면, 1938년 아사쿠사 지역의 총 관객 수는 1,273만 명 정도였고 니시긴자 지역의 총 관객 수는 830만 명 정도였다.[63]

니시긴자 영화관의 관객은 영화관에서 스크린만을 주시했기 때문에 여성과 아동은 타인과 접촉 없이 안전하게 영화를 관람할 수 있었다. 『요미우리신문』 1935년 6월 9일 자에 실린 광고에 의하면, 니시긴자 영화관은 어머니가 어린 자녀를 데리고 영화를 관람할 수 있는 공간이라 언급되고 있다.[64] 『아사히신문』 1936년 2월 29일 자 기사에서도, 기본적으로 니시긴자 영화관에는 여성 관객이 많고 영화관 주위의 학교

---

62 淡路退郎, 「興行三年の記」, 『キネマ旬報』 572(東京: キネマ旬報社, 1936), 36쪽; 「映画館景況調査」, 『キネマ旬報』 579(東京: キネマ旬報社, 1936), 25쪽.

63 「1938年映画観客数発表」, 『キネマ旬報』 702(東京: キネマ旬報社, 1940), 28쪽.

64 「日本劇場, 日比谷映画劇場, 東宝グリル, 喫茶カティ」, 『読売新聞』, 1935. 6. 9, 2면.

가 쉬는 날에는 어머니가 어린 자녀를 데리고 영화를 관람하는 경우가 많다고 설명하고 있다.[65] 니시긴자의 여성·아동 관객이 타인과의 접촉 없이 안전하게 영화만을 주시한 것은, 아사쿠사의 여성·아동 관객이 사회질서와 감시의 시선에서 벗어나 다른 관객과 대화를 나누고 신체 접촉을 하면서 영화를 본 것과는 크게 다른 관람 양상이었다.

1930년대 니시긴자 영화가 부각의 의미

1934년 이후 등장한 니시긴자 영화가는 대규모여서 일시에 많은 관객을 수용할 수 있었고, 어떤 다른 지역 영화가보다 우수한 시설과 세련된 서비스를 갖추어 새로운 영화문화를 형성할 수 있었다. 이러한 니시긴자 영화가의 등장으로, 기존 최고의 영화가이자 일본 영화문화를 선도한다고 여겨졌던 아사쿠사 영화가는 위축될 수밖에 없었다. 당시 『키네마순보』에서는 아사쿠사가 니시긴자의 부각으로 일본 제일의 영화 흥행가로서의 지위를 잃고 있다고 지적하고 있다.[66] 실제로도 아사쿠사 영화관의 관객 수는 니시긴자 대형 영화관의 등장 이후 큰 폭으로 줄었는데, 『키네마순보』에 의하면, 10~20퍼센트 정도 감소했다고 한다.[67]

영화가로서 니시긴자 지역의 부각은 몇 가지 특별한 의미를 지닌다. 우선, 니시긴자 영화가의 부각은 단순히 영화관 입장 관객 수와 수입의 증대에 그친 것이 아니라 기존의 영화가와는 구별되는 니시긴자 지역 영화가만의 차별된 서비스, 관객의 관람 방식, 영화문화가 다른 지역으로 널리 알려지고 전파되게 했다. 실제로 니시긴자에서 시작된 50센 균일 요금제는 전국적으로 큰 반향을 일으키고 많은 지역에 도입

---

65 「日劇內ではしゃぐ日比谷校の兒童たち」, 『朝日新聞』, 1936. 2. 29, 2면.
66 肥後博, 「洋画興行論」, 『キネマ旬報』 552(東京: キネマ週報社, 1935), 12쪽.
67 「丸の內, 新宿の新興行地帶にたいし」, 『キネマ週報』 187(東京: キネマ週報社, 1934), 11쪽.

되었다. 1934년 『키네마순보』에 의하면, 니시긴자 영화관의 성공에 자극되어 도쿄의 아사쿠사·혼고(本郷)·신주쿠·간다(神田)·아자부(麻布) 지역의 일류 영화관은 좌석 간 차등 요금제를 폐지하고 균일 요금제를 실시했다.[68] 50센 균일 요금제는 도쿄뿐 아니라 도호가 소유한 상영관을 중심으로 지방 영화관에도 도입되었고, 다시 도호 소유 이외의 영화관으로도 전파되었다.[69] 아사쿠사 영화관은 니시긴자 영화관이 영화 상영 횟수를 늘린 것에 자극 받아 영화 상영 횟수를 늘리고 주말에는 오전에도 영화를 상영했다.[70] 『요미우리신문』 1937년 11월 18일 자 기사에서 확인할 수 있듯이, 도쿄 외곽 오이(大井)·오츠카(大塚) 지역의 영화관도 1회 상영 시간을 단축하고 1일 상영 횟수를 늘렸다.[71] 영화관 주위의 유흥·소비 시설과 연계하는 니시긴자의 경영법은 특히 신주쿠 지역에서 적극적으로 받아들여졌다. 신주쿠 영화관도, 니시긴자 영화관의 성공으로 아사쿠사 영화관처럼 타격을 받은 상황에서, 주위 백화점이 많다는 장점을 이용해 백화점과 연계하는 방식으로 '어뮤즈먼트 센터'를 조성하려 했다.[72] 이 점에서 니시긴자 지역 영화관의 서비스와 문화가 여러 지역의 영화관과 관객에게서 폭넓게 공유되고 받아들여진 것을 알 수 있다. 이후 살펴보겠지만, 이러한 니시긴자 지역 영화문화의 강한 파급력 때문에 50센 균일 요금제나 1회 상영 시간의 단축, 1일 상영 횟수의 증대는 일본에 그치지 않고 식민지 경성에까지 전해졌다.

두 번째로 니시긴자 영화가의 부각은 대형 영화사로서 도호의 성장을 의미하는 것이었다. 니시긴자 영화관은 앞서 살펴보았듯이

---

68 「日比谷劇場の均一料金制: 遂に日活直営館に波及」, 『キネマ週報』 193(東京: キネマ週報社, 1934), 7쪽.
69 「五十銭の嵐」, 『キネマ週報』 259(東京: キネマ週報社, 1935), 38쪽.
70 編輯部, 「映画館景況調査」, 『キネマ旬報』 499(東京: キネマ旬報社, 1934), 30쪽.
71 「映画キングリソロモンほか」, 『読売新聞』, 1937. 11. 18, 3면.
72 「浅草, 新宿の興行街, 夏枯れを如何に乗切るか」, 『キネマ旬報』 580(東京: キネマ旬報社, 1936), 6쪽.

1934년을 기준으로 그 이전에 지어진 영화관(호라쿠좌, 데이고쿠 극장)과 그 이후에 지어진 영화관(히비야영화극장, 니혼극장)으로 구분할 수 있는데, 각각 쇼치쿠와 도호가 경영하는 영화관이라는 차이를 보인다. 도호의 영화관이 규모가 더 크고 시설이 좋았다. 이뿐 아니라 화제가 되었던 니시긴자 영화가의 세련된 서비스는 주로 도호가 소유한 영화관을 중심으로 시작되었다. 50센 균일 요금제, 1일 상영 횟수 증대, 어뮤즈먼트 센터 설립과 그 적극적인 광고는 모두 도호의 히비야영화극장·니혼극장에서 시작되어 이후 그 일부가 쇼치쿠 소유의 호라쿠좌나 데이코쿠극장으로 파급되었다. 더군다나 호라쿠좌는 최고의 서양영화 전문관이라는 명성을 잃고 관명마저 마루노우치 쇼치쿠좌, 마루노우치 국제뉴스영화관 등으로 바뀌어 재개봉관, 뉴스영화관으로 전락했다. 아울러 도호는 1937년에 데이코쿠극장의 주식 과반을 인수하면서 니시긴자 지역에 위치한 쇼치쿠 최고의 서양영화 개봉관도 합병하기에 이른다.[73] 이러한 상황을 『국민의 기초지식(国民の基礎知識)』에서는 니시긴자 지역을 도호가 독점하게 되었다고 지적하고 있다.[74] 이후 도호는 일본의 지방과 식민지 조선에 자사 소유의 영화관을 늘려갔다. 또한 자사가 소유한 영화관에는 니시긴자 지역 영화관의 세련된 서비스와 영화문화를 이식했다.[75] 도호는 이러한 성공에 기초해 PCL, JO라고 하는 영화 제작 회사를 실질적으로 경영할 수 있게 되고 영화 배급에도 진출하게 되었다. 도호도 쇼치쿠처럼 제작-배급-영화관 경영 체제를 갖추게 된 것이다.[76] 도호는 이처럼 그 규모가 급성장하면서 기존 영화사 소속 스태프와 감독

73 「東宝の帝劇合併」, 『朝日新聞』, 1937. 9. 25, 4면.
74 内外問題調査会 篇, 『国民の基礎知識』(東京: 普及社, 1937), 477쪽.
75 東宝50年史編纂委員会, 『東宝五十年史』(東京: 東宝株式會社, 1982), 40~41쪽.
76 같은 곳.

을 적극적으로 스카우트하게 되는데, 당시 최대 영화사였던 쇼치쿠는 이 사건과 도호의 급성장에 위기감을 느끼고 다른 3개 영화사와 적극적으로 협력해 전국 영화관을 상대로 도호가 배급하는 영화를 상영할 시 자신들의 영화 배급료를 인상한다는 계획을 발표해 도호를 고립시키려고까지 했다.[77] 기존의 영화사들이 도호에 대항해 연합하게 할 만큼 급성장한 도호는 이후 일본의 주요 영화사로 자리 잡았는데, 이는 도호가 니시긴자 지역에서 거둔 성공이 큰 역할을 한 것이었다.

세 번째로 니시긴자 지역 영화가의 부각은 당시 일본 관객의 미국식 대형 고급 영화관에 대한 열망의 실현이었다. 1934년 니시긴자에 대형 고급 영화관이 등장하기 이전 일본에서는 기존 영화관에 대한 불만과 대형 고급 영화관에 대한 열망이 지속되었다. 1926년·1927년의 『키네마순보』 같은 영화잡지 및 『영화관 건축 계획』 같은 영화관 건축 전문서적 등에서는, 일본의 영화관은 작고 좌석이 불편하며 변사와 과자장수의 소란스러운 행동 등으로 인해 관객이 조용히 스크린을 응시하며 영화에만 집중하기가 어렵다고 지적하면서, 대규모에 시설이 우수하고 분위기가 모던한 영화 전문관을 강하게 요구했다. 이러한 기사들은 공통적으로 그 모델을 미국의 영화궁전에서 찾고 있다. 미국에서는 대형 영화관이 유행하고 있다고 하면서, 록시(Roxy), 캐피탈(Capital), 시카고(Chicago), 파라마운트 등의 영화관은 공통적으로 좌석이 5,000석 이상이며 우수한 설비를 갖추고 있다고 하며, 설계도도 소개하고 있다.[78] 이는 일본의 영화관 시설이나 영화 상영 환경이 열악한 상황에서

77 「業界」, 『キネマ旬報』 632(東京: キネマ旬報社, 1938), 84쪽.

78 中西信郎, 「常設館に対する希望」, 『キネマ旬報』 241(東京: キネマ旬報社, 1926), 112쪽; 田村幸彦, 「近代的常設館の理論と実際(一)」, 『キネマ旬報』 253(東京: キネマ旬報社, 1927), 21쪽; 加藤秋, 『映画館の建築計画(建築資料叢書 第12)』(東京: 洪洋社, 1932), 4~28쪽.

미국의 대형 고급 영화관이 열망되고 있음을 알 수 있다. 상황이 이러했던 만큼 니시긴자 지역에서 전례가 없는 고급 시설을 갖춘 영화 전문관의 신축은 도쿄나 일본의 영화 팬에게 상당한 관심거리였고, 이들 영화관은 미국의 영화궁전과 비교가 되기도 했다. 1929년 『키네마순보』의 기사에서는 아직 영화관이 계획되었을 뿐인 시기인데도 니혼극장과 히비야영화극장은 미국의 록시·파라마운트에 뒤지지 않는 규모와 시설로 건설된다는 소식을 전하고 있다.[79] 1934년 잡지 『공업일본』에서도 일본의 히비야영화극장·니혼극장이 미국의 록시극장에 비교해도 손색이 없다고 평가하고 있다.[80] 이를 통해 일본 영화 팬에게 니시긴자 영화관의 신축은 미국식 대형 고급 영화관에 대한 열망의 실현이자, 자부심이었음을 알 수 있다. 이러한 열망과 자부심은 니시긴자 지역 영화관 성공의 중요 원인으로 보인다.

79 瀧口潤, 「私らの映画劇場を持ちたい」, 『キネマ旬報』 323(東京: キネマ旬報社, 1929), 133쪽.
80 山脇巌, 「東宝, 日劇, 日比谷三劇場を批評す」, 『工業日本』 2-5(東京: 工業日本社, 1934), 42쪽.

4. 오모리·가마타 지역의 영화관과 관객의 관람 양상, 그 효과

오타구가 발행한 『오타구사』에 의하면 오모리·가마타 지역에는 1910년 대부터 매립지가 조성되어 염직·기계·전기·금속·정련 공장이 세워졌다. 이 두 지역은 제1차 세계대전 후의 호경기, 도쿄와 요코하마를 연결하는 지리적 위치로 공업화가 급속히 진행되었는데, 이때 게이힌(京濱) 공업지대의 중심으로 성장했다.[1] 오모리와 가마타는 공업화에 따라 인구가 급속히 늘어나, 도쿄 시의 조사에 의하면, 1925~30년 인구 증가율은 가마타가 70.7퍼센트이고 오모리가 55.9퍼센트였다. 오모리와 가마타의 인구증가율은, 같은 시기 도쿄의 평균 인구증가율이 21.2퍼센트인 점과 비교하면, 상당히 높았다고 할 수 있다.[2] 『아사히신문』 1940년 1월 19일 자 기사에 의하면, 1940년경에는 가마타에만 30만 노동자가 근무해 주택난이 발생할 만큼 인구가 집중되었다고 한다.[3] 이러한 공업화 및 인구 증가를 기반으로, 〈표 1〉(71쪽)에서도 확인할 수 있듯이, 오모리·가마타에만 13개 영화관이 운영될 수 있었다. 영화관의 흥행도 순조로워서 같은 신문 기사는 가마타의 영화관이 지역의 인구 증가로 매일 만원이라고 표현하고 있다.[4]

　오모리·가마타의 영화관 시설은 도심의 영화관 시설과 비교해 열

1　大田区史編纂委員会 編, 『大田区史(下卷)』(東京: 東京都大田区, 1996), 261~329쪽.
2　인구증가율에 관해서는 東京市臨時国勢調査部 編, 『東京市国勢調査附帯調査統計書(蒲田区)』(東京: 東京市, 1936), 1~2쪽; 東京市臨時国勢調査部 編, 『東京市国勢調査附帯調査統計書(大森区)』(東京: 東京市, 1936), 1쪽을 참조했다.
3　「工場が2500, 膨れる蒲田区 映画館は連日満員」, 『朝日新聞』, 1940. 1. 19, 3면.
4　같은 글.

악했다. 츠키무라 요시하루의 조사에 의하면, 1922년에 가마타상설관(蒲田常設館) 객석의 1층은 벤치 형태이고 2층은 신발을 벗고 앉아야 하는 다다미 바닥 형태였다고 한다. 각각 1924년과 1930년에 세워진 가마타덴키관(蒲田電気館)과 가마타후지관(蒲田富士館) 역시 같은 형태였다. 이 같은 객석 형태는 1940년대까지 가마타 지역 영화관에서는 일반적이었다. 관객이 만원이면 7인용 객석 벤치에 7인이 넘게 앉아야 해서, 관객은 어떤 틈도 없이 밀착해 앉아 서로 신체를 접촉할 수밖에 없는 경우가 잦았다. 오모리의 오이관(大井館) 같은 일부 영화관은 벤치마저 없는 다다미 바닥 형태의 객석이 전부였다. 오모리·가마타 지역 영화관의 냉방 장치는 얼음 기둥, 선풍기 정도뿐이었다.[5] 1931년에 상경해 오모리에 살았던 엔도 노리아키도 가마타후지관의 냉방 장치는 얼음 기둥, 팬(fan)이었다고 한다.[6] 이는 1920년대에 신·개축되기 시작한 아사쿠사의 영화관과도 큰 차이가 있는 것이었다.

오모리·가마타 영화관에서 관객의 관람 양상은 아래 1931년 기사에서 확인할 수 있다.

쇼치쿠좌나 무사시노관(武蔵野館) 등의 영화관과 노동자들이 모이는 영화관은 어떻게 다를까? 우선 도쿄 오이마치의 사쿠라테이(桜亭)에 가보았다. 이 부근은 오이마치에 위치한 공장노동자의 주택 지대와 히몬야(碑文谷)의 자유노동자 주거 지역의 중간 지대다. 밤 여덟시, 이제 저녁을 마친 노동자의 가족이 (영화관의 — 인용자) 가족 할인을 노리고 (영화관으로 — 인용자) 외출한다.

---

5 月村吉治 編著, 『蒲田撮影所とその付近』(東京: 月村吉治, 1972), 66~75쪽.
6 遠藤憲昭, 「わが個人的映画館史」, 国書刊行会 編, 『映画黄金期小屋と名作の風景(上卷: 写真集)』(東京: 國書刊行曾, 1989), 122~123쪽.

건물은 요세(寄席: 작은 규모의 연예장·공연장)를 개조한 빈약한 것. 입장료는 할인해서 5센(0.05엔). 엄청 싸다. 그러나 시대를 벗어난 관람석은 다다미방 형태. 오늘 밤 영화는 〈반츠마(阪妻)의 검극〉인가 뭔가라고 한다. …… 스크린에는 비가 오는 듯하고 영화는 띄엄띄엄 보인다. …….
얼룩이 있는 천 스크린이 하나. 어느 회사 것이라도 개의치 않고 싼 필름을 선택해 상영한다. 지방 순회 상영회에서나 쓰일 법한 포스터가 곳곳에 붙어 있다. 땅콩과 군고구마 껍질이 흩어져 있는 다다미방 바닥에 앉아 있는 사람, 엎드려 자는 사람. 이 빈약한 영화관이 노동자에게 유일한 위안소다. …….[7]

오모리의 오이마치에 있었던 이 극장은 작은 규모로, 객석은 벤치도 없는 다다미방 바닥 형태였다. 스크린과 필름의 질이 매우 나빠서 영상에 스크래치가 무수히 많을 것을 "스크린에는 비가 오는 듯하다"라고 말하고 있고, 필름이 중간중간 잘려 있는 것을 "영화는 띄엄띄엄 보인다"라고 표현하고 있는데, 이러한 상황에서 영화를 보는 관객은 영화 속의 사람과 사물을 분간하고 사건 전개를 이해하기 어려웠을 것으로 보인다. 또한 "어느 회사 것이라도 개의치 않고 싼 필름을 선택해 상영한다"라고 되어 있는데, 이를 통해 극장주의 영화 선택 기준은 영화의 질이나 내용이 아니라 필름의 가격이며, 관객 역시 어떤 영화가 상영되는가 하는 것은 관심의 대상이 아니었음을 알 수 있다. 이와 같은 환경에서 관객이 주시해 영화를 감상하는 것은 불가능했다고 할 수 있다. 상황이 이러다 보니 관객이 영화관의 다다미방에 엎드려 자는 일도 있었던 것이다. 땅콩과 군고구마 껍질이 다다미방 바닥에 흩어져 있었던 점

7 「工場地帯の映画館巡り」, 『映画クラブ』, 1931. 12. 1, 2면.

을 통해서는 관객은 영화를 보면서 자유롭게 음식을 먹을 수도 있었음을 알 수 있다. 즉, 오이마치 영화관의 관객들은 산만하게 '노는 방식'으로 영화를 관람한 것이다.

위의 기사에서 언급된 '가족 할인'을 통해, 오이마치 영화관에서는 가족 단위로 영화를 관람하는 경우가 상당히 많았다는 것도 알 수 있다. 이는 아사쿠사 등의 도심 영화관에서는 자주 관찰되지 않는 현상으로, 이 지역 영화관 관객들은 도심 영화관에서보다 서로 더 밀접히 연관되었을 가능성이 높았음을 말해준다. 이외에도 오이마치 영화관 관객은, 도심 영화관이 도처에서 모인 서로 잘 모르는 사람들로 채워진 것과 달리, 동네 주민으로 구성되었을 것이고 객석이 분리되지 않은 다다미 바닥이라 옆에 앉은 동네 주민 관객과 안부를 확인하거나 얘기하면서 영화를 관람할 수 있었을 것이다. 관객의 박수 소리로 떠들썩하고, 스크린의 영상과 사운드가 일치하지 않는, 도쿄 외곽의 주택가 고엔지(高円寺)의 한 영화관은 동네 주민들이 만나 안부를 확인하는 공간이라고 1935년 『키네마순보』의 기사는 기록하고 있다.[8] 오이마치 영화관과 비슷한 조건에 있던 고엔지 영화관의 상황에 비추어 보더라도, 오이마치의 영화관에서의 노는 방식의 영화 관람은 주민 간 교류의 효과를 낳았으리라는 것을 추측할 수 있다.

이러한 관람 환경에서는, 영화 관람이 저항의 효과를 낳을 수도 있었다. 이러한 가능성은 앞서 인용한 오이마치의 영화관 기사에서 확인할 수 있다. 기사 끝에는 주말의 오이마치 영화관은 젊은 공장노동자가 몰려, 가족 단위의 관객으로 구성되어 반항 의식이 없는 평일의 영화관과 분위기가 다르다고 기록되어 있다. 이를 토대로 공장노동자가 영화

---

8   新居格, 「場末の映画館にて」, 『キネマ週報』 227(東京: キネマ週報社, 1935), 24쪽.

관에 많이 모일 때에는 영화관이 반항적 분위기로 전환된다는 것을 알수 있다. 공장노동자 관객이 만들어내는 저항적 분위기의 영화관 사례는 더는 발견하지 못했지만, 비슷한 시기의 신슈(信州) 지역 영화관 기사에서는 관련 사례를 확인할 수 있다.

> ······ 여공들은 활동관(活動館)에 모처럼의 위안을 얻으러 간다. ······ (영화관에서 보내는─인용자) 오봉(お盆: 매년 양력 8월 15일을 중심으로 지내는 일본 최대의 명절) 휴가는 그들을 부당한 정책에서 분리되게 한다. 오봉 휴가는 (여공들이─인용자) 오랫동안 견뎌온 고통을 반발로 바뀌게 한다. 진짜 자유가 나타나는 것이다. ······ 흥행사들이 마을을 돌아다니며 고우타(小唄) 영화(상영 중 영화 속에서 가사가 자막으로 나오면 가수가 이에 맞춰 노래를 부를 수 있게 하는 영화)를 선전하는데, 이때 그들은 (여공에게─인용자) "너희들은 보지 마"라고 한다. (영화관에서 여공들은─인용자) 영화를 보는 내내 불평불만을 하면서 강하게 결속된다. ······.[9]

신슈의 제사(製絲) 공업 지대의 여공들은 영화관에서 고된 노동과정으로부터 벗어나 자유를 느끼고 어두운 공간에 모여서 밝은 공장에서는 하지 못한 불평불만을 쏟아놓으며 반발 의식을 공유했음을 기사는 말하고 있다. 이런 영화관의 분위기를 영화관 측은 좋아하지 않았기에, 흥행사는 여공에게 "너희들은 보지 마"라고 한 것이다. 신슈 지역 영화관과 오모리·가마타 영화관은 비슷한 시기 유사한 형태의 공장 지대영화관인 만큼, 위의 사례를 통해 노동자가 집합하는 오모리·가마타 영화관의 분위기도 이와 비슷할 것으로 추측할 수 있다.

---

9 龍田出, 「地方小都市農村と小唄映画」, 『新興映画』 十一月 (東京: 新興映画社, 1929), 46쪽.

오모리·가마타 지역 영화관이 노동자 집회 장소로 이용되는 경우도 있었다. 『아사히신문』 1937년 2월 16일 자 기사에 의하면, 일본특수강 합자회사 노동자 1,000여 명이 동지회를 결성하고, 회사 측의 인정을 받기 위해 가마타 하네다극장(羽田劇場)에서 집회를 열었다.[10] 노동자의 정치 집회가 영화관에서 열린 것을 통해서도, 오모리·가마타 지역 영화관은 노동자를 위한 공간이었고 영화 상영 중에도 노동자의 저항감이 표출되어 관객 사이에서 공유되었을 가능성이 컸음을 알 수 있게 한다.

이와 같이 오모리·가마타 영화관이 저녁 식사를 마친 가족의 휴식 공간, 주민들의 사교장, 노동자의 저항 공간으로 전환되는 효과를 낳은 것은 조용히 영화를 '주시하는' 공간으로서의 니시긴자 영화관만이 아니라 '노는' 공간으로서의 아사쿠사 영화관과도 차이를 보이는 것이다. 아사쿠사 영화관에서는 일방적 욕구의 분출이 있었을 뿐이지 관객 사이 연대의 강화나 저항 같은 감정의 교류는 별반 없었다. 반면 오모리·가마타의 관객은 '노는 방식'으로 영화를 관람하면서도 다른 관객과 활발히 교류하며 감정을 공유했다. 이는 무엇보다 이들 관객이 도심 영화관과 달리 다른 관객들로부터 고립되지 않고 가족·주민·노동자로서의 연대를 맺고 있었기에 가능한 것이었다. 이처럼, 영화관이 위치한 지역의 성격과 영화 상영 환경뿐 아니라 관객과 관객 사이의 관계도 관객성을 결정하는 중요한 요소였음을 알 수 있다.

---

10 「日本特殊鋼從業員動搖」, 『朝日新聞』, 1937. 2. 16, 12면.

5. 도쿄의 불균질한 관객성

1920~30년대 아사쿠사와 니시긴자 지역은, 도쿄라는 같은 도시의 내부에 위치하고 지리적으로도 서로 멀리 떨어져 있지 않았음에도, 영화 관람 양상은 '노는 방식'과 '주시하는 방식'으로 큰 차이가 있었음을 살펴보았다. 세련되고 모던한 지역이었던 니시긴자의 영화관에서는 변사, 과자장수, 여자 안내원이 활동하지 않은 채 유성영화만이 상영되고 관객은 스크린을 주시하면서 영화를 감상했다. 잡다하고 서민적인 유흥·소비 공간이었던 아사쿠사에서는 영화관 시설의 개선과 유성영화의 도입에도 불구하고 1930년에도 1920년대처럼 영화관 등급에 관계없이 영화가 공연의 일부로서 상영되었고, 영화 상영 중에도 변사, 과자장수, 여자 안내원의 활동이 있었으며, 관객은 소란스럽게 놀면서 영화를 관람했다. 도쿄에는 도심이 아닌 외곽에도 많은 영화관이 있었는데 대표적으로 오모리·가마타 지역의 영화관에는 상태가 좋지 않은 필름이 상영되었고 1930년대에 들어서도 그 시설은 도심과 비교해 아주 열악했다. 이곳 영화관의 관객도 음식을 먹고 잡담을 나누는 등 산만하게 놀면서 영화를 관람했다.

아사쿠사와 오모리·가마타의 영화관에서 노는 방식의 영화 관람 양상이 성립한 배경에는 변사 등 다양한 존재의 활동, 열악한 상영 시설 등의 관람 환경과 영화만을 주시할 수 없는 또는 주시하길 원하지 않는 관객의 성향이 중요한 이유가 되었다. 니시긴자 영화관에서 주시하는 방식의 영화 관람 양상이 성립한 배경에는 세련된 서비스의 실시,

유성영화의 도입, 그에 따른 변사 같은 다양한 존재의 퇴장으로 영화만을 주시해 감상하는 것이 가능해지면서 이를 원하는 관객이 그 지역 영화관에 모여든 것 등이 중요한 이유가 되었다. 그러나 1930년대에 아사쿠사 영화관이 시설을 개선하고 유성영화를 도입했음에도 관객은 여전히 노는 방식으로 영화를 관람했는데, 이는 영화관 시설 개선, 유성영화의 도입보다 잡다하고 노골적인 유흥가로서 아사쿠사의 지역적 특성이 관람 양상 성립에 더 결정적인 역할을 했기 때문이다.

산만하게 노는 방식으로 영화를 관람하는 아사쿠사의 관객들은 영화관의 어둠과 군집을 이용해 젠더·세대·계급 등의 사회질서를 초월해 자유를 분출하고 즐기는 것이 가능했다. 학생들은 소란스럽게 서로의 연애담을 교환했고, 남녀는 신체적 접촉을 시도했으며, 노동자·서민만이 아니라 중상류계층도 영화관에 모여 소리를 지르면서 영화를 관람했다. 가마타·오모리 영화관의 관객은 아사쿠사의 관객과는 달리 여기서 더 나아가 평일에는 같은 마을의 주민으로서 교류를 강화할 수도 있었다. 공장이 쉬는 주말에는 노동자가 주 관객이 되어 영화를 보면서 자신들의 노동 생활에 관해 이야기하고 그 감정을 주위의 관객과 공유하는 등 노동자로서의 정체성을 확인·강화할 수 있었다. 가마타·오모리 영화관에서 산만하게 노는 방식의 영화 관람 양식이 정체성 강화라는 효과를 낳은 데는 관객 간의 긴밀한 관계가 중요한 역할을 했다. 주시하는 방식으로 영화를 관람하는 니시긴자의 관객은 기본적으로 조용히 영화만을 감상하여서 영화를 관람하면서 다른 행동을 하지 않고 타인과 접촉하지 않아 젠더·세대·계급 등의 사회적 질서를 초월해 여러 욕구를 충족하는 등 자유를 분출하고 즐길 여지는 없었다. 대신 이와 같은 영화 관람 양상의 관객은 자신을 노는 방식의 관객과 구분해 스마트한 관객으로서 확립하려는 경향이 강했다. 니시긴자의 영화관에서는 타인과 접촉하지 않을 수 있다는 점에서 여성·아동 관객에게 니시긴자 영화관은 안전한 공간으로 인식될 수 있었다.

경성의 관객성

1. 영화관의 지역적 분포

식민지 조선에서 영화는 가장 널리 확산되고 가장 인기 있는 대중문화였다. 영화는, 당시 기록에 의하면, 두 번째로 인기 있었던 연극보다 1926년에는 관객 수가 5배 많았고, 1937년에는 관객 수는 4배, 수익은 3배 많았다. 1938년에는 모든 흥행업의 입장자 가운데 영화 관객 비율이 77퍼센트를 차지할 정도였다.[1]

이처럼 영화의 인기가 다른 대중문화 분야를 압도하고 있다 해도 일반적인 노동자·서민이 일상적으로 영화를 감상할 수 있을 정도로 영화가 대중화되었다고는 할 수 없다. 이는 일본에서 검열을 마친 영화도 조선에서 상영하기 위해서는 재차 검열을 받아야 해 검열 비용이 중복해 부과되었고, 일본에서 필름 운송료가 부과되는 것 등으로 인해 영화관 관람료가 일본보다 낮지 않은 것이 하나의 이유였다.[2] 무엇보다 1920~30년대 경성의 영화 관람료를 30~40전이라 할 때 조선인 일반 주민에게 이는 적지 않은 금액이었다는 것도 영화가 대중화될 수 없는 중요한 이유였다. 1939년의 『동아일보』 기사에 의하면, 경성 거주 조선인 15여 만 호 가운데 가계 1년 소득이 300원이 되지 않아 한 사람이 하루 15~16전 이하로 지출할 수밖에 없어 면세된 비율이 전체 가구의 절반 이상이었다고 한다.[3] 『동아일보』 1935년 기사를 보더라도, 경성 외

---

1 「昨年中 京畿道內의 觀劇料 百萬圓」, 『東亞日報』, 1927. 3. 17, 5면; 「구경은 날로 는다」, 『東亞日報』, 1938. 7. 23, 2면; 「興行街의 脫」, 『東亞日報』, 1939. 8. 18, 2면.
2 「朝鮮のキネマ常設館」, 『朝鮮及滿洲』 1927-3(京城: 朝鮮及滿洲社, 1927), 95쪽.
3 「京城사람은 가난쟁이인가」, 『東亞日報』, 1939. 5. 14, 2면.

곽에 거주하는 조선인 가운데 수입이 너무 적어 면세되는 인구가 80퍼
센트였다고 한다.[4] 이렇게 경성 거주 조선인의 상당수가 생활수준이 열
악했기 때문에, 그 대부분은 영화를 감상하기 위해서 관람료를 쉽게 지
불할 수 없는 상황이었던 것이다.

　　1920년대 경성의 영화관은 〈표 2〉에 표시되어 있지 않지만, 1930년
의 것과 동일했다. 신문·잡지 등에서는 경성의 영화관은 8관이 있으며,
각각의 관명은 단성사, 우미관, 조선극장, 기라쿠관, 다이쇼관, 코가네
관, 주오관, 게이류관이라 기록하고 있다.[5] 경성의 영화관은 1920년대부
터 1930년대 초까지는 큰 변화 없이 8관 체제로 유지되고 있었던 것이
다. 8관 중 3관은 북촌의 종로와 그 주변에, 4관은 남촌 혼마치(本町, 지
금의 명동)와 그 주변에, 나머지 1관은 남촌 근처의 용산에 위치한 것을
〈표 2〉에서 확인할 수 있다. 또한 1935년에는 1관, 1939년에는 4관이 경
성의 외곽에 있었으나, 1935년에는 11관 중 9관이 종로·혼마치 주변에
있으며, 1939년에도 전체 17관 중 12관이 종로·혼마치 주위의 도심에
집중된 것을 알 수 있다. 외곽 지역 가운데 영화관이 들어선 도화정은
1920년대에, 왕십리와 신당정은 1930년대에 주택지로서 새롭게 개발된
지역이었다.[6] 공업지대인 영등포에도 근대적 주택단지가 건설되었다.[7] 신
당정·왕십리·도화정·영등포는 경성 외곽에서는 드물게 전철역이 있는
지역이었다. 이들 지역 주민의 직업 구성을 보더라도, 경성의 다른 교외
지역은 농업 인구가 가장 많았던 데 비해, 공업·공무(公務)·교통업 종사

4　「大京城擴張되면 免稅者 七十萬人」, 『東亞日報』, 1935. 7. 9, 1면.
5　「京城行進曲(三)」 『每日新報』, 1928. 9. 24, 2면; 若柳綠朗, 「演芸楽屋噺 芝屋, 活動, 寄席」, 『朝鮮及満州』
　　1928-2(京城: 朝鮮及満洲社, 1928), 84쪽.
6　「二村洞 移轉地, 近近 工事着手」, 『東亞日報』, 1927. 4. 10, 2면; 「風水五百年 今春부터 實現 新京城의 輪
　　廓」, 『東亞日報』, 1936. 6. 5, 47면; 「完成될 大都京城」, 『東亞日報』, 1939. 1. 21, 2면.
7　「大京城의 建設譜」, 『東亞日報』, 1939. 1. 7, 3면.

〈표 2〉 경성의 영화관과 상영 영화

1930년			1935년			1939년		
영화관	위치	상영영화	영화관	위치	상영영화	영화관	위치	상영영화
기라쿠관 (喜楽館)	혼마치	日	기라쿠관	혼마치	日	기라쿠관	혼마치	日
다이쇼관	사쿠라이초 (桜井町)	松	다이쇼관	와카쿠사초 (若草町)	洋, 大, P	와카쿠사극장 (若草劇場)	와카쿠사초	東宝, 洋
코가네관 (黃金館) → 도아쿠라부 (東亞俱樂部)	코가네초 (黃金町)	東亜	코가네관 → 쇼치쿠좌 (松竹座)	코가네초	松, 洋	게이조 다카라즈카 극장 (京城宝塚劇場) → 코가네좌 (黃金座)	코가네초	日, 洋
주오관 (中央館)	에이라쿠초 (永楽町)	マ, 洋	주오관	에이라쿠초	新, 洋	주오관	에이라쿠초	新, 洋
게이류관 (京龍館)	용산	日	게이류관	용산	松	게이류관	용산	松
우미관	관철동	洋	우미관	관철동	洋	우미관	관철동	洋
단성사	수은동	洋	단성사	수은동	洋	대륙극장	수은동	松, 洋
조선극장	인사동	洋	조선극장	인사동	日, 洋	제일극장	종로4정목	松, 洋
			제일극장	종로4정목	松, 洋	동양극장	명륜동	東宝, 新
			나니와관 (浪花館)	메이지초 (明治町)	洋	나니와관 (浪花館)	메이지초	松, 洋
			*도화 극장	도화정	大, 洋	게이조극장 (京城劇場)	혼마치	新
						메이지좌 (明治座)	메이지초	松, 洋
						*광무극장	왕십리	大, 極, 日

1930년			1935년			1939년		
영화관	위치	상영영화	영화관	위치	상영영화	영화관	위치	상영영화
						*신부좌	신당정	東宝, 新, 松, 洋
						*연예관	영등포	松, 新, 大
						*도화극장	도화정	大, 洋
						게이니치 분카관 (京日文化館)	혼마치	短編映画

- 밑줄 친 영화관은 북촌에 위치한 영화관
- *를 붙인 영화관은 경성 외곽 주택단지에 건설된 영화관
- 日: 니카츠, 松: 쇼치쿠, 東亜: 도아, 東宝: 도호, マ: 마키노(マキノ), 大: 다이토(大都), P: PCL, 新: 신코(新興), 極: 쿄쿠도 (極東, 이상 일본 영화사). 洋: 서양영화
- 남촌에 위치해 일본인에 의해 경영되고 일본인을 주 관객으로 한 영화관의 관명은 일본어로 표기했다.

출처: 「全国映画館録」, 「キネマ旬報」 각년판[8]

자 등[9] 안정적 수입의 월급 생활자가 많았다고 할 수 있다. 영화관이 위치한 외곽 지역은 여타의 외곽 지역과는 다른 특별한 성격이었던 것이다. 이처럼 영화관이 도심에 집중되어 있고 영화관이 위치한 외곽도 주민 생활수준이 비교적 높은 특별한 성격의 지역임을 통해서도 경성에서 영화는 대중화되지 않았음을 알 수 있다. 이는 영화가 대중화되어 도심만이 아니라 노동자·서민 거주지 등 전역에 고르게 영화관이 들어섰던 도쿄와는 차이를 보이는 것이다.

8 1939년의 와카쿠사극장, 게이조 다카라즈카극장의 상영 영화는 『경성일보(京城日報)』 광고란에 게재된 상영 영화를 참고했다.
9 「京城府各町府民職業別調(七)」, 『京城彙報』 190(京城: 京城府), 58~70쪽.

2. 1920년부터 1930년대 중반까지의 영화관

1920년부터 1930년대 초반까지의 영화관

민족에 의한 남·북의 분리

당시 경성의 도시 구조는 동서로 중앙을 가로지르는 청계천을 기준으로 이주 일본인 거주지와 식민지 조선인 거주지로 나뉘어 있었다. 이북은 '북촌'으로 불리는 긴 역사를 가진 지역으로 조선인 거주지였다. 이남은 일제의 조선 강점 이후 1910년경부터 본격적으로 개발되면서 이주 일본인이 거주하는 지역으로 '남촌'으로 불렸다. 남촌 아래의 용산에는 일본군이 주둔하고 있었다.

이와 같이 민족적으로 남·북이 분리·구분된 경성에서 영화관이 주로 위치했던 종로·혼마치 지역은 각각 북촌과 남촌의 상업 중심지였다. 경성에서 개발은 처음에는 남촌의 혼마치를 중심으로 진행되었다. 혼마치에는 교통망이 건설·정비되고 조선은행 앞 광장을 중심으로 동양척식주식회사, 조선식산은행, 경성우편국, 경성부청사, 경성지방재판소 등 일제 권력을 상징하는 화려하고 근대적인 건물이 들어섰다. 미츠코시(三越)·조지야(丁子屋) 등의 백화점, 야스다(安田)·치요다 등의 금융회사, 각종 은행, 상가, 카페 등도 생겨나면서 혼마치는 조선에서 가장 번화한 지역이 되었다.[1] 북촌 종로 지역은, 혼마치만큼 화려하지 않았지

---

1 혼마치에 관해서는 김백영, 「일제하 서울에서의 식민권력의 지배전략과 도시공간의 정치학」, 서울대학교 박사학위논문(2005), 191~192쪽을 참고.

만, 1920년 이후 본격적으로 개발되면서 교통망이 정비되고 상업 빌딩과 백화점·카페 등이 건설되었다. 외국 공사관, 성당 등 근대적 서양식 건물도 건설되어 북촌 종로 지역의 풍경은 크게 변화했다.[2] 이처럼 종로 또한 변화하고 근대적인 상업 공간으로 변화해감에 따라 혼마치에 버금가는 지역으로 성장해갔다고 할 수 있다. 1930년대 초까지 영화관 7관이 혼마치·종로 및 그 주변에 위치한 만큼 경성의 영화관은 경성 도심에 집중해 있었다.

1920년에서 1930년 초 경성의 영화관 관객 또한, 그 도시 구조처럼, 북촌 영화관은 조선인만으로 구성되었고 남촌 영화관은 일본인만으로 구성되어 있었다. 당시의 신문·잡지 등에서도 경성 영화관의 상황을 다룰 때 일본인 상대 영화관과 조선인 상대 영화관으로 나누는 것이 일반적이었다.[3] 1920년대 일본인이 북촌 영화관을 출입하는 일은 매우 희귀하다고 하는 것, 경성 일본인 사회에는 북촌 영화관이 알려지지 않았다고 하는 것에서도 이를 알 수 있다.[4]

유성영화 도입 이전 1920년대 영화 감상에서 변사는 매우 중요한 요소였는데, 남촌에서는 일본어만 쓰는 일본인 변사가, 북촌에서는 조선어만 쓰는 조선인 변사가 고용된 것을 보아도 남·북촌 영화관은 민족적으로 관객 구성이 구분·분리되었던 것을 알 수 있다.[5] 뒤에서 설명하겠지만, 북촌의 영화관에서 영화 상영 중 민족 독립과 일본 제국 반

---

2   종로에 관해서는 김종근, 「서울 中心部의 日本人 市街地 擴散: 開化期에서 日帝强占 前半期까지(1885년
      ~1929년)」, 『서울학연구』 20(서울시립대학교 서울학연구소, 2003), 45~53쪽; 「京城鍾路商店街大觀」,
      『三千里』 8-2(京城: 三千里社, 1936)을 참고.
3   若柳綠朗, 「演芸楽屋噺 芝屋, 活動, 寄席」, 85쪽; 「京城行進曲(三)」, 『毎日新報』, 1928. 9. 24, 2면.
4   「京城キネマ界」, 『朝鮮公論』 9-9(京城: 朝鮮公論社, 1921), 135쪽; 「キネマ往来」, 『朝鮮公論』 12-9(京城:
      朝鮮公論社, 1924), 83쪽.
5   남촌의 변사에 관해서는 若柳綠朗, 「演芸楽屋噺 芝屋, 活動, 寄席」, 87쪽을, 북촌의 변사에 관해서는
      AW生, 「朝鮮人側の映画について」, 『朝鮮及満州』 1928-11(京城: 朝鮮及満洲社, 1928), 65~66쪽을 참조.

대에 관한 조선인의 시위가 종종 있었던 것도 경성 영화관의 관객 구성 구분으로 북촌 영화관에는 식민지민만 집합할 수 있었기에 가능한 것이었다.

〈표 2〉의 경성 영화관 상영 영화를 통해서도 영화관의 남·북 분리를 알 수 있다. 조선영화가 별달리 제작되지 않는 상황에서 1930년 북촌 지역에서 상영된 영화는 서양영화였던 데 비해, 남촌 지역에서 상영된 영화는 주로 일본영화였다.

상영 환경에 따른 영화관 등급의 발생

1920년대 북촌의 조선인 상대 영화관인 단성사·조선극장·우미관은 관객을 더 많이 확보하기 위해 서로 치열하게 경쟁했다. 대표적으로, 이 세 영화관이 당시 슈퍼스타 더글러스 페어뱅크스(Douglas Fairbanks)가 출연한 〈검은 해적(The Black Pirate)〉(알버트 파커, 1926)의 독점 상영을 위해 소동을 일으킨 일이 있었다. 이 때문에 배급료가 당초보다 7배 오를 정도였다. 이들 세 영화관은 그 이전인 1923년에도 유니버설 영화의 배급을 놓고 격심하게 경쟁하기도 했고, 조선인 관객 확보를 위한 경품 행사를 하고 관람료 할인 경쟁을 벌이기도 했다.[6] 이러한 경쟁이 계속 이어진 것은 당시 북촌 영화관 간 격차가 별로 없고 등급도 발생하지 않아서다. 1926년까지는 단성사·조선극장·우미관 3관의 관람료가 같은 수준에서 결정된 것을 통해서도 이를 알 수 있다. 그러나 1926년 우미관은 잇단 흥행 부진으로 경영 전략을 박리다매로 바꾸고 10전까지 관람료를 인하했다.[7] 개봉 후 시간이 많이 지난 낡은 필름

---

6   정충실, 「식민지조선의 영화 관람: 상설영화관, 그리고 非상설영화관이라는 공론장」, 한국예술종합학교 전문사논문(2009), 19쪽.
7   「不況中에 잇는 京城의 映畵界」, 『每日新報』, 1926. 8. 11, 3면.

을 싸게 구입해서 다른 2관 즉 단성사·조선극장보다 저렴한 관람료로 많은 관객을 끌어들이고자 한 것이다. 우미관은 저가의 관람료로 인해 내부 시설, 변사, 악사를 과거 수준만큼도 유지할 수 없었을 것이다. 이는 1926년부터 우미관이 다른 2관과 대등·경쟁 관계를 포기하고 이들 2관 아래 등급의 영화관이 된 것을 의미한다. 실제로 우미관은 1920년 대 후반부터 다른 2관과는 구별되는 나쁜 영화관, 낮은 단계의 영화관 등으로 표현되었다.[8] 1925년 한 신문의 영화관 인기투표에서도 우미관은 170표 중 8표밖에 얻지 못한 최하위였다.[9] 등급이 낮아진 이후 우미관에서는 폭력단 사건이나 범죄도 다발했다.[10] 우미관은 저급 영화관일 뿐만 아니라 악소(惡所)의 공간이 된 것이다.

단성사와 조선극장은 1930년 이후에도 경쟁 관계를 유지했다. 두 영화관은 경쟁에서 떨어져나간 우미관과는 달리 관람료를 30~50전 수준으로 유지했다.[11] 흥행 실적에 따른 세금도 1927년과 1928년의 경우 단성사와 조선극장은 별 차이가 없었다. 우미관은 이들 영화관의 4분의 1 수준밖에 되지 않았다.[12] 당시 단성사와 조선극장은, 신문·잡지에 의하면, 우미관과는 구별되어 시설이나 상영 환경이 나쁘지 않은 영화 전문 상설관으로 인식되었다.[13]

일본인을 상대하는 남촌 지역의 영화관도 일본영화의 배급을 놓고

---

8 「京城行進曲(三)」, 『每日新報』, 1928. 9. 24, 2면; AW生, 「朝鮮人側の映画について」, 『朝鮮及満州』 1928-11 (京城: 朝鮮及満州社, 1928), 66쪽.

9 「各館人氣投票」, 『每日新報』, 1926. 1. 10, 2면.

10 「暴行主犯 逮捕」, 『東亞日報』, 1927. 6. 14, 2면; 「탑골公園根據 暴力團 檢擧」, 『東亞日報』, 1934. 6. 1, 2면; 「少年賭博 鍾署逮捕」, 『東亞日報』, 1934. 1. 7, 2면.

11 「團成社의 特別興行」, 『每日新報』, 1928. 6. 1, 3면; 「朝鮮劇場 割引料金」, 『每日新報』, 1928. 6. 8, 3면; 「本報讀者 入場割引」, 『每日新報』, 1929. 2. 23, 2면; 「朝鮮劇場에서 本報讀者優待」, 『每日新報』, 1930. 2. 19, 4면; 「團成社에서 入場料 減下」, 『每日新報』, 1930. 3. 17, 4면.

12 「無知한 營業競爭에 苦悶하는 各常設館」, 『每日新報』, 1929. 2. 21, 2면.

13 AW生, 「朝鮮人側の映画について」, 66쪽.

1920년대에 서로 치열하게 경쟁했다. 남촌 지역의 4관(코가네관, 다이쇼관, 주오관, 기라쿠관)에서 상영된 영화의 제작사는 빈번하게 바뀌었다. 1923년의 경우, 코가네관은 쇼치쿠영화사, 다이쇼관은 데이코쿠 키네마와 니카츠영화사, 주오관은 마키노영화사, 기라쿠관은 니카츠영화사였는데, 1925년에는 다이쇼관이 쇼치쿠, 코가네관이 마키노, 주오관이 도아, 기라쿠관이 니카츠였다.[14] 1920년대 후반에는 코가네관이 데이코쿠 키네마, 다이쇼관이 쇼치쿠, 주오관이 마키노, 기라쿠관이 니카츠의 영화를 상영했으나[15] 1930년대 초반에는 코가네관과 다이쇼관의 경쟁 끝에 코가네관이 다시 쇼치쿠의 영화를 상영하게 되었다. 이는 쇼치쿠 등 일본의 거대 영화사가 조선 영화관과 장기 계약을 맺지 않는 횡포를 부린 것에 큰 이유가 있지만, 경성의 영화관 측이 흥행이 보장되는 쇼치쿠의 영화를 상영하기 위해 과열 경쟁을 계속한 것도 그에 못지않은 이유였다.[16] 잦은 영화관 계약 교체에 의해서 각 영화관들의 흥행 실적은 빈번히 바뀌었다.[17] 이처럼 상호 경쟁과 고정되지 않은 실적을 통해 남촌 4관의 상영 환경에 큰 차이가 있다거나 영화관 간에 등급이 있다고 보기는 어렵다.

혼마치 남쪽으로 한강에 면한 용산의 게이류관은 일본군 주둔지에 위치해, 일본 군인을 주 관객으로 하는 영화관이었다.[18] 관람료도 혼마치 영화관보다 낮았다. 건물의 외관은 식당과 유사했고, 내부도 혼마치

---

14 「演藝案內」, 『京城日報』, 1925. 12. 7, 3면; 迷迷亭主人, 「京城キネマ界漫步」, 『朝鮮及滿州』 1924-4(京城: 朝鮮及滿洲社, 1924), 169쪽.

15 若柳綠朗, 「演芸楽屋噺 芝屋, 活動, 寄席」, 85∼87쪽; キネマ旬報社, 「全国映画館録」, 『キネマ旬報』 329(東京: キネマ旬報社, 1929), 117쪽.

16 水井れい子, 「松竹映画を巡る諸問題」, 『朝鮮及滿州』 1935-11(京城: 朝鮮及滿洲社, 1935), 79∼81쪽; 宇佐見誠一郎, 「松竹映画肩替り問題の真相」, 『朝鮮及滿州』 1934-7(京城: 朝鮮及滿洲社, 1934), 81쪽.

17 迷迷亭主人, 「京城キネマ界漫步」, 169∼171쪽.

18 若柳綠朗, 「演芸楽屋噺 芝屋, 活動, 寄席」, 88쪽.

에 있는 영화관보다 작았으며, 다른 4관(코가네관, 다이쇼관, 주오관, 기라쿠관)에서는 변사가 여럿이었던 것과 달리, 변사가 한 명밖에 고용되어 있지 않았다. 또한 게이류관은 혼마치 영화관에서 개봉된 영화를 다시 상영하는 재개봉관이기도 했다.[19] 게이류관은 혼마치 지역의 영화관보다 등급이 낮은 영화관이었다고 할 수 있다.

1920년대부터 1930년대 초까지 북촌의 조선인 상대 영화관, 남촌의 일본인 상대 영화관 가운데 상영 환경이 여타의 영화관과 비교해 열악한 이류관이 하나씩 있었다. 관객의 민족적 구성이나 상영 영화가 분리된 남촌의 영화관과 북촌의 영화관은 서로 어떤 연결도 없어서 두 지역 영화관 사이에는 서열이 발생할 수 없었다. 두 지역 영화관의 시설과 상영 환경의 차이도 그다지 없었던 것으로 보인다. 이는 남촌의 영화관에 주로 출입하던 일본인이 북촌의 영화관을 찾은 후 평가한 기록에서, 우미관은 저급한 영화관이나 단성사와 조선극장은 변사·악사·시설이 괜찮고 남촌 영화관과 비교해 오히려 좋은 측면도 있다고 한 것을 통해서 알 수 있다.[20] 1920년부터 1930년 초 남·북의 영화관은 서로 분리되어 있으면서도 대등한 관계였다고 할 수 있다.

1930년대 초·중반의 영화관

민족적 구분의 완화

1930년대 초·중반에는 관객 구성 측면에서 경성 남·북 영화관의 분리가 완화되기 시작했다. 1930년 북촌 영화관에 유성영화가 도입되

---

19 「京城キネマ界」, 『朝鮮公論』 9-9(京城: 朝鮮公論社, 1921), 135~136쪽; 「各館の映画陳」, 『京城日報』, 1928. 9. 14, 3면.
20 AW生, 「朝鮮人側の映画について」, 66쪽.

어 조선어를 쓰는 변사가 줄어들고, 서양영화에는 일본어 자막이 나오는 '발성 일본판(發聲日本版)' 영화가 늘어남에 따라[21] 일본인이 북촌 영화관을 찾기 시작하게 된 것이다. 북촌 영화관에서는 1930년대 초 유성영화의 도입과 동시에 변사가 사라진 것은 아니었다. 아직 유성영화 감상에 익숙하지 않은 관객과 변사 공연을 원하는 관객이 많아서 영화에서 사운드가 흘러나오는 상황에서도 변사는 연행을 해야 했다. 그러나 북촌의 영화관 측은 일본인 관객을 위해 특정한 날에는 조선인 변사를 세우지 않고 어떠한 설명도 없는 상태에서 '발성 일본판' 서양영화를 상영해 일본인 관객이 언어적 혼란 없이 일본어 자막만으로 영화를 감상할 수 있게 했다.[22] 1934년에 단성사가 재건축되어 남촌의 영화관보다 빨리 영화관 시설을 개선한 것도 일본인 관객이 북촌 영화관을 찾게 한 중요한 이유였다. 실제로 당시 신문·잡지 기사에서는 이 시기 단성사·조선극장에 일본인 젊은 인텔리들이 찾기 시작했다고 말하고 있다.[23] 경성 거주 일본인을 주 독자로 하는 일문 신문인 『경성일보』의 영화비평 기사에서는 북촌에서 상영되는 영화의 광고와 함께 영화에 대한 연기·감독·내러티브 등이 분석되었는데,[24] 이는 일본인 관객의 이해를 돕는 것으로 북촌 영화관에 일본인 출입이 있었음을 알 수 있게 한다.

이전부터 있었던, 일본인 영화 관객의 서양영화에 대한 열망도 일

21 「朝鮮劇場」, 『京城日報』, 1932. 5. 25, 8면; 「團成社」, 「朝鮮劇場」, 『京城日報』, 1933. 3. 1; 「사랑의 背反者『메드로』사, 發聲日本版」, 『東亞日報』, 1933. 4. 6, 4면; 「나의 武勇傳 쟈키쿠퍼주연」, 『東亞日報』, 1933. 5. 11, 4면.

22 「生れ変った團成社」, 『京城日報』, 1934. 12. 21, 3면.

23 京城日報·每日新報, 『朝鮮年鑑』 3(京城: 京城日報社, 1936), 491쪽; 「一九三六年의 朝鮮映畵界 展望」, 『東亞日報』, 1936. 1. 1, 31면; 「内地人側의映画館을語る」, 『朝鮮及満州』 1937-2(京城: 朝鮮及滿洲社, 1937), 86쪽; みやさき生, 「朝鮮映画界大観」, 『朝鮮公論』 24-3(京城: 朝鮮公論社, 1936), 115쪽.

24 「デリシヤス」, 「朝鮮劇場」, 『京城日報』, 1933. 3. 1, 8면; 「ブロンドヴィナス」, 「團成社」, 『京城日報』, 1933. 3. 3, 8면.

본인으로 하여금 북촌 영화관을 찾게 한 중요한 이유였다. 당시 일본에서뿐만 아니라 경성에서도 일본인들 중에는 서양영화를 고급 영화라고 인식하고 서양영화를 열망하는 팬이 많았는데,[25] 1920년대 경성의 이주 일본인은 남촌의 영화관에서 서양영화가 자주 상영되지 않는 것에 불만이 있었다.[26] 이 때문에 아직 남·북 영화관이 분리되어 있던 1924년에도 한 일본인이 당시로서는 드물게 북촌의 조선극장을 찾아 서양영화를 감상했는데, 영화에 대해서는 만족했으나 관객이 조선인뿐이어서 어색하고 불편하기 짝이 없었다고 전하고 있다.[27] 이 일본인은 관객이 조선인뿐이어서 그 직후 다시 북촌 영화관을 찾기 쉽지 않았겠지만 민족 구분이 완화된 1930년대 초·중반에는 이전보다 쉽게 북촌 영화관을 찾게 되었을지도 모른다.

1930년대 초·중반에는 조선인도 남촌의 영화관을 찾기 시작했다. 조선인 모던걸과 모던보이의 일상을 재구성한 1932년의 기사는 다이쇼관·기라쿠관 같은 남촌 영화관에서의 영화 관람을 행락의 한 코스로 다루고 있다.[28] 조선인이 남촌 영화관을 찾게 된 것은 1920년대 후반 이후 조선인 관객 사이에서 영화에 대한 이해가 향상되고 취향이 다양화됨으로써 일본영화에 관심이 생겨난 것도 주요 이유라고 여겨진다. 1920년대 후반 이전에는 한국어 신문에 영화 기사가 별로 없었던 반면 1920년대 후반 이후에는 영화 기사가 늘어나고 그 주제도 원작, 감독, 내러티브, 영화이론 등으로 확대되어 영화에 대한 취향이 다양화되었다. 그중에는 많지는 않지만 일본인 배우 기사도 있어서 어느 정도 조

25 「映画と青年子女」, 『朝鮮公論』 26-5 (京城: 朝鮮公論社, 1938), 78쪽.
26 「キネマ往来」, 『朝鮮公論』, 12-9 (京城: 朝鮮公論社, 1924), 83쪽; 「ヒルムファンの叫び」, 『朝鮮公論』, 12-3 (京城: 朝鮮公論社, 1924), 47쪽.
27 「キネマ往来」, 『朝鮮公論』, 12-9 (京城: 朝鮮公論社, 1924), 83쪽.
28 李瑞求, 「모뽀모껄의 新春行樂 經濟學」, 『別乾坤』 51 (京城: 開闢社, 1932), 25쪽.

선인 사이에서 일본영화에 대한 관심이 생겨났음을 알 수 있게 한다.[29] 1926년 쇼치쿠영화사가 발행한 영화잡지 『가마타』에는 조선인 영화 팬이 보낸 편지를 게재하고 있는데, 쇼치쿠 영화 팬이라고 자신을 소개하고 자기 주변의 조선인 중에는 쇼치쿠 영화를 경성에서 더 자주 보기를 기대하는 사람이 있다고 말하고 있어, 실제로도 조선인 사이에서 일본영화에 대한 관심이 있었음을 알 수 있다.[30] 1920년대 후반과 1930년대 초반 이후 혼마치를 중심으로 일본의 소비문화가 유입되고, 그것이 조선인 중산층·엘리트에까지 확산된 것도 이 시기 조선인이 남촌의 영화관을 자주 찾게 한 이유다. 김백영이 지적하는 것처럼, 1920년대 후반, 1930년대 초부터 혼마치를 중심으로 백화점·카페 등 소비 시설이 많이 조성되어 이를 통해 일본의 대중문화·소비문화가 대거 유입되었다. 조선인은 일본에서 유입된 문화·소비 시설을 제국의 힘이나 문명의 상징으로 여기고 이를 체험하려 했으며, 따라서 당시 혼마치의 문화·소비 시설에는 일본인뿐 아니라 조선인도 많았다.[31] 조선인이 남촌의 영화관을 찾은 것은, 당시 남촌에 유입된 일본의 대중문화·소비문화의 일환으로 남촌의 영화관과 일본영화를 경험하고 싶어 한 조선인들의 욕구에도 중요한 이유가 있었다고 할 수 있다.

경성 도시 구조의 측면에서 남촌과 북촌의 구분이 완화된 것도 일본인과 조선인이 상대 지역의 왕래를 용이하게 해 상대 영화관을 쉽게 찾을 수 있게 한 중요한 원인이었다. 김종근이 지적하듯, 1920년대 후반부터 1930년대 초까지 경성에 일본인 인구가 늘어나고 북촌에 대한 일본인의 투자·개발이 진행되어 북촌 지역에 일본인의 토지 소유가 증가

---

29 정충실, 「식민지조선의 영화 관람: 상설영화관, 그리고 非상설영화관이라는 공론장」, 11~34쪽.
30 李桂女, 「蒲田クラブ」, 『蒲田』 1926-10(東京: 松竹映畵社, 1926), 62쪽.
31 김백영, 「일제하 서울에서의 식민권력의 지배전략과 도시공간의 정치학」, 190~235쪽.

했다. 총독부 청사도 북촌으로 이전되어 식민지 지배가 전체적으로 안정되어 치안이 강화되고 북촌에 대한 이주 일본인의 막연한 불안감도 사라져갔다. 1920년대 초반 이전에는 일본인 거주지가 남촌으로 한정되어 있었지만, 일본인의 북촌으로의 진출과 식민 지배의 안정화 등으로 1920년대 후반 이후에는 일본인 또는 조선인만으로 구성된 거주지가 크게 줄어들고 일본인과 조선인이 잡거하는 지역이 상당히 늘어났다.[32] 더욱이 1920년대 후반에서 1930년대 초까지 동서남북 방향으로 직선화된 격자형 도로 구조가 경성 도심 지역에 완성되었다.[33] 도심에서의 도로 정비는 남북 이동을 쉽게 만들어 일본인·조선인이 자유롭게 양지역을 오가게 했다. 1930년대 초반 남촌의 혼마치에 있는 상점·백화점에는 조선인이 늘어났고, 북촌에 일본인이 경영하는 카페가 급증해[34] 일본인의 북촌 왕래도 늘어났다.

남촌과 북촌의 일본인과 조선인이 민족적 경계를 넘어 상대방의 영화관에서 영화를 감상하기 용이해짐에 따라 북촌의 영화관에서 일본영화와 서양영화만 상영하는 상황도 완화되기 시작했다. 신설된 북촌의 제일극장에서는 1935년에 서양영화 이외에, 〈표 2〉에서 알 수 있듯, 쇼치쿠 영화가 상영되기도 했다. 1934년 10월 13일 자『동아일보』의 광고를 통해서도 제일극장에서는 쇼치쿠 영화가 상영된 것을 확인할 수 있다.[35]

남·북 영화관은 그 관객 구성의 분리 완화로 상대편 민족의 관객

---

32 김종근, 「서울 中心部의 日本人 市街地 擴散: 開化期에서 日帝强占 前半期까지(1885년~1929년)」, 220~225쪽.
33 김영근, 「일제하 경성지역의 사회·공간구조의 변화와 도시경험: 중심·주변의 지역분화를 중심으로」, 『서울학연구』 20(서울시립대학교 서울학연구소, 2003), 157쪽.
34 「카페經營網 北村에 進出」, 『東亞日報』, 1932. 5. 5, 2면.
35 「第一劇場」, 『東亞日報』, 1934. 10. 13, 4면.

확보에 나서게 된다. 당시의 신문도 1935년에 이미 남촌의 영화관과 북촌의 영화관이 각각 조선인과 일본인 관객을 확보하기 위해 경쟁했다고 기록하고 있다.[36] 다른 신문 또한 경성 영화 흥행계의 상황을 '대항전(對抗戰)'이라고 표현하면서 조선극장, 단성사, 주오관, 기라쿠관 등 남·북의 영화관이 서로 관객을 확보하기 위해 경쟁하고 있다고 전하고 있다.[37] 1930년대 초 남과 북의 경계가 사라지기 시작함으로써 남·북 영화관 간의 관계는 대등·분리에서 대등·경쟁 관계로 전환된 것이다.

그러나 남·북 간 경계가 사라지기 시작했다고 해서 완전히 그 경계가 없어진 것은 아니었다. 여전히 일본영화는 제일극장을 제외하고 다른 북촌의 영화관에서는 상영되지 않았으며, 단성사에서는, 특별한 날을 제외하고, 영화 상영 시 조선인 변사가 한국어로 설명을 했다. 유성영화의 도입에도 불구하고 남촌 영화관에는 여전히 일본인 변사가 있어 구술 일본어를 정말 능숙하게 이해하는 조선인이 아니라면 영화를 포함한 부대 공연을 이해하고 즐기기가 어려웠을 것이다. 1930년대 초·중반에도, 1920년대만큼은 명확하지는 않지만, 여전히 남·북 경계는 있었던 것으로 보인다.

이류 영화관의 증가

종로에 새로 들어선 제일극장은 최저 관람료가 우미관처럼 10전인데서 이류관이었음을 추측할 수 있다. 10전이라는 저가 요금으로는 좋은 시설에서 양질의 영화를 상영하기가 어려웠을 것이기 때문이다. 당시 1인당 평균 관람료가 단성사와 조선극장이 각각 25전과 27전인 데

---

36 「一九三六年의 朝鮮映畵界 展望」, 『東亞日報』, 1936. 1. 1, 31면.
37 「五館対立の洋画対抗戰」, 『京城日報』, 1933. 3. 29, 6면.

비해 우미관과 제일극장은 각각 15전과 14전이었다.[38] 평균 관람료를 통해서도 단성사·조선극장과 우미관·제일극장은 영화관 등급의 차이가 있었음을 알 수 있다. 1932년 북촌 지역 영화관의 흥행 실적을 살펴보면, 연간 입장객 수는 가장 많았지만 수익은 조선극장과 단성사보다 적었다는 점에서[39] 우미관은 여전히 이류관으로 박리다매를 전략으로 삼은 것을 알 수 있다. 제일극장은 수익만이 아니라 입장객 수에서도 단성사·조선극장의 3분의 1에서 2분의 1 수준에 불과했다. 이를 통해 제일극장은 북촌에서 가장 열악한 영화관이었음을 알 수 있다.

1933년 설립된 도화극장은 경성 외곽에 생긴 최초의 영화관이다. 당시 경성 서부에 위치한 도화정은 도심과 전철로 연결되는, 새롭게 개발된 지역이었다.[40] 도화극장에서는 다이토·쇼치쿠의 일본영화와 함께 서양영화도 상영되었다.[41] 조선의 유명한 무용수인 최승희를 주인공으로 하여 금강산에서 촬영한 〈대금강산보(大金剛山譜)〉(미즈가에 류이치, 1938)를 상영하고, 조선어 연극도 상연한 것에서[42] 관객은 일본인뿐 아니라 조선인도 있었음을 추측해볼 수 있다. 도화극장은 우미관·제일극장처럼 최저 요금이 10전이었다는 것,[43] 9개월 전 경성 코가네좌에서 이미 개봉한 〈대금강산보〉를 다시 상영한 것에서[44] 재개봉 영화관, 이류 영화관이었음을 알 수 있다.

38 「昨年觀劇者 二百餘萬名」, 『東亞日報』, 1933. 4. 6, 2면.
39 같은 곳.
40 「二村洞民移轉地 近近工事着手」, 『東亞日報』, 1927. 4. 10, 2면; 「桃花洞 以西麻布엔 路上沈水」, 『東亞日報』, 1935. 7. 23, 2면; 「京城의 新築家屋」, 『東亞日報』, 1937. 6. 15, 2면
41 「桃花劇場」, 『每日新報』, 1938. 10. 17, 4면; 「桃花劇場」, 『每日新報』, 1938. 10. 22, 2면.
42 「劇團演劇市長復活」, 『東亞日報』, 1933. 9. 27, 8면; 「桃花劇場」, 『每日新報』, 1938. 10. 22, 2면.
43 「桃花劇場」, 『每日新報』, 1938. 10. 17, 4면; 「桃花劇場」, 『每日新報』, 1938. 10. 22, 2면
44 「崔承喜女史의 主演인 大金剛山譜」, 『東亞日報』, 1938. 1. 26, 5면; 「桃花劇場」, 『每日新報』, 1938. 10. 22, 2면.

1930년대 초·중반의 이류관은 기존의 우미관·게이류관에다 새롭게 건설된 제일극장·도화극장이 추가되어 전체 4관으로 늘어났다. 일류관과 이류관은 영화관 건물의 구조적 측면에서 눈에 띄게 차이가 있었다고 보이지는 않는다. 1934년 철골 구조로 신축된 단성사를 제외하고, 조선극장, 기라쿠관, 다이쇼관, 코가네관, 주오관, 나니와관의 건물도 당시 기사의 표현에 의하면 아직 '활동소옥(活動小屋)'의 형태에 머물러 있었기 때문이다.[45] 이 시기에 경성 영화관에 대한 개선 요구가 많았던 것도, 도쿄 등에서는 1920년대 후반부터 영화관 시설의 대대적 개선이 진행되었지만, 경성 영화관 대부분은 '소옥'의 형태에 머물러 있어서였다.[46] 일류와 이류의 격차는 영화관 건물보다 개봉 영화의 질, 악사와 변사의 역량 등에 의해 결정되었다고 할 수 있다.

---

45 「內地人側の京城の映画館を語る」, 『朝鮮及滿洲』 1937-2(京城: 朝鮮及滿洲社, 1937), 84쪽.

46 H大梧洞, 「朝鮮映画興行界の展望」, 『朝鮮公論』 21-8(京城: 朝鮮公論社, 1933), 137쪽; みやさき生, 「朝鮮映画界大観」, 115쪽.

3. 1920년부터 1930년대 중반까지의 상영 환경과 관람 양상

1920년대부터 1930년대 중반까지의 상영 환경과 그 의미

상영 환경

1920년대만이 아니라 유성영화가 도입된 1930년대에도 영화 상영 공간에서는 영화와 관객만이 아닌 다양한 사람이 스스로를 적극적으로 드러내고 있었다.

1920년대에는 무성영화가 상영되어 영화 텍스트 자체가 사운드를 낼 수 없었던 만큼 악사가 존재할 수 있었다. 『동아일보』 1982년 11월 18일 자 기사의 당시 변사로 활동한 성동호의 회고에 의하면 우미관에는 5명의 악사를 두었다고 한다.[1] 『키네마순보』 1930년 8월의 기사를 통해서는 1930년에 남촌과 북촌에 유성영화가 도입되기 시작했음에도 악사가 활동한 것을 확인할 수 있다.[2] 악사는 명목적으로는 스크린에 영사되는 무성영화의 분위기에 맞는 음악을 연주하고 관객의 영화 몰입을 돕는 역할을 했을 것이다. 그러나 악사의 연주는 영화의 분위기에 맞지 않는 경우가 많았다. 『매일신보』 1926년 1월 1일 자 기사에서는 북촌 영화관 악사의 반주가 영화의 분위기에 맞지 않는 경우가 많고, 『조선공론』 1924년의 기사에서는 남촌 영화관에서는 악사의 연주 소리가 너무 커서 변사의 해설이 들리지 않는 경우도 있다고 지적하고

---

1 「우리나라 최초의 映畵館 優美館 없어진다」, 『東亞日報』, 1982. 11. 18, 6면.
2 瀧川清弘, 「朝鮮映画界概観」, 『キネマ旬報』 375(東京: キネマ旬報社, 1930), 71쪽.

있다.[3] 『경성일보』1925년 4월 24일 자 기사에서도 경성의 영화관에서는 무의미한 반주가 많다고 언급되었다.[4] 이러한 기사는 악사의 연주가 스크린의 영상에 종속되어 있는 것이 아님을 말하고 있다.

또한 악단은 서양 악기만으로 구성되는 것이 아니라 전통 악기가 추가되기도 했다. 1928년 7월 27일 자 『경성일보』에서는 남촌 영화관 악단 양식은 "화양합주(和洋合奏)"라고 표현되었는데, 이는 악단의 악기가 일본 악기와 서양 악기로 혼합 편성 되었음을 말하는 것이다. 남촌 영화관에서 '화양합주'는 불협화음을 일으켜 영화 감상을 방해해서 일부 관객에게 불만 사항이 되기도 했는데,[5] 이와 같은 합주는 관객의 영화 집중을 도울 목적이 아니라 실제로는 전통 악기 연주 자체가 관객에게 소구하는 지점이 있기 때문에 편성된 것이었다. 『동아일보』1925년 5월 28일 자 기사에 의하면, 북촌 영화관에서는 악단이 전문 연주자가 아닌 기생으로 구성된 경우도 있었다고 한다.[6] 기생은 영화음악에 대한 이해가 깊지 않았을 것이기에 기생에 의한 연주는 영화의 분위기에 어울리기 어려웠을 것이다. 또 기생에게 관객의 시선과 집중이 분산될 수밖에 없었을 것이다. 남촌과 북촌 영화관에서 악사가 영화와는 독립되어 있다는 것에서 악사의 연주 자체가 들을거리, 구경거리로서의 의미를 가졌음을 알 수 있다.

1920년대에는 영화 상영 중에 가수가 등장하기도 했다. 당시 일본에서 유행하던 고우타 영화가 남촌 영화관에서 상영되었는데, 영상과 함께 스크린에 가사가 자막으로 보이면 이때 가수가 자막에 맞추어 노

---

3 田中朝島, 「映画音楽と私たちの使命」, 『朝鮮公論』12-9(京城: 朝鮮公論社, 1924), 94쪽.
4 「京城の観客は柄が悪い」, 『京城日報』, 1924. 4. 24, 5면.
5 「ファンクラブ」, 『京城日報』, 1928. 7. 27, 2면.
6 「活寫洋樂妓生演奏」, 『東亞日報』, 1925. 5. 28, 2면.

래를 불렀다고 한다. 『경성일보』 1924년 11월 16일 자 및 1924년 11월 17일 자 기사에 의하면 가수는 주로 여성이었는데, 당시 경성에서는 전문적인 가수가 많지 않아서 변사의 아내나 카페의 여자 종업원 등의 젊은 여성이 가수의 역할을 하는 경우가 많았다고 한다.[7] 자신의 존재를 숨기고 노래를 부르는 것이 아니라 젊은 여성이 스크린 앞 무대에 올라 스크린에서 방출되는 빛 아래서 관객에게 자신을 적극적으로 드러내 보이며 노래를 불렀다는 것은 관객의 시선이 가수에게도 분산될 수밖에 없었음을 의미한다. 『경성일보』 1924년 11월 16일 자 기사에 의하면, 당시 남촌 영화관 관객의 마음을 자극하는 것은 영화가 아니라 여가수의 모습과 목소리라고 표현되는 경우까지 있었다. 영화 상영 중 가수의 공연은 북촌의 영화관에서도 행해졌는데, 1958년 11월 4일 자 『동아일보』의 회고 기사에 의하면 식민지 시기 북촌의 영화관에서 영화 상영 중 가수가 무대에서 노래를 불렀다고 한다.[8] 가수가 무대에서 노래를 불렀다는 것은 객석과 스크린 사이의 공간에서 관객을 보며 공연한 것인 만큼, 가수가 관객의 스크린으로의 시야를 방해하고 자신의 존재를 적극적으로 드러낸 것이다. 이처럼 영화 상영 중 행해진 가수의 공연과 그들이 공연한 위치를 통해서 가수도 단순히 관객의 영화 감상을 돕는 역할에 머물지 않은 것을 알 수 있다.

당시 경성 영화관에서 가장 두드러진 사람은, 널리 알려져 있듯이, 변사였다. 유성영화가 도입된 1930년대까지도 변사는 남·북촌 영화관에서 활동했다. 유성영화 도입 이후에는 영화에서 외국어 대사가 흘러나오는 중에 변사의 설명까지 겹쳐서 관객의 영화 관람에 혼란을 주는

---

7 「小唄映画が生んだ新職業　紫光線の陰の唄ひ娘(一)」, 『京城日報』, 1924. 11. 16, 2면; 「小唄映画が生んだ新職業　紫光線の陰の唄ひ娘(二)」, 『京城日報』, 1924. 11. 17, 2면.
8 「映畵(3) 第一號가 貯金奬勵物」, 『東亞日報』, 1958. 11. 4, 4면.

경우도 있었다.[9]

영화가 본격적으로 상영되면 변사는 스크린에 비추어지는 장면과 영화의 진행 상황을 소개했다.[10] 『매일신보』 1914년 6월 9일 자 기사에 의하면, 김덕경이라는 변사는 영화 장면과 이야기 전개에 대한 설명뿐만 아니라 직접 대사도 했는데, 여배우가 말하는 장면에서는 여자의 목소리를 흉내 내어 대사를 하고 남자가 말하는 장면에선 남자 목소리의 대사를 했다.[11] 1927년의 『별건곤』에 의하면, 변사는 대사를 하는 데 그치지 않고 격투 장면에서는 허공에 대고 때리는 시늉을 하는 등의 연기까지 했다고 한다.[12]

변사는 영화와 전혀 관계가 없는 것을 말하는 경우도 많았다. 『동아일보』 1921년 6월 1일 자 기사에 의하면, 경찰은 변사에 대한 규제의 필요성을 언급하면서 변사가 영화와 아무 상관 없는 외설스럽고 불온한 말을 하는 경우가 많다고 보도하고 있다.[13] 이주 일본인을 주 독자로 하는 일본어 잡지 『조선공론』의 1924년 기사에 의하면, 남촌의 코가네관에서는 변사가 영화와 아무런 관련 없는 자신의 신변 한탄을 늘어놓기도 한다고 얘기하고 있다.[14] 이 잡지의 다른 기사에서도 변사가 자신 본위의 해설을 하는 것이 특별한 일이 아니라고 언급하고 있다.[15]

이상의 변사에 대한 설명을 종합하면 변사의 역할은 세 가지 정도로 요약할 수 있다. 첫 번째는 영화를 설명하는 해설자, 두 번째는 영화

9 「最近의 朝鮮映畵界(四)」, 『東亞日報』, 1932. 2. 3, 5면: みやさき生, 「朝鮮映画大観」, 『朝鮮公論』 24-3(京城: 朝鮮公論社, 1936), 114쪽.
10 「現代珍職業展覽會」, 『別乾坤』 3(京城: 開闢社, 1927), 55쪽.
11 「藝壇─百人(98), 金德俓」, 『每日新報』, 1914. 6. 9, 3면.
12 「現代珍職業展覽會」, 55쪽.
13 「活動辯士도 檢定」, 『東亞日報』, 1921. 6. 1, 3면.
14 「ヒルムファンの叫び」, 『朝鮮公論』 12-8(京城: 朝鮮公論社, 1924), 107쪽.
15 「キネマ界往来」, 『朝鮮公論』 12-4(京城: 朝鮮公論社, 1924), 121쪽.

속 등장인물의 대사를 말하거나 동작을 흉내 내는 연기자, 세 번째는 영화의 내용과 관련 없는 농담이나 자신의 신변을 늘어놓는 변사 자신. 영화 해설자로서의 역할이 관객의 영화 이해와 집중을 도울 여지가 크다고 하면, 변사 자신으로서의 역할은 관객의 영화 집중을 방해할 뿐이다. 스크린에 배우의 연기가 보이는 상황에서 배우의 동작을 흉내 내는 연기자로서의 역할은 굳이 필요하지 않고 오히려 관객의 스크린으로의 시야를 분산시키는 것인 만큼 관객의 영화 이해와 집중에 도움이 되는 것은 아니다. 변사 역시 연기자와 변사 자신으로서의 역할을 했던 것에서, 악사와 가수 등과 마찬가지로, 영화 텍스트에 종속된 존재가 아님을 알 수 있다. 이렇게 변사는 단순히 영화의 일부가 아닌 영화와 분리·독립되어 뚜렷하게 존재했기에, 『동아일보』 1929년 11월 7일 자 및 1929년 11월 8일 자 기사에서도 '사람들이 영화를 보러 가는 것이 아니라 변사의 해설을 들으러 영화관에 간다'거나 '변사가 영화 내용의 가치를 결정한다'라고 지적하고 있다. 이는 당시 영화 상영 공간에서 변사가 영화로부터 분리·독립되어 존재한 것에 그치지 않고 영화보다 주목되었음을 알 수 있게 한다.[16]

이와 같이 악사·가수·변사가 영화에 종속되지 않고 영화와 분리·독립되어 그 역할이 두드러지고 또한 영화를 통해 매개되지 않은 채 관객과 직접 만나는 경성의 영화관에서, 영화는 존재감이 크지 않았다. 그 이유는 무엇보다 필름의 상태가 상당히 나빠서인데, 이는 1920년대 조선에는 전문 영화 배급사가 별달리 설립되지 않았고 경성의 영화관이 거대 영화 제작·배급사에 의해 직영되지 않아서 소수의 서양인 수입

---

16 「映畵解說에 對한 片感(上)」, 『東亞日報』, 1929. 11. 7, 5면; 「映畵解說에 對한 片感(下)」, 『東亞日報』, 1929. 11. 8, 5면.

업자로부터 필름을 구입하거나 일본인 업자로부터 불법 복제물을 사들이는 경우가 많았던 데서 기인하는 것이었다.[17] 『동아일보』 1927년 8월 30일 자 및 1927년 5월 10일 자 기사에 의하면, 이러한 필름은 일본 전역을 거쳐 많이 사용되거나 오랜 기간 창고에 보관되었으며 거칠게 복제된 것이라 배우의 얼굴조차 분간하기 어려울 정도의 상태여서 영화의 전체적 내러티브도 알기 어려운 것이었다고 한다.[18] 이처럼 상영 필름의 상태가 나쁜 상황에서 관객의 시선은 더욱 악사·가수·변사에 분산될 수밖에 없었을 것이다.

당시 남·북촌의 영화관은 영화가 지배력을 갖지 못하는 상황에서 변사가 만담·연기를 하고, 악사가 음악을 연주하고, 때로는 가수가 스크린의 영상을 배경으로 노래를 부르는 공간이었다. 변사·악사·가수는 각각의 청각 및 시각 정보를 방출했고, 이는 스크린의 시각 정보와 통합되어 연결되지 못하고 각기 분리·독립된 형태로 존재했다. 이러한 공간은 현재의 영화관처럼 관객이 영화만을 주시하는, 조용한 영화 감상의 공간일 리는 없었다.

상영 환경의 의미:
영화를 전통 공연의 상연 양식으로 번역, 민족적 구분

직전에서 살펴보았듯이, 변사 등의 다양한 존재와 그들이 영화와 일체화되지 않은 것은 영화 속의 가상세계를 현실인 듯이 재현하게 하는 것이 아니다. 이는 극 중의 가상세계를 현실처럼 재현하지 않는 한국의 전통 공연과 유사하다고 할 수 있다.

---

17 「朝鮮映畫界現狀(一)」, 『東亞日報』, 1927. 11. 16, 3면.
18 「劇과 映畫界(四)」, 『東亞日報』, 1927. 5. 10, 3면; 「紀新의 파社 映畫配給」, 『東亞日報』, 1927. 8. 30, 3면.

김대중과 이정배의 연구는[19] 한국의 전통 공연 양식과 초기 영화 상영 양식의 유사성에 근거해 변사의 연행이 한국의 전통 공연에서 기원했다고 보고 있다. 이러한 논의는, 그 유사성을 지적했다는 점에서는 의미가 있지만, 유사성만으로 변사 기원의 문제를 설명할 수는 없다는 점, 또한 변사가 한국의 전통 공연 양식에서 기원했다면 식민지 조선의 영화 상영·관람 양상과 일본의 그것이 상당히 유사하다는 점 역시 설명할 수 없다는 데서 무리가 따른다. 반면 조희문의 연구는 변사의 연행을 일본에서 도입된 것으로 보면서 일본에서 변사의 연행은 일본의 전통 공연인 분라쿠(文樂)와 가부키 해설에서 온 것이라고 보고 있다.[20] 당시 조선 영화관에는 일본 자본이 많이 투입되었고 조선 영화관은 이주 일본인을 위한 곳이 더 많았다. 또한 앞서 살펴보았지만 조선인이 출입하는 북촌 영화관과 일본인이 출입하는 남촌 영화관은 영화 상영 양식에 별다른 차이가 없고 아울러 이들 영화관의 영화 상영 양식은 일본 영화관의 그것과 상당히 유사했다는 점에서, 조선의 변사 양식은 변사 양식이 이미 먼저 자리 잡은 일본에서 조선으로 도입되었다고 보는 편이 합리적이다. 변사의 연행뿐만 아니라 악사·가수의 공연 양식 역시 남·북촌의 영화관과 일본의 영화관이 상당히 유사하다는 점에서 일본으로부터 조선에 도입되었다고 할 수 있다.

뒤에서 살펴보겠지만, 이 시기의 영화 상영 양식이 일본에서 조선으로 도입되었다고 하더라도, 유성영화가 들어오고 상당한 시간이 흐른 1930~40년대까지 오랜 기간 조선인 대상의 북촌 영화관을 포함한 일

---

19 김대중, 「초기 한국영화의 전통성 연구: 영화 도래부터 발성영화 이전까지」, 한양대학교 석사학위논문(2008); 이정배, 「조선변사의 연원(淵源)과 의의」, 『인문과학연구』 21(강원대학교 인문과학연구소, 2009).
20 조희문, 「무성영화의 해설자 辯士 연구」, 185~187쪽.

부 경성 영화관에서 변사 등의 상영 양식이 지속되고 관객이 이를 즐긴 것에는 특별한 이유가 있다고 할 수 있다. 영화 상영 양식이 한국의 전통 공연에서 기원했다고 할 수는 없지만 전통 공연 상연 양식과 경성 영화관의 영화 상영 양식은 유사한 점이 많다. 한국 전통 공연의 양식을 살펴보면, 임명진의 판소리에 관한 연구는,[21] 서구의 연극이나 영화가 등장인물을 한 명의 배우가 연기해 무대 위나 스크린 속의 세계를 마치 현실과 유사한 것으로 만들어 보이게 하는 리얼리즘 환영주의 전략을 사용하는 것과는 달리, 판소리에서는 광대가 창·아니리·발림을 이용해 서술자와 모든 등장인물의 역할을 행함으로써 이야기가 광대를 통해서만 매개적으로 현전된다고 말하고 있다. 이처럼 광대에 의해서만 창조되는 극 중 세계는 실제 세계를 불완전하게 현전하는 것이어서, 관객은 극이 만들어내는 환영적 세계에 봉합되지 않는다고 한다. 대신 판소리 관객은 이 때문에 각자가 마음속에서 자유롭게 극 중 세계를 창조할 수 있고 극이 진행되는 과정에서 추임새를 넣어 극에 적극적으로 개입할 수 있다는 것이다.

정형호는 탈놀이에서는 극의 갈등 상황에서 긴장이 지속적으로 유지되지 않고 느닷없이 극의 진행과 관련 없는 노래와 춤이 삽입되어 이완 상태로 전환된다고 말하고 있다. 이러한 노래와 춤은 극의 전체적인 이야기 속에 통합되지 않고 관객의 흥을 돋우는 역할을 하는데, 이 때문에 관객이 흥에 겨워 추임새를 넣거나 환호를 질러 극에 자유롭게 개입할 수 있다는 것이다.[22] 전경욱에 의하면, 인형극에서도 이야기 진행과 관련 없이 갑작스러운 재담과 노래가 삽입되고 극의 외부에 있는 악

---

21 임명진·김익두·최동현·정원지·김연호, 『판소리 공연의 예술적 특성』(서울: 민속원, 2004), 29~52쪽.
22 정형호, 『한국 전통 연희의 전승과 미의식』(서울: 민속원, 2008), 360~361쪽.

사가 극 내부의 등장인물들과 대화를 나눈다고 하는데,[23] 이를 통해 전통 인형극 역시 관객을 극의 환영세계에 봉합하는 것이 아니라 관객으로 하여금 인형극에 개입할 여지를 마련해주었음을 알 수 있다.

종합하면 한국의 전통 공연은, 서양의 연극이나 영화와 달리, 불완전한 방식으로 현전되거나 또는 공연에서 행해지는 노래·연주·춤은 극의 이야기에 통합되어 있지 않았음을 알 수 있다. 이 때문에 관객은 극이 만들어내는 환상에 봉합되지 않고 자유롭게 극을 해석하고 극에 즉각적으로 반응하고 개입할 여지가 생겼던 것이다. 이러한 한국 전통 공연의 특성은 앞서 언급한 이 시기 경성에서의 영화 상영 양식 및 관객의 관람 양식과 상당히 유사하다. 사운드가 없고 필름의 질도 좋지 않은 영화가 상영될 때, 변사 1인이 영화 속 서술자나 배우의 역할을 행하고 또 때로는 영화와 상관없는 재담을 행하면서 영화 속 이야기를 불완전하게 현전했다. 영화 상영과 함께 공연된 노래·연주 역시 영화가 만들어내는 환영에 통합되지 않고 독립적으로 존재했다. 따라서, 이후 자세히 살펴보겠지만, 관객은 영화가 만들어내는 환영에 완전히 빠져들어 조용히 영화를 관람하기보다는 변사의 재담이나 연기, 가수의 노래, 악사의 연주 등에 즉각적으로 반응하고 영화보다 이들의 공연을 더 주목하기도 했다. 이러한 점에서 본다면, 경성 영화관의 영화 상영 양식은 관객을 영화가 만들어내는 환영에 봉합하는 것이 아니라 다양한 공연을 행해 전통 공연에서처럼 관객의 흥을 돋우고 관객으로 하여금 영화 상영에 즉각적으로 반응할 여지를 마련해주었다고 할 수 있다.

그리고 당시 경성의 관객은 이상에서 설명한 상연·관람 양식의 전통 공연에 익숙해 있었다. 유민영은, 전통 공연이 본격적으로 자리를 잡

---

23 전경욱,『한국의 전통연희』(서울: 학고재, 2004), 517~519쪽.

아가는 조선 후기 이후, 19세기 말부터 20세기 초에 걸쳐 경성의 광무대, 협률사, 가설극장 등에서 판소리·인형극·가면극 등이 활발히 공연되었고, 이 열기로 지방의 공연자들이 대거 상경했다고 말하고 있다.[24] 공연이 만들어내는 환영에 봉합되지 않고 공연에 적극적으로 참여해 흥을 내는 방식으로 공연을 관람해온 관객이라면 조용히 집중해 영화만을 감상할 수도 없고 그러한 감상을 통해 얻는 즐거움도 없었을 것이다. 이와 같은 상황에서 경성 영화관은 스크린에 영사되는 영상을 재료로 한국의 전통 공연에서와 같은 상연 양식을 관객에게 제공한 것이다. 이러한 영화 상영 양식은, 그것이 일본에서 도입되었긴 했지만, 영화를 조선인에게 익숙한 한국의 전통 공연 양식으로 관람하게 한 데서 유성영화가 들어온 이후에도 조선인 대상의 일부 영화관에서 오랫동안 지속될 수 있었다. 물론 일본의 영화관이나 경성의 일본인 거주지 남촌의 영화관에서도 조선인이 출입하는 북촌의 영화관과 유사한 영화 상영 양식이 성립·지속되었던 것 역시 일본의 전통 공연 상연 양식이나 관객의 관람 방식이 한국의 그것과 유사했기 때문이다. 일본의 전통 공연에서 시각 정보와 음성 정보는 분리되어 하나의 완벽한 환영으로 통합되지 않았고, 음악·춤 등은 극의 이야기에 완벽히 통합되지 않았다. 이에 관객은 배우의 호칭을 부르고 환호를 지르는 등 극의 진행에 적극적으로 개입할 수 있었다.[25] 이렇게 일본의 전통 공연과 한국의 전통 공연이 유사했던 것은 양국의 전통 공연이 동아시아 전통 공연의 상연·관람 양식을 공유해서인데, 이에 관해 전경욱은 일본과 한국의 전통 공연

---

24 유민영, 「전통 공연예술의 전승과 변화 모색」, 한국연극협회 편, 『한국현대연극 100년: 공연사 1(1908~1945)』(서울: 연극과인간, 2008), 13~23쪽

25 요모타 이누히코, 박전열 옮김, 『일본 영화의 이해』(서울: 현암사, 2001), 35~36쪽; 이지선, 『일본 전통 공연 예술』(서울: 제이앤씨, 2007), 170~171쪽.

은 무용·음악·연극·무술 등이 세분화되지 않은 중국의 고대 총체 예술인 산악(散樂)과 백희(百戲)를 받아들여 자신들의 전통 공연을 발전시켰기에 서로 유사한 점이 많다고 보고 있다.[26] 일본의 관객들 또한 익숙한 일본의 전통 공연과 유사한 양식으로 상영되는 영화를 관람하면서 북촌의 조선인들처럼 영화 상영에 즉각적으로 반응하고 영화 감상 이외의 여러 행동을 했던 것이다.

이처럼 전통 공연 양식으로 번역된 영화 상영 양식에서는 구술 언어가 중요할 수밖에 없다. 변사의 연행은 북촌에서는 한국어로 남촌에서는 일본어로 행해졌으며, 가수는 각각 한국어 가사와 일본어 가사의 노래를 불렀다. 이에 관객은 자신의 구술 언어로 영화 상영에 개입했고 그 개입을 공연의 일부로 즐겼다. 이 구술 언어는 고정적이지 않고 상황에 따라 즉각적으로 변용되었는데, 이 때문에 구술 언어는, 영화 속에 삽입되는 자막의 문자 언어와는 달리, 미리 외국어로 번역되는 것이 불가능했다. 따라서 해당 언어에 능숙하다 하더라도 외국인이 구술 공연과 그것에의 구술 개입을 즐기기는 상당히 어렵다고 할 수 있다. 구술 언어가 중요했기에, 영화 상영 양식과 관람 양상이 서로 상당히 유사했음에도 조선인과 일본인은 상대 지역의 영화관에 출입해 영화를 이해하고 즐기기 어려울 수밖에 없었다.

『키네마순보』에서는 경성에 거주하는 일본인이 당시로는 드물게 경성 영화관을 체험하고 그 상황을 알려오는 기사를 종종 실었는데, 1927년의 한 기사에서는 조선인 상대의 북촌 영화관에서 영화가 상영되는 상황을 "조선어로 설명되는 별천지"라고 표현해, 북촌 영화관이 일본인에게 영화 상영을 편안히 즐길 수 있는 공간이 아니었음을 알

---

26 전경욱, 『한국의 전통연희』, 64~84쪽.

수 있게 해준다.[27] 관객 구성에서 남·북의 민족 경계가 완화된 시기인 1930년의 같은 기획의 다른 기사에서도, 북촌 영화관의 영화나 연주의 질은 좋으나 관객이 영화에 조선어로 즉각적으로 반응하는 것과 상영 공간 내부의 조선적 분위기에 일본의 방문객은 이질감을 느끼고 있음을 알리고 있다.[28] 이는, 경성의 이주 일본인은 영화 상영 과정에서의 구술 조선어와 관객들의 조선어 사용 등으로 인해 영화 관람을 즐기지 못했음을 알 수 있게 한다. 앞서 설명했듯이, 1930년대 초반에는 경성에서 남·북의 구분이 완화되었지만 영화 상영에서는 구술 언어가 중요해서 남·북의 경계는 유지될 수밖에 없었던 것이다.

1920년부터 1930년대 중반까지, 관객의 관람 양상

경성 남촌과 북촌의 관객은 공통적으로 산만하고 독립적으로 존재한 변사·악사·가수의 공연에 당황하거나 불편해하지 않았다. 앞서도 언급했지만 당시의 신문이나 잡지 등은 관객이 영화를 보기 위해서가 아니라 변사의 해설을 듣기 위해 영화관을 찾는다고 했는데, 이는 일반 관객은 변사의 영화 내용과 관련 없는 만담이나 영화에 대한 설명을 넘어서는 연기 등에 불편함을 느끼기보다는 그것을 즐겼음을 의미한다. 『경성일보』 1924년 11월 16일 자에 의하면, 관객은 스크린에 영사되는 영화를 조명 삼아 행해지는 가수의 공연을 영화 감상을 방해하는 요소라고 생각하지 않고 그것에 마음을 빼앗기고 감동을 받았다고 하는데, 이를 통해서도 경성의 영화 관객은 영화로부터 분리되어 있었던 가수 등의 공연을 즐겼음을 알 수 있다.[29]

---

27 「京城映画界雑信」, 『キネマ旬報』 265(東京: キネマ旬報社, 1927), 74쪽.
28 瀧川清弘, 「朝鮮映画界概観」, 71쪽.
29 「小唄映画が生んだ新職業紫 光線の陰の唄ひ娘(一)」, 『京城日報』, 1924. 11. 16, 2면.

관객은 영화에 통합되지 않은 변사·악사·가수의 공연에 즉각적 반응을 보내 그것에 개입하기도 했다. 남촌 영화관 관객이 영화 상영과 공연에 즉시 반응해 박수를 치거나 휘파람을 불거나 환호성을 지르는 것은 일반적이었다고 한다.[30] 영화 또는 변사의 설명이 마음에 들지 않을 경우에는 관객이, 1930년의 기사에서 확인할 수 있듯이, "그만둬, 돈 돌려줘"라고 외치는 경우도 있었다.[31] 『동아일보』 1982년 11월 18일 자 기사의 식민지기 변사로 활동했던 성동호의 증언에 의하면, 우미관에서도 변사의 해설이 잘 들리지 않는다고 관객이 화를 내는 경우가 있었다고 한다.[32] 관객이 화를 낸 것은 변사의 설명을 잘 듣고 싶어서이지 변사의 해설이 영화 감상에 방해가 된다는 이유에서가 아니었다. 1937년 『조광』에서는 그 이전 시기의 영화관 풍경을 회고하고 있는데, 영사 속도가 느리다고 생각한 관객이 "좀 빨리 영사하라"라고 외치자 변사는 "천천히 영사하는 것이 아니라, 원래 이렇게 찍었기 때문이다"라고 대답했다고 말하고 있다. 또, 객석에서 스크린에 영사되는 화면이 잘 보이지 않아 "사진이 떨고 있다"라고 외치자 변사가 "동지가 지났으니 떠는 것이다"라고 장난스레 응수했다고 전하고 있다.[33] 이는 변사의 공연이나 영화 상영에 관객이 개입하고 이에 변사가 대응하는 사례이며, 이런 과정도 관객에게는 공연의 일부이고 즐길거리가 되었다고 할 수 있다.

변사 등의 공연이 포함된 영화 상영 양식은 관객을 영화적 환영에 봉합되게 할 수 없어서 관객은 공연과 영화 상영에 적극적으로 반응하고 개입했을 뿐 아니라 공연·영화의 관람과 관계없는 행동도 자유롭

30 「京城の観客は柄が悪い」, 『京城日報』, 1925. 4. 24, 5면; 「映画館の紫の闇に密かに行はれる罪悪」, 『朝鮮公論』 11-3(京城: 朝鮮公論社, 1923), 124쪽.

31 瀧川清弘, 「朝鮮映画界概観」, 71쪽.

32 「우리나라 최초의 映畵館 優美館 사라진다」, 『東亞日報』, 1982. 11. 18, 6면.

33 夏蘇, 「映畵街白面相」, 『朝光』 1937-12(京城: 朝鮮日報社, 1937), 235~237쪽.

게 할 수 있었다. 1930년대 중반까지도 남촌과 북촌의 영화관에는 영화 상영 중에도 장내를 돌아다니며 음식과 담배를 파는 과자장수가 있었다.[34] 이를 통해 관객은 영화 감상 중에도 음식을 먹고 흡연을 하는 것이 가능했음을 알 수 있다. 좌석이 1인석으로 분리되어 있지 않아서 관객은 상영 중에도 자유롭게 이동할 수도 있었다. 1926년 『동아일보』에 의하면, 영화관에서 술 먹고 난동을 피우고 소리를 지르고 영화 상영 중에도 화장실 출입을 계속하는 관객도 많았다고 한다.[35] 『매일신보』 1926년 1월 1일 자 기사에 의하면, 남촌과 북촌 영화관에서는 관객을 찾기 위해 영화관 사무실로 전화가 걸려오면 영화가 상영 중임에도 직원이 관객을 큰 소리로 불러내어 전화를 받게 하기도 했다고 한다.[36]

『경성일보』 1925년 4월 24일 자 기사를 보면, 경성의 남촌 영화관 관객의 자유로운 이동과 소란 때문에 경성 영화 관객을 "영화 조폭"이라고 불만스럽게 표현하는 경우도 있었다.[37] 『경성일보』 1929년 5월 12일 자 기사에 의하면, 관객의 이런 자유로운 행동을 "나쁜 장난"이라고 했는데, 당시의 관객은 영화를 감상하기보다 "나쁜 장난"을 즐기기 위해 영화관에 가는 것이라고 표현한 데서, 관객의 제한 없는 자유로운 행동이 당시 경성의 영화관에서는 특별한 일이 아님을 알 수 있게 한다.[38]

---

34 「먹다버린 卷煙을 모화 勞動宿泊所에 寄贈, 喜樂館 女給의 芳志」, 『每日新報』, 1930. 1. 23, 2면; みやさき生, 「朝鮮映画界の大観」, 『朝鮮公論』 24-3(京城: 朝鮮公論社, 1936), 115쪽.

35 「보는대로 듯는대로 생각나는대로」, 『東亞日報』, 1926. 9. 26, 2면

36 「館主, 辯士, 樂士 새희망과 새 生活에 살자. 그들에 대한 注文」, 『每日新報』, 1926. 1. 1, 4면.

37 「京城の観客は柄が悪い」, 『京城日報』, 1925. 4. 24, 5면.

38 「映画よりは暗さが有害」, 『京城日報』, 1929. 5. 12, 3면.

관람 양상의 효과와 그 결과

자유의 분출

1930년대 중반까지도 경성 남·북촌 관객은 산만하게 갖가지 행동을 하면서 노는 방식으로 영화를 관람했다. 이는 관객으로 하여금 감시의 시선에서 벗어나게 하고 타인과 자유롭게 접촉할 수 있게 하는 것이어서 사회질서를 초월한 자유 분출의 효과로 연결될 수 있었다. 대표적으로 영화관에서 가능한 것은 남녀 간 자유로운 접촉과 애정 표현이었다. 1923년의 한 기사는 남촌의 어느 영화관은 변사의 설명, 악사의 연주, 관객의 박수 소리가 섞여 소란스럽고, 장내는 어두웠으며 많은 관객이 모여 관객 간 거리 확보가 어렵다고 전하고 있다. 이와 같은 상황을 이용해 서로 얼굴을 모르는 젊은 남녀가 영화관에서 신체적 접촉을 즐기고 있다고 언급했다. 남성 관객만 아니라 여성 관객도 이러한 접촉에 적극적임을 강조하고 있다.[39]

학생은 기성세대의 감시를 피해 밤늦게까지 영화를 보면서 여러 가지 것을 즐길 수 있었다. 따라서 당시의 기성세대는 어두워 감시가 어려운 도시의 영화관을 학생에게 위험한 공간이라고 인식하기도 했다.[40] 그러나 영화관에 학생 출입 자체를 금지하는 것은 불가능해서 학생은 영화관을 일탈의 공간, 자유의 공간으로 이용할 수 있었다. 특히 영화를 보면서 남녀 학생들이 당시에는 금기시된 성에 대한 호기심을 충족하거나 남녀 학생 간에 접촉을 시도하는 경우가 많았다.[41]

당시의 사회질서에서 벗어나 영화관에서 남녀는 자유롭게 만나고

---

39 「映画館の紫の闇に密かに行はれる罪悪」, 124~126쪽.

40 「生動의 봄, 特히 學生諸君에게 一言」, 『東亞日報』, 1931. 4. 12, 1면.

41 「活動寫眞과 學生」, 『東亞日報』, 1925. 10. 10, 1면.

여성은 성의 표현에 적극적이며 학생도 여러 욕구를 즐기는 것이 가능했지만, 북촌의 영화관에서 계급의 경계를 넘은 접촉이 있었다고 보기는 어렵다. 앞에서도 언급했듯이, 당시 조선인의 생활수준은 극도로 열악해 조선인 하류계층이 영화관을 방문하기란 쉽지 않아서였다. 실제로 당시의 기사도 북촌의 영화관에는 상류계층이 주로 방문한다고 기록하고 있다. 반면 남촌 영화관에는 상류계층 이외의 관객도 많다고 언급되어 있다.[42] 이는 남촌에 거주하는 이주 일본인 중하층은 비교적 조선인보다 생활수준이 높았기 때문일 것이다.

민족적 정서의 공유

산만하게 놀면서 영화를 관람한 데서 관객은 영화에 대한 반응을 자유롭게 표현할 수 있었다. 자유롭게 감정을 표현하던 중 내 감정과 타인의 감정이 같다는 것을 자각한다면, 관객들은 서로 급속하게 동질감을 느낄 수도 있다. 특히 식민지 어느 지역 영화관 관객이 한쪽은 주로 본국으로부터의 이주민으로 다른 한쪽은 식민지민으로 구성되어 구분되었다고 한다면, 산만하게 놀면서 자유롭게 감정을 표현하는 과정에서 경성의 영화관은 필연적으로 각각의 민족적 정서를 공유하고 민족적 정체성을 강화할 수 있었을 것이다.

우선 남촌의 영화관을 살펴보면, 1931년 주오관에서는 〈대공군(大空軍)〉(오자와 도쿠지, 호소야마 기요마쓰, 1931)이라는 일본영화가 상영되었는데, 영화는 당시 경성에 거주하는 이주 일본인 사이에서 선풍적인 인기를 끌었다고 한다. 일본 육군성의 후원으로 제작된 〈대공군〉은 일본 비행학교 생도들의 성장 과정과 사랑을 담은 영화로, 결말 부분에서

---

42 「フイルム検閲より見た朝鮮映画界の近況」, 『朝鮮公論』 21-7(京城: 朝鮮公論社, 1933), 108쪽.

는 전투기 조종사로 성장한 주인공이 적군을 격퇴하고 주인공 남녀는 결혼을 해 사랑의 결실을 맺는다는 줄거리다.[43] 영화의 주제 자체가 일본 민족주의를 자극하는 내용이라 할 수 있다. 『경성일보』 1931년 7월 16일 자에 실린 영화 팬의 의견란에는 〈대공군〉이 구성이 좋지 않아 관객 사이에서 영화에 대한 악평이 많다고 되어 있다. 그럼에도 〈대공군〉이 일본 공군의 위력을 과시하고 있다는 이유로 경성의 일본인은 이 영화에 열광하게 되는 것이라고 말하고 있다.[44] 이를 통해 〈대공군〉이 인기를 끈 이유가 영화 자체의 매력이 아니라 영화 속 일본 공군의 묘사가 이주 일본인 관객에게 일본인으로서의 자존심을 높여주고 경성의 일본인을 결속해준 것에 있었다고 할 수 있다. 일본인만이 집합해, 이와 같은 영화를 노는 방식으로 관람하여 영화에 대한 감정을 적극적으로 표현할 수 있는 영화관은 민족적 열기가 가득한 공간이었을 것이다.

1928년 『경성일보』에 의하면, 당시 경성의 일본인 사이에서는 〈도톤보리 행진곡(道頓堀行進曲)〉이라는 노래가 유행했다.[45] 〈도톤보리 행진곡〉은 당시 오사카 쇼치쿠좌에서 공연과 함께 처음 불린 노래다. 이후 레코드로도 취입되고 동명의 영화로도 제작되어, 노래와 영화 모두 일본에서 유행했다. 경성에서 노래 〈도톤보리 행진곡〉의 유행은 영화 〈도톤보리 행진곡〉 상영에 의한 것으로, 영화 상영 시 이 노래에 대한 레코드의 재생이나 가수의 공연 등이 있었다. 일본에서 이 노래와 영화는 두 버전이 있었는데, 간사이(関西) 지방에서는 〈도톤보리 행진곡〉이, 간토 지방에서는 〈아사쿠사 행진곡(浅草行進曲)〉이 유행했다. 물론 두 버전의 노래와 영화는 가사와 배경이 달랐다. 경성에서 〈아사쿠사 행진곡〉

---

43 「大空軍」, 『キネマ旬報』 389(東京: キネマ旬報社, 1931), 91~92쪽.
44 「大空軍に就いて」, 『京城日報』, 1931. 7. 16, 3면.
45 「ファンクラブ」, 『京城日報』, 1928. 8. 31, 3면.

이 아니라 〈도톤보리 행진곡〉이 유행한 것은, 경성의 이주 일본인 중에는 간토 출신은 많지 않고, 야마구치(山口)·후쿠오카(福岡)·히로시마(広島) 등 서부 지역 출신이 대다수였던 것에[46] 중요한 이유가 있다고 할 수 있다. 경성의 이주 일본인 대부분이 일본 서부 출신인 상황에서 일본의 동부 유흥가를 대표하는 아사쿠사보다는 서부 유흥가를 대표하는 도톤보리 쪽이 그들에게는 훨씬 익숙하고 향수를 불러일으키는 장소였을 것이다. 따라서 경성의 이주 일본인 관객은 노래 〈도톤보리 행진곡〉을 레코드나 가수의 육성으로 들으며 따라 부르고 스크린에 상영되는 도톤보리 풍경을 보며 이에 대한 이야기를 나누거나 도톤보리의 카페나 강가를 회상하면서, 외로운 이주지 생활에서 오는 향수를 달랬을 것이다. 노래 및 영화 〈도톤보리 행진곡〉이 유행한 것을 통해 경성의 이주 일본인에게 남촌의 영화관은 일본에서의 추억과 향수를 공유하는 공간이었음을 알 수 있다.

북촌 영화관에서 상영된 영화는, 당시에는 조선영화가 그다지 제작되지 못하는 상황에서, 대부분 서양영화였다. 따라서 식민지 조선인이 남촌 영화관의 이주 일본인처럼 자국 영화를 감상하며 민족 정체성을 강화하기는 어려웠을 것이다. 그러나 북촌 영화관이 식민지 조선인에게 민족적 저항의 공간이 되는 경우가 있었다. 이는 영화관에서는 영화 감상 이외 갖가지 행동을 할 수 있어 관객이 대화나 신체적 접촉을 통해 감정을 급속히 확산시킬 수 있었고, 경성에서 영화관은 드물게 식민지 조선인이 집합할 수 있어 민족적 반발감과 저항감을 공유할 수 있는 점이 중요한 이유였다. 아울러 영화관은 어두운 공간이라 저항의 주체가 경찰 등에 발각되기 어려운 점도 이유일 수 있다.

---

46 「内地人及外国人居住状況」, 『京城彙報』 185(京城: 京城府, 1937), 39쪽.

북촌에 위치한 조선극장에서는 민족적 저항 운동이 종종 발생했다.[47] 『동아일보』 1929년 12월 28일 자 기사는 영화 상영 중 청년 1인이 무대에 올라 일제에 대한 저항을 촉구하는 격문을 뿌리고 연설을 행한 사건이 있었다고 전하고 있다.[48] 영화관 임검석(臨檢席)에 있던 경찰이 청년을 바로 체포했지만, 조선인 관객들은 격문과 연설 내용에 자극되고 흥분해 집단행동을 행했다. 이 같은 관객 저항의 결과, 조선극장 출입문이 완전히 파괴되고 경찰은 북촌의 모든 영화관에 대한 감시를 강화했다. 이 사건으로 북촌의 모든 영화관의 분위기가 험악해졌을 정도로 그 저항의 강도는 강했다. 이 사건은 한 사람의 개인적 저항에서 시작되었지만 영화관이라는 장소가 민족 정서를 공유할 수 있는 공간이었던 만큼 개인의 돌발적 행동에 그치지 않고 집단적 저항으로 연결된 사례라고 할 수 있다.

『동아일보』 1930년 1월 17, 18, 19일 자 기사를 보면, 1930년 1월에도 조선극장에서 저항 사건이 발생했다. 이에 경찰은 영화관 관객을 전부 수색해 80명이나 연행·구금해 3일간 조사를 벌였지만 사건의 주동자를 밝혀내지 못했다. 그 이유는 영화관 내의 어둠을 이용해 주동자가 쉽게 몸을 숨길 수 있어서일 것이다. 이 사건을 주동한 일군의 청년들도 발각당하지 않기 위해 영화관의 어둠을 이용했는데, 격문을 동시에 한곳에서 뿌리는 것이 아니라, 한쪽이 먼저 무대에서 격문을 뿌리고 어둠 속에서 관객 사이로 숨어들면 다른 한쪽이 시간차를 두고 1층 객석이나 2층 객석에서 앞의 행동을 이어나가는 방식을 취했다.[49]

---

47 조선극장의 저항에 관련해서는 이승희, 「조선극장의 스캔들과 극장의 정치경제학」, 『대동문화연구』 72(성균관대학교 대동문화연구원, 2010)에서도 확인할 수 있다.

48 「朝劇에 突現 檄文을 撒布」, 『東亞日報』, 1929. 12. 28, 2면.

49 「朝鮮劇場에 靑年 突現 檄文撒布」, 『東亞日報』, 1930. 1. 17, 1면; 「靑年 學生 等 突現 朝鮮劇場에 檄文撒布」, 『東亞日報』, 1930. 1. 18, 7면; 「朝劇 檄文事件, 犯人 依然 不明」, 『東亞日報』, 1930. 1. 19, 2면.

『동아일보』1931년 7월 4일 자 기사를 통해 "독립 만세"라고 쓰인 격문이 조선극장에서 뿌려진 저항 사건도 확인할 수 있다.[50]

북촌에서 상영된 영화 대부분이 서양영화인 상황에서 드물게 조선 인이 제작한 영화가 상영되는 경우도 있었다. 1935년 단성사에서는 한국 의 전통 소설을 각색한 〈춘향전〉(이명우, 1935)이 개봉되었다. 당시 한국 어 신문 기사는 이 영화에 대해 배우의 연기가 미숙하고, 템포의 변화 가 없어서 클라이맥스도 없다고 지적했다. 또한 각색도 좋지 않아서 영 화를 감상하는 것만으로는 내러티브를 이해할 수 없다고 비판해 기술 적으로 문제가 많은 영화라고 평가했다.[51] 그러나 조선인 관객은 이미 서 양영화에 익숙해 있음에도 불구하고 좋지 않은 구성의 〈춘향전〉을 많 이 관람해 흥행은 대성공을 거두어 조선인 사이에서 이 영화는 단연 화 제가 되었다. 당시 경성의 풍경을 묘사한 박태원의 소설 〈천변풍경〉에서 도 등장인물이 영화 〈춘향전〉이 화제인 상황을, "모두 좋다고들 그래요. 오늘, 동무 몇이서 구경가자구 맞췄는데……" 라고 언급하기도 했다.[52]

내러티브조차 확실하지 않은 영화를 많은 조선인이 관람한 이유 는 무엇보다 〈춘향전〉이 조선 최초의 유성영화라는 점에 있었다. 『동아 일보』1935년 10월 11일 자 기사는 〈춘향전〉의 성공 원인이 유성영화 라고 하면 외국어만 들리는 상황에서 〈춘향전〉으로 영화에서 나오는 조 선어를 들을 수 있게 된 점에 있다고 하면서 이 영화가 일본 유성영화 에 지지 않는다고 말하는 사람도 있다고 하고 있다.[53] 즉, 〈춘향전〉 성공 의 중요한 원인은 영화 텍스트의 재미나 영화의 우수함에 있는 것이 아

50 「朝鮮劇場 피할 臨時觀衆에게 檄文撒布」, 『東亞日報』, 1931. 7. 4, 2면.
51 「토키界의 今後를 爲하여」, 『東亞日報』, 1935. 10. 30, 3면; 「朝鮮最初의 發聲映畵 春香傳을 보고(上)」, 『東亞日報』, 1935. 10. 11, 3면; 「朝鮮最初의 發聲映畵 春香傳을 보고(中)」, 『東亞日報』, 1935. 10. 12, 3면.
52 박태원, 『천변풍경』(서울: 문학과 지성사, 2005), 297쪽.
53 「朝鮮最初의 發聲映畵 春香傳을 보고(上)」, 『東亞日報』, 1935. 10. 11, 3면.

니라 〈춘향전〉을 관람하는 것으로 조선인도 유성영화를 만들 수 있음을 확인하면서 조선인으로서의 자존심을 강화하는 데 있었다고 할 수 있다. 〈춘향전〉이 일본의 유성영화에 지지 않는다고 말하는 사람도 있다는 것으로부터는, 조선어를 재생하는 영화가 상영되는 영화관에서 관객들은 노는 방식의 관람 속에서 대화를 나누고 함성을 지르면서 잠시나마 식민지 조선이 제국 일본보다 열등하지 않음을 집단적으로 느끼는 일도 가능했을 것이다. 이는 식민지민의 열등함을 끊임없이 강조하는 제국의 담론에 대한 저항으로 작용할 수도 있었다.

이와 같이 남촌과 북촌의 영화관은 민족적으로 분리·구분되어 있어 특정한 영화가 상영될 때 노는 방식의 관람 양상 속에서 감정을 자유롭게 표현·공유해 민족적 공간이 될 수 있었다. 한쪽에서는 제국으로부터 식민지로의 이주민이 모국 영화를 보고 모국 음악을 들으면서 민족 정체성을 강화하고 향수를 달랠 수 있었다고 한다면, 한쪽에서는 식민지민으로 구성되어 민족의 영화 기술에 자부심을 공유하고 때로는 제국의 지배담론에 저항했다고 할 수 있다.

낙후된 상영 환경, 관람 문화에 대한 불만과
대형 고급 영화관에 대한 열망

1930년경 도쿄에는 대형 고급 영화관이 니시긴자 지역을 중심으로 건설되고 아사쿠사를 대신해 도쿄의 영화문화를 주도했지만, 경성 영화관의 상영·관람 환경은 1930년대 중반 이후에도 여전히 개선되지 못했다. 경성 영화관의 열악한 상황으로 인해 1920년대 중반 이후 경성의 영화 팬 사이에서는 영화 상영과 관람 환경에 대한 불만이 끊이지 않았다. 그들은 영화관 건물의 구조적 문제로 스크린이 잘 보이지 않고, 다다미방 형태의 좌석은 불결해 피부병에 걸리는 일이 많으며, 화장실의 악취로 영화에 집중할 수 없다고 말하고 있다. 이러한 영화관 시설은 일본은 물론 만주나 대만보다 열악한 것이라 평가되기도 했다.[54]

무엇보다 유성영화가 도입된 상황에서 질이 떨어지는 발성 장치는 큰 문젯거리였다. 쇼치쿠가 심혈을 기울여 제작한 대작 〈주신구라(忠臣蔵)〉(기누가사 데이노스케, 1932)가 당시 경성에서 시설이 가장 우수한 영화관으로 평가된 다이쇼관에서 개봉되었지만, 발성 장치가 좋지 못해 영화가 제대로 상영되지 못했다. 이에 관객들이 크게 분노해 소동을 벌인 사건이 있었다. 이 소동을 접한 쇼치쿠 측은 직접 영화관을 시찰하고 다이쇼관에서의 유성영화 상영은 적합하지 않다고 판단해 다이쇼관에 대한 영화 배급권을 박탈하기까지 했다.[55] 유성영화가 도입되지 않은 1930년 이전에는 도쿄 고급 영화관의 상황과 비교되는 경성 영화관 변사의 설명과 악사의 연주도 큰 불만 사항이었다. 이는 『동아일보』 1927년 1월 1일 자 기사 및 『매일신보』 1926년 1월 1일 자 기사 등에서 확인할 수 있는데, 구체적으로 변사의 영화와 관련 없는 과도한 설명과 악사의 불협화음에 대한 불만이었다.[56]

영화관 직원의 세련되지 못한 서비스에 대한 불만도 상당했다. 1934년의 『경성일보』 및 1926년과 1927년의 『동아일보』의 기사에 의하면, 경성의 영화관에서 스크린으로의 시야 확보와 사운드 청취를 방해하는 과자장수가 관객 사이에서 큰 불만 사항이었다고 한다. 안내원 역시 영화가 상영되는 중임에도 소리를 질러 특정 관객을 불러내기도

---

54 H大梧洞, 「洞朝鮮映画興業界の展望」, 『朝鮮公論』 21-8(京城: 朝鮮公論社, 1933), 137쪽; みやさき生, 「朝鮮映画界大観」, 114~115쪽; 「観客を拡大する府内の劇場や活動館」, 『京城日報』, 1925. 3. 10, 2면.

55 宇佐見誠一郎, 「松竹映画肩替り問題の真相」, 83쪽.

56 「常設館 奏樂 發展」, 『東亞日報』, 1927. 6. 1, 3면; 「館主, 辯士, 樂士 새希望과 새生活에 살자. 그들에 대한 注文」, 『每日新報』, 1926. 1. 1, 4면.

제4장 경성의 관객성   171

하고, 영화관에 출입할 때는 문 여닫는 소리를 크게 내서 관객의 영화 감상을 방해하는 일이 다반사였다.[57]

영화관 측의 부당한 추가 관람료 징수에 대한 불만도 많았다. 경성 영화관의 관람료는 영화 배급의 문제와 일본과 조선에서의 중복된 검열로 도쿄보다 낮지 않은 수준이었고, 객석이 1층이냐 2층이냐에 따른 차이도 있었다. 2층 다다미방 형태의 객석에서는 관람료 이외 신발을 벗는 데 따르는 '하족료(下足料)'를 따로 부과하기도 했으며, 앞자리라는 이유로 특별 요금을 강요하거나 방석을 강제로 대여해 별도의 요금을 요구하는 경우가 많았다.[58]

관객의 소란스러운 관람 양상에 대한 불만도 있었다. 『조선공론』의 한 기사에서는 관객의 흡연 금지에 대한 요구가 언급되었다.[59] 『동아일보』 1926년 9월 26일 자 기사에서도 관내 관객, 상인의 소란스러움은 장애물이라고 하면서 당시 조용히 영화만을 주시해 관람하고 싶은 일부 관객의 불만이 언급되기도 했다.[60]

이상의 영화관 시설이나 직원의 서비스, 관객들의 관람 양상 등에 대한 불만은 공통적으로 조용히 주시해 영화를 감상할 수 없다는 것에 연유하는 바가 컸다. 1920년대 후반에 유독 이러한 불만이 생겨난 것은 이 시기 관객의 영화에 대한 이해가 높아져 관객 사이에서 영화만을 주시해 감상하려는 욕구가 커진 것에 큰 이유가 있다고 할 수 있다. 『동아일보』 1927년 11월 17일 자 기사에서는 "사진이 재미가 없으면 조선 영화라도 절대 보지 않는 조선인 관객"이 늘어나고 있다고 언급하고 있

---

57 「サービスの問題(三)」, 『京城日報』, 1934. 2. 28, 3면; 「보는대로 듯는대로 생각나는대로」, 『東亞日報』, 1926. 9. 26, 2면; 「不平과 希望」, 『東亞日報』, 1927. 4. 10, 5면.

58 「映畵館, 劇場 等 娛樂場 取締規則을 草案」, 『東亞日報』, 1937. 8. 11, 2면.

59 みやさき生, 「朝鮮映画界大観」, 115쪽.

60 「보는대로 듯는대로 생각나는대로」, 『東亞日報』, 1926. 9. 26, 2면.

고,[61] 같은 신문 1927년 5월 10일 자 기사에서는 예전과 달리 영화에 대한 상당한 지식을 갖춘 관객이 등장했다고 언급하고 있다.[62] 1920년대 초·중반까지의 영화 소개 기사가 1~2문장으로 짧았던 것과 달리, 1920년대 후반의 영화 소개 기사는 그 분량이 늘어나고 내용 또한 영화 줄거리만이 아니라 감독·편집·영화이론 등에 대한 비평이 많아졌다. 각종 영화잡지도 1920년대 후반 들어 발간되기 시작했다. 이는 과거보다 영화만을 주시해 관람하고 영화 이해도가 높아진 관객들이 영화 자체에 갖는 관심이 커져서일 것이다.[63]

이처럼 경성의 일부 영화 관객은 영화 이해도가 높아지고 영화를 주시하는 방식으로 감상하려는 욕구가 커졌지만, 경성의 영화관 시설과 서비스 등이 이를 보장해줄 수 없는 상황이었다. 자연히 영화 관객 사이에서 우수한 시설을 갖추고 좋은 서비스를 제공하는 일본의 영화관에 대한 관심이 커질 수 밖에 없었다. 당시 경성 영화 관객의 상당수가 이주 일본인이었고, 조선인 영화 관객이 일본 신문과 잡지를 어렵지 않게 접할 수 있었던 것도 경성의 영화 관객이 일본 영화관에 관심을 가지게 한 중요 이유였다. 『동아일보』 1927년 3월 27일 자 기사에서는 조선극장에서 상영된 영화를 광고할 때, 일본 영화잡지 『키네마순보』가 실시한 인기투표의 1위 영화라고 소개하고 있다.[64] 이는, 영화관 측이 상영 영화의 질을 보장하는 것에 일본 영화잡지를 이용할 만큼 일본 영화잡지가 조선인 영화 관객 사이에서 널리 알려져 있었음을 의미한다. 당시 일본 내에서도 거대 규모, 고급 시설, 세련된 서비스로 단연 화제

61 「朝鮮映畵界現像(二)」, 『東亞日報』, 1927. 11. 17, 3면.
62 「劇과 映畵界의 現像(四)」, 『東亞日報』, 1927. 5. 10, 3면.
63 정충실, 「식민지조선의 영화 관람: 상설영화관, 그리고 非상설영화관이라는 공론장」, 23~35쪽.
64 「佛國名畵『케니스마크』」, 『東亞日報』, 1927. 3. 27, 5면.

가 되고 큰 인기를 끌며 일본의 영화문화를 주도해 신문과 잡지에 자주 다루어진 것은 니시긴자 영화관이었던 만큼, 경성의 관객 역시 니시긴자 영화관에 관심을 집중했다.

경성에 거주하는 일본인을 주 대상으로 하는 일본어 신문에서도 니시긴자 영화관이 자주 소개되었다. 『경성일보』 1934년 2월 23일 자 기사에서는 니혼극장을 소개하고 사진을 싣고 있는데, 정원이 5,000명이며 내부 시설은 상당히 고급스럽다고 전하고 있다. 또한 내부에 식당·휴게실·응접실이 있어 영화관 내부에서도 여러 유흥과 소비를 즐길 수 있다고 덧붙이고 있다. 대규모의 고급 시설을 갖추고 있어서 아사쿠사와 신주쿠의 관객 상당수를 빼앗아올 수 있었다는 사실도 언급하고 있다.[65] 같은 신문 1932년 6월 6일 자 기사에서는 당시 건설 중인 니혼극장을 역시 동양 최대의 영화관이라 소개하고 있다.[66]

조선인을 주 독자로 하는 한국어 신문과 잡지에서도 니시긴자 영화관이 소개되었다. 『동아일보』 1937년 6월 20일 자 기사는 니시긴자의 니혼극장을 거론하면서 대규모임을 강조해 수용 인원이 3,000석을 넘는다고 설명하고 있다.[67] 같은 신문 1927년 6월 1일 자 기사에서는 경성 영화관의 변사와 오케스트라를 강력하게 비난하면서 호라쿠좌의 세련되고 전문적인 변사의 설명과 오케스트라의 연주 방식을 언급하고 있다.[68] 이외에도 1934년 잡지 『삼천리』에서는 니혼극장이 거대한 자본으로 대규모이며 고급스럽게 건설되어 도쿄에서 상당한 인기를 끌고 있다는 사실을 전하고 있다.[69] 『매일신보』의 1930년 4월 2일 자 기사에서는

---

65 「前進そして飛躍」, 『京城日報』, 1934. 2. 23, 3면.
66 「東洋一の日本劇場, いつ竣成するか」, 『京城日報』, 1932. 6. 6, 4면.
67 「建築은 四層으로 映畵 演劇 兼演」, 『東亞日報』, 1937. 6. 20, 7면.
68 「常設館 奏樂發展」, 『東亞日報』, 1927. 6. 1. 3면.
69 「三千里 機密室」, 『三千里』 6-5(京城: 三千里社, 1934), 22쪽.

174 경성과 도쿄에서 영화를 본다는 것

공연장인 도쿄극장(東京劇場)의 사진을 지면 상단에 2단 크기로 실어 영화관으로 소개하고 있다.[70] 사진 옆에는 쇼치쿠에서 큰 자본을 들여 동양에서 제일 큰 영화 전당을 개관했다고 밝히고 있다. 도쿄극장은 니시긴자에서 가까운 곳에 위치하기는 했지만 공연장임에도 신문사 측이 이를 영화관으로 오인해 사진을 실은 것이다. 그러나 이 또한 도쿄극장의 외관을 통해 니시긴자 대형 고급 영화관의 세련되고 거대한 모습을 소개하려 한 것이라 할 수 있다.

영화관 시설이나 상영 환경뿐 아니라 니시긴자식의 세련된 영화관 경영 방식과 서비스도 소개되었다. 『동아일보』 1937년 6월 20일 자 기사에는 니시긴자의 영화관이 관객으로 하여금 영화에만 집중할 수 있도록 영화 상영 시간을 1회 2시간으로 줄이고 1일 영화 상영 횟수도 6회까지 늘렸다고 전하고 있다.[71] 당시 경성의 영화관에서는 보통 1일 2회 상영되고 1회 상영 시간도 3~4시간이어서, 니시긴자의 상황은 경성과는 큰 차이를 보이는 것이다. 다른 기사에서는 영화표를 구입하기 위해 줄을 서서 오랜 시간 기다릴 필요가 없게 한 예매제의 시행이라든가, 안내인을 비롯한 직원들의 세련된 용모나 서비스가 언급되기도 했다.[72]

아직 경성의 일류관조차 규모나 시설이 '활동소옥'에 머물러 있고 서비스는 관객의 영화 집중을 전혀 보장할 수 없을 만큼 열악한 상황에서 경성과 대비되는 니시긴자의 영화관이 신문과 잡지에 자주 등장한다면, 경성의 영화 팬은 자연스레 니시긴자 영화관 같은 대형 고급 영화관을 열망할 수밖에 없었을 것이다. 이에 실제로 당시 1925년 3월 10일 자 및 1928년 7월 27일 자 『경성일보』에서는 경성의 열악한 상

70 「東洋第一의 東京劇場」, 『每日新報』, 1930. 4. 2, 5면.
71 「建築은 四層으로 映畵 演劇 兼演」, 『東亞日報』, 1937. 6. 20. 7면.
72 「觀客整理法으로 豫買番號制」, 『東亞日報』, 1939. 6. 12, 3면.

영·관람 환경을 지적하면서 '훌륭한', '이상적' 시설을 갖춘 영화관 신설의 필요성이 언급되고 있다. 또한 경성 영화 관객 사이에서 이에 대한 강력한 요구도 있다고 전하고 있다.[73] 니시긴자 영화관 같은 대형 고급 영화관에 대한 이와 같은 열망은 근거가 희박한 대형 영화관 건설 계획이나 소문 등으로 표출되기도 했다. 1934년 『삼천리』에서는 니시긴자 영화관을 이야기하면서 경성에도 서대문에 송죽좌라는 이름으로 대형 영화관이 건설될지도 모른다는 소식을 전하고 있다.[74] 하지만 송죽좌라는 영화관이 이후 서대문에 건설된 사실은커녕 그러한 움직임조차 전혀 없었던 만큼, 이 소식은 소문에 불과했다. 이러한 소문은 당시 경성 영화 관객 사이에서 대형 고급 영화관에 대한 열망이 강했던 데서 생겨난 것이라 하겠다. 1937년 6월 20일 자 『동아일보』에는 1936년 화재로 전소된 조선극장의 지배인을 인터뷰해 영화관 재건 계획에 관한 내용을 싣고 있는데, 이때 지배인은 니시긴자의 니혼극장을 언급하면서 3,000석 정원의 니혼극장보다 크고 고급스러운 영화관을 지을 계획이라고 말하고 있다.[75] 이는 인터뷰 대상자가 겨우 목조 영화관을 경영한 지배인에 불과하며 또한 실제로도 어떠한 형태의 영화관 재건 움직임도 없었기에 근거가 없는 계획이었다. 그럼에도 이를 공표한 것은 영화관 재건에 대비해 조선극장에 대한 관심을 유지하기 위해 경성 영화 관객 사이의 니시긴자 영화관과 같은 대형 고급 영화관 신설에 대한 열망을 이용한 것이라 할 수 있다.

---

73 「観客を拡大する府内の劇場や活動館」, 『京城日報』, 1925. 3. 10, 2면; 「ファンクラブ」, 『京城日報』, 1928, 7. 27, 3면.

74 「三千里 機密室」, 23쪽.

75 「建築은 四層으로 映畵 演劇 兼演」, 『東亞日報』, 1937. 6. 20. 7면.

4. 1930년대 후반의 영화관

남촌에 대형 고급 영화관의 등장

경성의 관객 사이에 대형 고급 영화관에 대한 강한 열망이 있었던 상황에서 경성에 대형 고급 영화관이 등장한 것은 1936년이었다. 대형 고급 영화관은 일본인 거주지이자 식민지 조선에서 가장 번화한 남촌 혼마치 주변에 세워졌다. 당시 혼마치에는 이미 대형 백화점, 금융회사, 은행, 관공서 등의 빌딩이 들어서고 도로는 전차와 자동차로 채워져 있었다. 특히 1920~30년대에는 상업·금융 자본이 대량으로 유입되고, 소비시설이 증가하고, 일본의 대중문화도 이 지역을 중심으로 대거 흘러들었음을 이미 살펴보았다.

혼마치 지역에 신설된 대형 고급 영화관은 메이지좌, 와카쿠사극장, 코가네좌 3관이었다. 이들 영화관은 각각 일본인에 의해 건설되었는데, 3~4층의 철골 구조였고 수용 인원은 1,000석 이상으로 당시 조선에서 최대 규모였다. 내부 관람 공간에는 1인석, 환기 장치, 냉난방 장치를 갖추었고 발성 장치는 당시 최고급 RCA와 웨스턴 제품을 구비했다. 건축비는 공통적으로 25만 엔 정도였는데, 2년 전인 1934년에 재건축된 경성 최초의 철골 구조 영화관 단성사의 건축비가 10만 엔인 것과 비교하면, 이 3관의 고급스러움을 짐작할 수 있다.[1] 게다가 이들 영화관은 해방 후의 한국에서도 대형 영화관이나 국립극장 등으로 이용되었

---

1 京城日報·每日新報, 『朝鮮年鑑』 3(京城: 京城日報社, 1936), 491쪽; 「內地人側の京城の映画館を語る」, 84~88쪽.

는데, 이를 통해서도 이들 영화관 시설의 우수함을 잘 알 수 있다.

메이지좌, 와카쿠사극장, 코가네좌 3관은 기본적으로 일본 니시긴자 영화관을 모델로 운영되었다. 50전 균일 요금제를 시행해 영화 관람료 외의 부당한 요금을 요구하지 않았으며, 예매제도 실시했다. 다른 관객의 영화 감상을 방해하는 영화 시작 이후 여자 안내원의 좌석 안내 서비스와 이동을 금지했다. 영화 감상의 가장 큰 방해 요소로 비난받아온 과자장수의 상매 행위도 금지했다. 변사의 설명을 경성에서 처음으로 폐지했고 영화 상영 시간을 단축해 1일 2회 상영에서 3회 상영으로 상영 횟수를 늘렸다.[2] 이러한 50전 균일 요금제, 예매제, 직원의 세련된 서비스, 1회 영화 상영 시간 단축, 1일 영화 상영 횟수 증대는 니시긴자의 영화관에서 시작된 것이었다. 실제로도 이들 세 대형 고급 영화관의 세련된 서비스는 도쿄식이라고 한 것, 메이지좌 건물의 이름이 니시긴자의 유명한 건물인 '마루(丸) 빌딩'과 동일한 것을[3] 통해 그 운영 방식이 니시긴자 영화관을 모델로 한 것임을 알 수 있게 한다.

이처럼 남촌의 메이지좌, 와카쿠사극장, 코가네좌 3관이 니시긴자 영화관의 서비스와 경영법을 쉽게 받아들인 것은 경성 영화 팬의 니시긴자 영화관에 대한 열망에서 가능한 일이었겠지만, 일본의 영화 제작사인 도호·쇼치쿠가 이들 세 영화관을 직영한 것에도 큰 이유가 있었다. 여기서 직영의 의미는 하나의 영화관에 한 제작·배급사의 영화만이 배급되고 영화관은 그 회사가 직접 운영하는 형태를 말한다.[4] 메이지좌는 쇼치쿠에 의해, 와카쿠사극장은 도호에 의해 직영되었다. 코가네좌는 처음에는 개인이, 이후에는 도호 산하의 영화 수입사 도와상사(東

---

2 「映畵上映中에는 電話, 接客 謝絶」, 『東亞日報』, 1939. 6. 4, 5면; 「サイレン」, 『京城日報』, 1936. 3. 28, 7면.
3 「明治座」, 『京城日報』, 1936. 12. 31, 7면.
4 国際映画通信社, 『日本映画事業総覧』(東京: 国際映画通信社, 1928), 315쪽.

和商事)가 운영하다가 결국에는 도호가 직영하게 된다.[5] 니시긴자 영화가의 대두에 큰 역할을 하고 일본에서 새로운 영화문화를 제시한 도호 영화사가 와카쿠사극장과 코가네좌 등 2관을 직영한 것이 특징적이다. 경성에서 영화관 직영 체제의 확립은 도호의 성장 이후, 일본의 영화제작사 간 경쟁 격화와 이에 따른 지방 영화관 확보 경쟁에서 기인한다고 보인다. 이러한 직영 체제 확립은 일본 영화관의 서비스, 영화관 문화가 조선의 영화관에도 쉽게 이식되게 한 요인이었다

대형 고급 영화관 등장에 따른
영화관 등급의 세분화와 북촌 영화관의 쇠퇴

1930년대 초 남촌의 영화관과 북촌의 영화관은 영화 상영·관람 환경에 큰 격차가 없었던 만큼 상대 지역에 거주하는 관객을 많이 확보하기 위해 대등한 입장에서 경쟁을 펼칠 수 있었다.

그러나 북촌을 대표하는 서양영화 전문관인 단성사는 철골 구조로 1934년에 재건축되어 내부에 고급 발성 장치, 난방 시설, 휴게실, 매점 등을 완비했지만, 2년 후 훨씬 뛰어난 시설을 갖춘 남촌의 대형 영화관의 등장으로 관객 상당수를 그곳에 뺏기고 위기에 빠지게 되었다. 단성사는 고급 영화관과 같은 수준의 시설을 갖추지 못하고 재건축 이후 더 이상의 시설 개선은 하지 못했다.[6] 이순진이 지적하듯이, 단성사의 위기는 단지 대형 고급 영화관 등장의 문제만이 아니라 서양영화 수입 제한과 엔고 현상으로 서양영화 수급이 어려워지면서 서양영화 전문관인 단성사의 피해가 유달리 컸던 것, 경영자 교체 이후 단성사 운

---

5 「興行界 一瞥」, 『東亞日報』, 1938. 1. 3, 11면; 「京城封切館聯盟」, 『每日新報』, 1941. 8. 9, 4면.
6 「北村唯一의 映畵劇場 團成社 演劇으로 轉向」, 『每日新報』, 1937. 7. 15, 6면; 白岩洞人, 「京城北村興行期」, 『批判』 6-10(京城: 批判社, 1938), 75쪽.

영진 간 분쟁으로 안정적 경영이 어려웠던 것도 이유였다.[7] 단성사는 선행적 재건축에도 불구하고 이와 같은 문제로 남촌의 대형 고급 영화관과 같은 등급의 영화관이 되지 못했다고 할 수 있다. 단성사는 남촌의 대형 고급 영화관과의 경쟁에서 패하며 개봉 영화는 상영하지 못하고, 일본영화나 짧은 뉴스 등을 상영하게 되었다. 이후에는 기존의 영화관 설비조차 제대로 관리하지 못해 이류관으로 떨어질 수밖에 없었다.[8] 단성사는 이제 남촌의 대형 고급 영화관보다는 아래 등급의 영화관임을 인정하고 저급 영화관인 우미관보다는 높은 등급으로 관객들에게 인식되는 것을 경영 목표로 했다.[9] 영화 상영만으로는 충분한 수익을 얻을 수 없어 영화 전문관을 포기하고 연극까지 상연하는 상황에 이르게 된다.[10] 단성사는 결국 관명도 대륙극장으로 바꾸고 메이지좌에서 개봉한 쇼치쿠의 영화를 다시 상영하는 재개봉관으로 전락하게 된다.[11]

북촌의 다른 서양영화 전문관 조선극장은, 단성사가 재개봉관이 되기 직전인, 1936년에 화재로 전소되었다.[12] 북촌 극장가를 대표하던 단성사의 몰락과 조선극장의 소실은 남촌 영화가와 대등한 입장에 있던 북촌 영화가의 약화를 의미하는 것이었다. 남촌의 대형 고급 영화관 등장과 북촌 영화관의 약화는 이전 남·북촌 영화관 사이 대등·경쟁 관계가 무너지고, 북촌의 영화관이 남촌 영화관 아래로 편입되었음을 의미한다.

---

7 이순진, 「1930년대 조선 영화문화의 변동과 조선인 영화상설관의 소멸: 단성사의 몰락 과정을 중심으로」, 178~181, 190~194쪽.
8 「새主人을 맞은 『團成社』 合名會社로 變更」, 『東亞日報』, 1938. 1. 25, 4면; 「團成社」, 『每日新報』, 1938. 10. 17, 4면; 「團成社」, 『每日新報』, 1938. 10. 19, 2면.
9 「演藝界의 一年界」, 『東亞日報』, 1938. 1. 12, 5면.
10 「劇場으로 轉向한 團成社」, 『東亞日報』, 1938. 2. 1, 5면.
11 「問題의 團成社, 明治座 첸으로」, 『東亞日報』, 1939. 6. 16, 4면; 「위험한 정원 초과 대륙극장에 경고」, 『東亞日報』, 1939. 8. 18, 2면.
12 「白晝 仁寺町 大火 附近一帶 大混雜」, 『東亞日報』, 1936. 6. 12, 2면.

영화 상영 시설과 서비스 면에서 기존의 영화관을 능가하는 대형 고급 영화관의 탄생은 기존의 남촌 영화관에도 큰 위협이 되었다. 아직 목조 건물에 머물러 있던 기존의 남촌 영화관도 신설의 대형 고급 영화관과는 큰 차이가 있었기 때문이다. 기라쿠관은 철골 콘크리트 건물이 아니었으며 좌석 또한 1인석 형태가 아니고 구식의 벤치식이었다. 주오관은 대형 고급 영화관 건설 이후 개축되었지만 기존의 목조 건물을 유지하는 것에 머물러 시설의 쾌적함이나 고급스러움 면에서 대형 고급 영화관과 비교할 수 없는 수준이었다. 서비스 면에서 대형 고급 영화관의 균일 요금제나 예매제, 관객의 영화 집중을 방해하지 않는 직원의 서비스는 기존의 남촌 영화관에서는 시행되지 않았다. 앞서도 언급했듯이, 대형 고급 영화관은 이전의 경성 영화관과 달리 일본의 영화 제작·배급사에 의한 직영 영화관이었다. 직영 시스템에 의해 필름이 대형 고급 영화관에 가장 먼저 배급됨에 따라 기존의 남촌 영화관은 양질의 영화를 신속하게 배급받기 어려워졌다. 이에 기존의 남촌 영화관은 대형 고급 영화관에서 상영되었던 영화를 재상영해야 했다. 기존의 남촌 영화관 또한 시설, 서비스, 상영 영화 측면에서 신축된 남촌의 대형 고급 영화관보다 열악한 이류관으로 전락할 수밖에 없었던 것이다. 기라쿠관은 1935년 흥행 실적이 경성 내에서 1위였지만 대형 고급 영화관 등장 직후인 1936년에는 3위로 떨어졌다. 주오관은 대형 고급 영화관과 경쟁이 되지 않아서 관람료를 대폭 낮추는 방법으로 생존의 길을 찾아야 했다. 나니와관은 메이지좌에 쇼치쿠 영화 배급권도 빼앗기고 역시 관람료를 낮추어 생존하려 했다.[13]

---

13 기존 남촌 영화관에 대해서는 「興行界 一瞥」, 『東亞日報』, 1938. 1. 3, 11면; 「風聞과 事實 朝鮮劇場 불탄 지 一年餘인데 再建築은 언제하는가」, 『東亞日報』, 1937. 6. 20, 7면; 「內地人側の京城の映画館を語る」, 84~88쪽를 참고.

북촌의 우미관은 과거처럼 저급 영화를 상영하고 경성에서 "가장 더러운 집"으로 평가되어,[14] 1930년대 후반에도 상영 환경은 매우 열악했다. 관람료도 예전과 같은 10전이었다. 1937년 11월 단성사에서 개봉된 〈심청〉(안석영, 1937)이 1938년 10월 재상영되어서,[15] 우미관은 여전히 단성사보다 아래 등급의 영화관이었음을 알 수 있다. 제일극장도 관람료를 10전으로 유지하고, 발성 장치를 단성사·조선극장보다 늦은 1935년에야 갖춘 것 등에서 우미관과 같은 등급의 영화관이었음을 알 수 있다. 실제로도 1930년대 후반 제일극장과 우미관은 이전처럼 단성사 하위 등급으로 평가되었는데,[16] 이제 이류관인 단성사 아래에 있는 삼류관이 되었던 것이다.

　　1930년대 후반에는 경성 외곽에 영화관이 몇몇 더 생겨났다. 신부좌(新富座)는 혼마치 동쪽의 신당정에, 광무극장(光武劇場)은 경성 동부 왕십리에, 연예관(演藝館)은 영등포에 생겨났다.[17] 이들 신당정·왕십리·영등포 모두 도화극장이 위치한 도화정처럼 새로운 주택지로 개발된 지역이었다. 1938년 10월 신부좌의 관람료가 10전인 것, 1938년에도 연예관은 냉·난방 시설은 고사하고 선풍기조차 없으며 '저질의 영화'를 주로 개봉한 것, 1937년 광무극장은 영화만을 상영한 것이 아니라 1회 15전으로 짧은 7편의 독창, 합창, 민요, 무용, 연극 등의 저급 공연을 한 것을 통해,[18] 신부좌·연예관·광무극장이 우미관과 같은 삼류 영화관이었음을 알 수 있다.

14　白岩洞人, 「京城北村興行街 盛衰記」, 74쪽.

15　「深靑」, 『東亞日報』, 1937. 11. 19. 3면; 「優美館」, 『每日新報』, 1938. 10. 17, 4면.

16　「演藝界의 一年界」, 『東亞日報』, 1938. 1. 12, 5면.

17　「東部의 新劇場 落成」, 『每日新報』, 1936. 10. 14, 3면; 「東部京城에 新娛樂殿堂」, 『每日新報』, 1937. 6. 11, 3면; 「永登浦 演藝館, 演劇號大人氣」, 『每日新報』, 1935. 10. 13, 5면.

18　「永登浦 演藝館 設備不足 非難」, 『每日新報』, 1938. 8. 5, 3면; 「新富座」, 『每日新報』, 1938. 10. 22, 2면; 「光武劇場」, 『東亞日報』, 1937. 8. 14, 1면.

영화관 등급은 1936년 대형 고급 영화관 등장 이후 2등급에서 3등급으로 세분화되었다고 할 수 있는데, 이는 당시 경기도가 경성 영화관을 상영 환경에 따라 분류한 자료에서도 확인할 수 있다. 개봉관은 1~4급, 재개봉관은 5~10급으로 구분한 것이 『매일신보』에 게재되어 있다. 여기에서는 1급을 메이지좌, 경성 다카라즈카극장(옛 코가네좌), 와카쿠사토힌극장(若草東賓劇場, 옛 와카쿠사극장), 5급을 주오관·기라쿠관·대륙관(옛 단성사), 6~7급을 하나로 묶어 우미관·신부좌라고 기록하고 있다.[19] 이 기사에는 몇몇 영화관이 생략되어 있지만 경성의 영화관은 3등급으로 분류되고 있음을 알 수 있다.

위 기사에서 생략된 영화관의 등급은 다른 자료를 통해 알 수 있다. 신코 키네마 직영관으로 1939년에 대대적으로 개축된 게이조극장은 다른 기사에서는 1등급이라고 언급되고 대형 고급 영화관과 같은 수준으로 평가된다는 점에서[20] 일류관이었음을 알 수 있다. 제일극장은 우미관과 같은 등급이라는 것을 통해 삼류관임을 알 수 있고, 외곽 지역의 연예관·광무극장도 신부좌와 같은 삼류관임은 이미 언급했다. 경성 외곽에 이들 영화관보다 빨리 만들어진 도화극장은, 1943년에 광무극장·신부좌와 동급의 영화관으로 평가된 것에서[21] 1930년대 후반에도 저급 영화관에 머물렀음을 짐작할 수 있다. 연극장이었지만 1930년대 후반부터 주간에만 영화를 상영한 북촌의 동양극장은 저급관의 상징이랄 수 있는 10전 요금제를 채용했다는 점에서 삼류관임을 유추할 수 있다.[22] 용산의 게이류관은 재개봉관이며 니카츠·쇼치쿠의 재개봉

19 「一級(封切館)80錢으로 今日부터 映畵常設館入場料를 引上」, 『每日新報』, 1943. 7. 3, 2면.
20 「新興封切館으로 京城劇場 開館」, 『東亞日報』, 1939. 9. 29. 5면.
21 「一級은 80錢, 오늘부터 劇場 觀覽料 引上」, 『每日新報』, 1943. 7. 16, 2면.
22 「東洋劇場」, 『每日新報』, 1938. 10. 19, 2면.

관으로조차 걸맞지 않다는 평가가 있었던 것으로 보아 여전히 저급관에 머물렀음을 알 수 있다.[23] 1930년대 후반 각 등급별 영화관을 종합해보면, 일류관은 대형 고급 영화관인 메이지좌, 코가네좌, 와카쿠사극장, 게이조극장, 이류관은 주오관, 기라쿠관 등 남촌의 기존 영화관과 종로의 대륙극장, 삼류관은 종로의 우미관, 제일극장, 동양극장, 교외에 위치한 영화관으로 정리할 수 있다.

1930년 후반 이후 경성의 영화관 분포를 보면 남촌 혼마치에는 주로 일류관과 이류관이, 북촌의 종로에는 이류관과 삼류관이, 경성 외곽에는 삼류관만이 있었던 것을 알 수 있다. 기존의 영화관과 시설 및 서비스 측면에서 본질적으로 차이가 있는 대형 고급 영화관의 등장 이후 영화관 등급은 영화관이 있는 지역의 개발 정도, 자본 집중 정도와 직결된 것을 알 수 있다.

기존의 영화관은 대형 고급 영화관의 등장에 따른 등급 하락 및 수익 악화라는 상황에서 생존을 위해 노력했는데, 시설 및 경영 방식에서는 대형 고급 영화관의 장점을 일부 수용했다. 기존의 영화관들은 대형 고급 영화관처럼 대량의 자본을 투자해 영화관 건물을 신축하지는 못했지만 내부 시설을 최대한 개선했다. 기라쿠관과 주오관은 스크린과 영사기를 교체했다.[24] 북촌의 동양극장은 냉난방기를 설치하고 좌석 개선을 계획했으며, 단성사는 발성기를 최신식의 RCA로 교체하고 영사기 및 스크린도 교체했다.[25]

기존의 영화관은 또한 영화 관람료 측면에서도 균일 요금제를 실

---

23 「內地人側の京城の映画館を語る」, 84~88쪽.
24 같은 글.
25 「사는사람은 잇어도 팔지는 안켓소」, 『東亞日報』, 1937. 6. 16, 7면; 「問題의 團成社, 明治座 첸으로」, 『東亞日報』, 1939. 6. 16, 4면.

시하고 부당한 추가 요금을 요구하지 않았다. 기라쿠관 등의 남촌 영화관은 관람료를 모든 좌석 동일하게 30~40전 수준으로 설정했다. 단성사는 1938년에 어른 50전 아동 35전으로 정하고 연령에 따라 관람료에 차이를 두었지만 좌석에 따른 요금의 차등은 두지 않았다.[26] 기존의 영화관은 관람료를 낮춘 상황에서 수익을 높이기 위해 대형 고급 영화관처럼 1일 영화 상영 횟수를 늘릴 수밖에 없었다. 이류관으로 하락한 기라쿠관·나니와관·단성사 등은 환기 장치까지 개선하고 일류관처럼 경찰에 1일 3회 영화 상영을 허가받았다.[27] 대형 고급 영화관 설립 이후 경성 영화관 사이의 이러한 전반적 변화를 어느 잡지는 경성 영화계가 "도시화"되었다고 표현했다. 이는 대형 고급 영화관의 영향을 받아 경성 영화관 사이에서 행해진 시설 개선, 관람료 인하 등을 '도시화'라는 발전의 개념으로 설명한 것이다.[28] 이는 또한 니시긴자식 영화 경영법, 영화문화의 일부가 경성 영화 흥행계에 전파된 것을 의미하는 것이기도 하다.

26 「內地人側の京城の映画館を語る」, 84~88쪽; 「南村劇場에서는 小兒學生割引을 廢止」, 『每日新報』, 1938. 3. 31, 3면
27 「映畵常設館 晝夜繼續映寫」, 『東亞日報』, 1940. 5. 26, 5면
28 「內地人側の京城の映画館を語る」, 84~88쪽.

5. 1930년대 후반의 상영 환경과 관람 양상

등급으로 구분된 상영 환경과 그 결과

등급으로 구분된 상영 환경

앞에서 살펴보았듯이 유성영화 도입 이후 1930년대 초반 단성사에서는 특정일에 변사를 두지 않기도 했지만, 이것이 변사의 퇴장을 의미하는 것은 아니었다. 영화관에서의 변사를 비롯한 여러 존재의 퇴장은 1936년에 세워진 남촌의 메이지좌, 와카쿠사극장, 코가네좌라는 대형 고급 영화관에서 가능한 것이었다. 『경성일보』 1936년 3월 28일 자 기사에 의하면, 와카쿠사극장에서는 개장 때부터 유성영화만을 상영하고 변사를 아예 두지 않았다고 한다.[1] 1938년 『조광』에서도 남촌의 대형 고급 영화관에는 변사가 없었다고 지적하고 있다.[2] 이외에도 남촌의 대형 고급 영화관에서는 영화 감상에 큰 방해 요인으로 지적되었던 과자장수를 없앴는데,[3] 1936년 발행된 『대경성안내』에서도 와카쿠사극장에는 과자장수가 없다고 언급하고 있다.[4]

변사와는 달리 악사에 관한 당시 자료는 발견할 수 없었다. 그러나 역시 앞서 언급했듯, 남촌의 대형 고급 영화관이 니시긴자 영화관을 모델로 했으며 니시긴자 영화관과 남촌 대형 고급 영화관의 운영 주체가

---

1 「サイレン」, 『京城日報』, 1936. 3. 28, 7면.
2 夏蘇, 「映畵街白面相」, 237쪽.
3 「サイレン」, 『京城日報』, 1936. 3. 28, 7면.
4 矢野干城・森川清人, 『(新版) 大京城案内』(京城: 京城都市文化研究所, 1936), 188쪽.

도호와 쇼쿠치로 동일해 양자의 상영 환경이 유사했을 가능성이 크다는 점에서, 남촌의 대형 고급 영화관에서도 니시긴자의 고급 영화관에서처럼 악사가 없었을 것으로 추정된다. 남촌의 대형 고급 영화관에서는 기존 영화관과 달리 영화에 통합되지 못하는 존재들이 사라지고 오로지 유성영화와 이를 관람하는 관객만이 존재하게 된 것이다.

그러나 이러한 영화 상영 양상과 상영 환경의 변화는 남촌의 대형 고급 영화관을 중심으로 행해진 것이었다. 유성영화가 도입되어 상당한 시간이 흐르고 대형 고급 영화관이 들어선 1936년에도 『조선공론』에서는 경성의 상당수 영화관에서는 자막조차 제대로 읽지 못하는 변사가 횡행하고 있다고 언급하고 있다. 1938년 『조광』의 기사는 그 이전부터 변사로 유명했던 성동호를 북촌의 제일극장 변사로 소개하고 있다.[5] 『조광』 1937년의 기사는 대형 고급 영화관 아래 등급인 이류관 단성사에서도 유성영화가 상영될 때 변사의 연행이 행해진다고 전하고 있다. 뒤이어 관명을 밝히지 않았지만 경성의 한 영화관에서는 변사가 영화 속 등장인물이 노래를 부르는 장면에서 영화의 음량을 줄이고 멋대로 설명을 한다고 언급하고 있다.[6] 이는 변사의 설명을 위해 영화 텍스트를 조작하는 것으로 변사가 여전히 관객의 영화 이해를 돕는 보조자로만 역할을 하지 않았음을 알 수 있게 한다.

대형 고급 영화관에서는 이미 사라진 과자장수가 그보다 낮은 등급의 영화관에서는 여전히 활동했다. 『동아일보』 1937년 7월 11일 자에 의하면, 당시 이류관이었던 단성사에서는 1937년의 시점에도 영화 상영 중 과자장수가 관객 사이를 이리저리 돌아다녀 관객의 원성을

---

5   成東鎬·朴應冕·徐相弼, 「活動寫眞辯士: 座談會」, 『朝光』, 4-4(京城: 朝鮮日報社), 297쪽.
6   夏蘇, 「映畵街白面相」, 235~237쪽.

샀다고 한다.[7] 대형 고급 영화관을 제외한 남촌의 영화관들에서 또한 1930년 후반에도 과자장수가 활동했는데, 『오사카마이니치신문(大阪每日新聞(南鮮版))』 1938년 5월 12일 자에 의하면, 남촌의 이류관들은 과자장수 폐지 계획만 세웠지 1930년대 후반에도 이를 실행하지 못했다고 한다.

당시의 신문 독자는 단성사의 직원이 관객의 영화 감상을 방해하는 행동을 하는 것을 지적하고 남촌 대형 고급 영화관의 세련된 서비스를 배우라며 그 영화관의 서비스와 단성사의 서비스 격차에 화를 내기도 했다.[8] 이를 통해 직원의 서비스 측면에서도 대형 고급 영화관과 이외의 영화관 사이에는 차이가 있었음을 알 수 있다.

기존의 영화관은 정원을 넘겨 무리하게 관객을 입장시키고는 했다. 1939년 8월 18일 자 『동아일보』 기사에 의하면, 단성사는 680명이 정원임에도 1,000명 넘게 입장시켜 경찰로부터 경고를 받기도 했다.[9] 1937년 기라쿠관은, 1인석을 갖춘 대형 고급 영화관과는 달리, 내부가 협소했음에도 벤치식 좌석인 점을 이용하여 정원을 초과해 관객을 받아,[10] 관객들은 다른 관객과 신체가 접촉되는 상황에서 영화를 볼 수밖에 없었다.

기존의 영화관에서는, 쇼치쿠나 도호로부터 질 좋은 최신 영화를 배급받은 대형 고급 영화관과 달리, 영화 필름의 질 역시 좋지 못했다. 이는 기존의 영화관이, 『동아일보』 1938년 1월 3일 자 기사에 의하면, 대형 고급 영화관의 등장으로 수익성이 악화되는 상황에서 서양영화

---

7 「北村映畵 經營者에게 一言」, 『東亞日報』, 1937. 7. 11, 6면.
8 같은 글.
9 「危險한 定員 超過, 大陸劇場에게 警告」, 『東亞日報』, 1939. 8. 18, 2면
10 「內地人側の京城の映画館を語る」, 84~88쪽.

수입 금지 등으로 필름 가격이 상승해 이전에 상영한 필름을 재탕·삼탕해 상영했기 때문이다.[11] 시설이 열악하고 질이 떨어지는 필름을 상영하는 영화관에서 관객이 편안히 영화만 주시하기는 어려운 노릇이었다.

이처럼 1930년대 후반에는 대형 고급 영화관이냐 아니냐에 따라 상영 환경에 큰 차이가 발생했음을 알 수 있다. 이는 이전 경성 영화관 사이에 등급 간 상영 환경의 차이가 크지 않았던 것에서 큰 변화가 있었음을 알 수 있게 한다.

등급으로 구분된 상영 환경의 결과: 민족 경계의 붕괴

1930년대 중반 이전에도 이미 남·북 영화관의 민족적 구분이 옅어지기 시작했지만, 남·북 영화관의 완전한 민족적 구분 붕괴는 대형 고급 영화관의 등장 이후다. 영화만을 조용히 주시하고자 하고 좋은 시설과 고급 서비스를 원하며 북촌 영화관에 불만이 많았던 조선인 관객들은 남촌의 대형 고급 영화관으로 몰려갈 수밖에 없었던 것이다. 당시 각 영화관 관객의 민족적 구성비를 명확히 보여주는 통계는 없지만, 『경성일보』 1938년 3월 13일 자 기사에서는 각 영화관 관계자들이 모여 좌담을 한 내용을 싣고 있는데 여기에서 코가네좌의 관계자는 통상 조선인 관객이 60퍼센트를 일본인 관객은 40퍼센트를 점해 조선인 관객이 오히려 많다고 말하고 있다. 메이지좌의 관계자도 조선영화 상영 시에는 조선인 관객 비율이 90퍼센트 정도가 된다고 언급하고 있다.[12] 이러한 관객의 민족 구성을 통해 남촌의 대형 고급 영화관에서 민족적 경계는 완전히 붕괴되었음을 알 수 있게 한다. 1938년 『삼천리』에서도 영

---

11 「興行界 一瞥」, 『東亞日報』, 1938. 1. 3, 11면.
12 「京城映画館打開け座談会」, 『京城日報』, 1938. 3. 13, 4면.

화관의 민족 비율을 언급하고 있는데 여기서도 코가네좌에서 조선인 비중을 60퍼센트로 일본인 관객을 40퍼센트로 보고 있다. 다른 남촌 대형 고급 영화관인 메이지좌와 와카쿠사극장 관객의 조선인 대 일본인 민족 비율은 50 대 50이라고 보고 있다.[13] 이외에도 조선영화인 〈국경〉(최인규, 1939)이 북촌의 영화관이 아닌 남촌의 메이지좌에서 개봉된 것이나 조선영화주식회사가 자사 영화의 개봉관을 남촌의 코가네좌로 결정한 것 등도 조선인들이 민족적 경계를 넘어 남촌의 영화관에 상당히 많이 출입했음을 말해준다.[14]

남촌의 영화관에서는 변사의 연행이나 가수의 노래와 같이 구술 언어가 중시되는 공연이 행해지지 않았고 서양의 유성영화는 문자 형태의 일본어 자막으로 번역되었기에 외국어로 인한 불편함 또한 크지 않았다. 더군다나 당시 『경성휘보』에 실린 통계에 의하면, 1930년대 후반 경성의 조선인 54만 명 가운데 일본어 회화가 가능하거나 약간이나마 일본어를 이해할 수 있는 사람이 15~16만 명으로까지 늘어났다고 한다.[15] 이러한 일본어의 보급으로 조선인 상당수가 변사의 즉흥적 구술 언어까지는 아니더라도 문자 언어 즉 서양영화의 일본어 자막은 어느 정도 이해할 수 있게 되었는데, 그러한 조선인 관객들이 언어 문제로 영화를 이해하지 못할 가능성은 적었을 것이다. 1940년의 신문에서도 경성에서는 관객 구성의 측면에서 조선인 영화관과 일본인 영화관의 구분이 명확하지 않다고 하면서 이는 조선인 사이 일본어 보급이 한 원인이라고 보았다.[16]

---

13 「機密室, 朝鮮社會內幕一覽室」, 『三千里』 10-5(京城: 三千里社, 1938), 25쪽.

14 같은 곳: 「朝映 封切館 黃金座로 決定」, 『東亞日報』, 1939. 2. 28, 6면; 「高麗映畵社 『國境』도 近日 封切」, 『東亞日報』, 1939. 5. 7, 5면.

15 「府內における国語の普及状況」, 『京城彙報』 185 (京城: 京城府, 1937), 41쪽.

16 李台雨, 「朝鮮文化の諸相10」, 『滿洲日日新聞』, 1940. 9. 17.

남·북 영화관 사이 민족 경계의 붕괴는, 취향의 다양화, 경성의 도시 구조 측면의 남·북 분리 완화, 일본 대중문화에 대한 조선인의 열망으로 영화관 관객 구성 상의 민족 경계가 다소 완화된 상황에서 남촌에 대형 고급 영화관의 등장이 결정적 요인이 되었다. 이에 관해 이화진도[17] 영화관 관객 구성에서 민족 경계의 문제를 다루고 있는데, 이 연구에서는 북촌 조선인의 남촌 영화관으로의 "월경"이라고만 표현해 남·북 영화관 사이에 민족 경계가 붕괴되었다고까지 보지 않는 듯하며 경계 완화와 경계 붕괴의 차이가 언급되지 못하고 있다. 민족 경계 붕괴 이전 경계 완화 시기 남촌 일본인의 북촌 영화관 출입도 지적되지 않고 있다. 또한 이화진은 유성영화 도입이 변사를 퇴장시키고 영화관을 취향의 공간으로 만들어 조선인 관객이 남촌으로 월경하게 했다고 보고 있는데, 이는 상영·관람 환경의 측면에서 영화만을 조용히 감상하게 하는 조건을 갖춘 대형 고급 영화관의 등장과 도시 구조 변화, 조선인의 일본 대중문화에 대한 관심 증대 등 경계 완화·붕괴의 원인이 복합적으로 작용할 수 있음을 고려하지 않은 것이라 할 수 있다.

남촌의 대형 고급 영화관에서는 관객의 절반 정도가 조선인일 만큼 관객 구성의 민족적 경계가 완전히 사라진 상황에서, 이 영화관보다 아래 등급의 영화관에서는 고급 영화관만큼 조선인과 일본인이 혼재되지 않았다. 앞서 인용한 『삼천리』의 기사에 의하면 북촌 영화관의 관객 비율은, 동양극장은 조선인이 100퍼센트였고 단성사에서는 조선인이 80퍼센트, 우미관에서는 조선인이 90퍼센트를 점해, 관객 절대 다수가 조선인으로 구성된 상황이었다. 역시 『경성일보』 1938년 3월 13일자 기사에 의하면 주로 일본인이 거주한 용산의 삼류관 게이류관에서

---

17 이화진, 「식민지조선의 극장과 '소리'의 문화 정치」, 75~83쪽.

는 일본인 관객이 대부분을 차지한다고 언급되어 있다.[18] 이는 낮은 등급의 영화관에서는 여전히 구술 언어가 중시되는 전통 공연 양식을 차용해 영화를 상영한 데서 조선인과 일본인은 상대 외국어에 불편함과 이질감을 느꼈고 낮은 등급 영화관의 상영 환경이나 관람 문화는 상대 관객을 매료시키지 못해서일 것이다.

또한 경성의 영화관에서 민족적 경계의 붕괴는 완화 단계와는 달리 조선인의 남촌 대형 고급 영화관으로의 쇄도에 의한 일방적 방향의 것이라는 점도 알 수 있다.

등급으로 구분된 관람 양상

대형 고급 영화관에서는 다른 공연이 행해지지 않고 유성영화만이 상영된 만큼, 2시간 동안 유성영화만을 주시해 온전히 이해할 수 없는 관객은 그 영화관에서 제대로 영화를 관람할 수 없다. 따라서 남촌의 대형 고급 영화관을 출입하는 관객은 기본적으로 영화를 잘 이해하고 조용히 영화만 주시하는 관람 양상을 취했을 가능성이 크다.

1938년 7월 23일 자 『경성일보』 기사에는 1,200명 정도를 수용할 수 있는 어느 영화관의 영화 관람 양상을 다루고 있는데, 규모를 고려해 볼 때 남촌의 대형 고급 영화관 중 한 곳임을 알 수 있다. 계속해서 기사는 예전의 영화관에서 관객은 박수를 치고 춤을 추며 영화를 관람했지만, 이 영화관의 관객은 숨죽이며 집중해 영화만 주시하고 그러한 집중으로 영화가 끝날 때 관객은 기를 완전히 빼앗긴 듯하다고 설명하고 있다.[19]

---

18 「京城映画館打開け座談会」, 『京城日報』, 1938. 3. 13, 4면.

19 「京城の午後, 映画館(八)」, 『京城日報』, 1938. 7. 23, 4면.
경성에서 관객 수용력이 1,200명에 이르는 영화관은 메이지좌와 코가네마치 두 영화관뿐이었는데 메이지좌가 1,165명, 코가네마치가 1,136명이었다(京城日報·每日新報, 『朝鮮 年鑑』 7, 京城: 京城日報社, 1941, 619쪽).

『동아일보』1939년 8월 30일 자 한설야의 연재소설 〈마음의 향촌〉은 메이지좌에서의 영화 관람 상황을 묘사하고 있다.[20] 메이지좌는 시설이 고급스럽고 문화인이라고 할 사람들이 많이 찾아 "연극장의 관객"과는 분위기가 많이 다르고, 영화 자체에 대한 기대와 흥분이 있다는 것이다. 그럼에도 고급 문예영화가 상영될 때 일부 관객은 영화 내용을 이해하지 못하거나 자막 또는 화면의 전환을 따라가지 못해 어리둥절해한다고 하고 있다. 일부 관객이 '어리둥절'해 한다는 것은 관객 대다수가 영화를 제대로 이해하고 있다고 보이는 상황에서, 그렇지 못한 몇몇 관객이 그 사실을 밖으로는 표현하지 못하고 속으로만 당황해하고 있음을 의미한다. 이는 "연극장의 관객"과 메이지좌의 관객이 다르다고 하면서 메이지좌의 관객은 영화 자체에 대한 관심과 기대가 많다는 대목과 함께, 메이지좌의 관객은 기본적으로는 영화를 잘 이해하고 조용히 영화만을 주시하는 것이 영화 관람의 기준임을 말하는 것이기도 하다.

『동아일보』1937년 7월 11일 자 기사에서 소란스러운 단성사의 영화 관람 분위기를 지적하면서 와카쿠사극장은 이와는 많이 다르다고 하는 것이나,[21] 『경성일보』1938년 3월 13일 자 기사에서 코가네좌에서는 담배를 피우는 관객에게 안내원이 정중하게 금연을 요구하면 관객이 별다른 저항 없이 즉각 이를 받아들인다고 한 것을[22] 통해서도 기본적으로 남촌 대형 고급 영화관의 관객은 영화만 주시해 관람하는 것이 일반화되고 상식의 차원으로 자리 잡았음을 유추할 수 있게 한다.

직전에 언급한 〈마음의 향촌〉에서 영화관의 관객을 고급스럽고 문화인이라고 표현하고 있는데, 이를 통해 대형 고급 영화관의 관객은 주

---

20 「마음의 鄕村(四十三)」, 『東亞日報』, 1939. 8. 30. 3면.
21 「北村映畵 經營者에게 一言」, 『東亞日報』, 1937. 7. 11, 6면.
22 「京城映画館打開け座談会」, 『京城日報』, 1938. 3. 13, 4면.

로 상류계층이나 인텔리로 구성되어 있었다고 생각된다. 대형 고급 영화관에서는 부인·아동을 위한 영화 상영회가 자주 개최되었는데,[23] 이는 이 영화관의 관객은 영화만을 주시하고 신체를 접촉하지 않아서 영화관이 여성·아동에게 안전한 공간이었기 때문에 가능한 것이었다고 생각된다.

반면 1930년대 이후에도 변사와 과자장수가 활동하며 별다른 환경 개선이 행해지지 않은 기존 영화관은 이전처럼 자유롭고 산만한 분위기였다. 〈마음의 향촌〉에서는 이러한 영화관의 관객을, 메이지좌 관객과 구분되는, 영화 이외의 것에 관심을 갖는 "연극장의 관객"이라 표현하고 있다.[24] 『동아일보』 1937년 7월 11일 자 기사에 의하면, 대형 고급 영화관 등장 이전에는 경성의 최고급 영화관이었지만 이후 메이지좌의 재개봉관으로 전락한 단성사에서는 1937년의 시점에도 대형 고급 영화관과는 달리 영사 중에도 이동하는 과자장수에게 음식을 구입해 이를 먹는 것이 가능했다고 한다. 관객은 장내에서 큰 소리로 대화를 나누기도 하고, 영사 중에도 관람 공간 안팎으로 자유롭게 이동하기도 해 이때 문을 여닫는 소리로 인해 공간은 상당히 소란스러웠다고 한다.[25] 기존 남촌 영화관에도 과자장수가 활동했는데, 이곳의 관객도 여전히 음식을 먹으면서 소란스럽게 노는 방식으로 영화를 관람했음을 알 수 있다.

『매일신보』 1936년 6월 27일 자 기사에 의하면, 한 영화 팬이 단성사에서 관객의 흡연을 금지하는 것이 어떠냐고 제안하고 있지만, 앞서 살펴본 코가네좌에서와는 달리, 영화관 측에서는 관객의 흡연을 막기

---

23 「正初의 興行界」, 『東亞日報』, 1938. 12. 27, 5면.
24 「마음의 鄕村(四十三)」, 『東亞日報』, 1939. 8. 30. 3면.
25 「北村映畵 經營者에게 一言」, 『東亞日報』, 1937. 7. 11, 6면.

는 어렵다고 답변하고 있다.[26] 대형 고급 영화관은 다른 관객의 영화로의 주시를 방해할 수 있어 흡연을 금지한 것과 달리, 단성사에서는 오히려 흡연이 관객이 놀면서 즐기는 영화 관람 방식의 일부여서 이를 금지할 상황이 되지 못함을 말하는 것이다. 『조선일보』 1937년 2월 6일 자 기사에서는 북촌의 한 영화관 관객의 모습을 말하고 있는데, 대개 관객은 영화에 관심이 없고 심심풀이로 영화관을 찾아 일부는 코를 골고 자기도 한다고 설명하고 있다.[27]

집중해 주시하는 방식으로 영화를 관람하는 관객은 기존 영화관의 변사 연행에 불만을 가졌겠지만, 기존 영화관을 찾는 관객 대다수는 변사의 연행을 여전히 즐겼을 것으로 보인다. 1938년 『조광』의 기사는 경성의 한 영화관에서 변사의 해설이 계속되다가 영화 속 배경음악이 들려오는 장면에서 잠시 중단되자 "변사 죽었냐. 해설해라"라는 아우성이 객석에서 터져 나온다고 말하고 있다. 이에 기사의 필자는, 여기서 상영되는 것은 영화가 아니라 변사가 붙어 있는 활동사진이라고 규정짓고 이곳의 관객을 대형 고급 영화관의 관객과는 구별해 "변사가 활동사진에 협력하여 출연하는 것을 좋아하는 아저씨"라고 표현하고 있다. 대형 고급 영화관에서 영화를 감상하는 것에 익숙해 있는 이 필자는, 변사가 있는 상영 양식과 그것으로의 관객들의 개입이나 소란스러움에 적응하지 못하고 결국 "소름끼쳐 나와버렸다"라고는 하지만,[28] 이곳의 '아저씨' 관객은 이전의 영화관 관객처럼 영화 자체보다 변사의 연행을 즐기고 영화 상영에 즉각적으로 개입했음을 알 수 있다. 이러한 공간에서 여전히 사회질서로부터 벗어나 남녀는 자유롭게 만나고 기성세대의 감

---

26 「苦言 二重奏 七. 劇場」, 『每日新報』, 1936. 6. 27, 3면.
27 「女人對 女人」, 『朝鮮日報』, 1937. 2. 6, 4면.
28 이상 변사의 해설과 관객의 관람 양상은 夏蘇, 「映畵街白面相」, 236쪽을 참고.

시를 피해 학생은 밤늦게까지 놀 수 있었을 것이다.

『조선일보』 1939년 6월 11일 자 기사는 많은 조선인이 영화에 대한 "정당한 인식"을 가지게 된다면 북촌에도 남촌과 같은 대형 고급 영화관이 생겨날 수 있다고 전망하고 있다.[29] 영화에 대한 "정당한 인식"을 가진 관객은 조용히 영화만 주시하고 영화를 온전히 이해하는 관객을 의미한다고 볼 수 있는데, 이러한 조선인 관객이 아직 많지 않아서 북촌에는 대형 고급 영화관이 생겨나지 못하고 있음을 말하는 것이라고 할 수 있다. 또한 이는 북촌 영화관의 관객은 영화만을 주시해 관람하지 않기 때문에 관람 양상 면에서 남촌의 대형 고급 영화관의 관객과 차이가 있음을 언급하는 것이기도 하다. 1938년 8월 『삼천리』의 기사는 연극장 관객의 수준을 유성영화를 온전히 감상할 수 있는 관객과 변사가 있는 삼류관에 출입하는 관객 사이에 위치시키고 있다.[30] 이는 당시 변사가 활동한 기존 영화관 관객의 '노는 방식'의 관람 양상과 유성영화를 온전히 이해할 수 있는 대형 고급 영화관 관객의 '주시하는 방식'의 관람 양상 사이에는 차이가 있었음을 지적하는 것이다. 이와 같은 차이는 이전 시기에는 영화관 등급 간 관람 양상에 별 차이가 없었던 것에서 크게 달라진 점이라 할 수 있다.

관람 양상의 효과와 그 결과

타자를 통해 영화 팬으로 정립

대형 고급 영화관에서 주시하는 방식으로 영화를 관람하는 것은

---

29 「北村에 映畵館 饑饉」, 『朝鮮日報』, 1939. 6. 11, 4면.
30 「映畵와 演劇」 協議會, 「었더케 하면 半島 藝術을 發興케 할가」, 『三千里』 10-8 (京城: 三千里社, 1938), 87쪽.

고급 취향의 형성이라는 효과를 낳았다. 1938년의 어느 잡지는 문화 시설이 부족한 경성에서 영화관은 오락 기관이 아닌 사교 기관이라고 말하고 있다.[31] 사교 기관이라는 지적은 영화 상영 중 대화나 접촉이 금기시된 당시 경성의 대형 고급 영화관 분위기를 생각해볼 때, 단순하게 영화관이 타인과의 대화나 접촉을 통해 교제하는 공간이었음을 의미하는 것은 아니다. 그보다는 특정 영화관에 모여 특정 영화를 특정 방식으로 감상하는 것을 통해 영화관이 사회망 속에서 관객의 행위에 의미를 부여하는 공간이었음을 의미한다. 이것에 더해, 위에서도 언급했지만, 영화관 외에 연극 공연장과 미술관 같은 대중문화 공간이 부족한 식민지 조선에서는 영화관에 단순히 오락 기관이 아니라 관객의 행위에 취향 등의 의미를 부여하는 역할이 강하게 요구될 수밖에 없다. 경성의 영화관이 관객의 특정 행위를 특정 취향으로 정의하는 공간이라고 하면, 남촌의 대형 고급 영화관을 찾는 관객들의 목적은 그저 좋은 시설과 서비스를 경험하고 영화를 편하게 관람하는 데 있지는 않았다. 대형 고급 영화관의 관객들이 다른 영화관과 구별되는 이 영화관을 찾는 것은 자신이 다른 사람보다 고급 취향의 소유자임을 인정받고 싶어하는 욕구도 중요하게 작용했다고 할 수 있다.

남촌 대형 고급 영화관의 영업 전략 역시 관객의 욕구에 맞추어 관객으로 하여금 그들이 고급 취향의 소유자임을 느끼게 하는 데 있었다. 문예영화 등의 고급 영화를 주로 상영하려고 노력했을 뿐만 아니라 영화 감상과 관계없는 영화관 외관과 직원 용모를 고급스럽게 하는 것도 그러한 맥락이었다. 도호 영화사가 직영하기 이전의 코가네좌는 다른 대형 고급 영화관과 비교해 흥행이 저조했는데, 이에 관해 당시의 기사

---

31 「京城映画街往来」, 『朝鮮公論』 26-2(京城: 朝鮮公論社, 1938), 120쪽.

는 코가네좌가 관객들로 하여금 영화관 방문을 통해 고급 팬임을 느끼게 하는 경영법을 구사하지 못하기 때문이라고 지적하고 있다.[32] 이처럼 고급 취향 관객의 욕구를 만족시키는 데 실패한 코가네좌의 사례를 통해서도 관객이 남촌의 대형 고급 영화관을 찾는 주요 목적 중 하나는 자신의 취향이 고급스러운 것임을 인정받고 싶어 하는 욕구에 있었음을 알 수 있다.

남촌의 대형 고급 영화관의 관객이 영화관 출입을 통해서 다른 사람의 취향과 자신의 취향을 구별하고 자신의 것을 우월한 것으로 규정하려 했다면, 이 구분의 효과는 경성의 일본인 관객보다 조선인 관객에게 더욱 컸을 것이다. 왜냐하면, 고급 영화관을 출입할 수 있는 조선인 관객은, 폭넓게 그 출입이 비교적 쉬웠던 경성의 일본인 사이에서보다, 입장료가 더욱 부담되어 이 영화관에 출입할 수 없는 상당수의 조선인 관객과 자신을 더 쉽게 구별할 수 있을 것이기 때문이다.

앞서 언급했지만, 영화만 주시해 이를 제대로 이해하고 싶어 하는 관객은 대형 고급 영화관의 등장 이전인 1920년대에도 이미 있었다. 하지만 경성에는 그러한 관객이 찾을 만한 영화관이 없는 상황에서 이들 고급 취향의 관객과 영화를 전통 공연 양식으로 관람하는 관객이 뒤섞여 있었다. 영화만을 주시하고 싶어 하는 1920년대의 관객은 이상에서 본 것처럼 경성 영화관의 상영 환경, 다른 관객의 관람 양상에 불만을 가질 뿐이었다. 그들은 자신을 다른 관객과 명확하게 범주화하고 타자화할 조건과 수단을 갖지 못했다.

이러한 상황에서 1936년 대형 고급 영화관이 등장함으로써, 주시하는 방식으로 영화를 관람하고 싶어 하는 관객은 자연스럽게 이들 영

---

32 같은 곳.

화관에 쇄도하게 된다. 1937년 『조선급만주(朝鮮及滿洲)』의 기사는 와카쿠사극장이 기존 경성의 '고급 팬'들을 대거 흡수하고 있다고 얘기하고 있다.[33] '고급 팬'은 대형 고급 영화관의 등장으로 그들이 섞이고 싶지 않은 관객들과 결별할 수 있는 성채를 얻게 된 셈이다. 한편 아직 전통 공연 양식으로 영화를 관람하는 관객은, 조용히 영화만을 감상하고 싶어하는 관객이 대형 고급 영화관에 쇄도하자, 낮은 등급의 영화관에 남겨지게 된다. 이처럼 관객층이 분리되자, 비로소 고급 영화 팬들은 자신과 다른 방식으로 영화를 관람하는 관객을 쉽게 범주화·타자화할 조건을 얻게 된 것이다. 실제로 대형 고급 영화관 관객은 위에서 본 것처럼 낮은 등급의 영화관에 출입하는 관객을 "연극장의 관객", "삼류 극장의 관객", "활동사진을 좋아하는 아저씨", 영화에 대한 "정당한 인식"이 없는 관객 등으로 범주화·타자화했다.[34] '연극장', '삼류', '활동사진', '아저씨', '정당한 인식이 없는' 등의 용어는 저급함, 세련되지 않음의 의미를 담고 있다. 대형 고급 영화관 관객은 범주화·타자화를 통해 낮은 등급의 영화관 관객을 서열 관계에서 하위에 위치시킬 수 있었다.

기존의 영화관에 남겨진 전통 공연 양식으로 영화를 관람하는 관객은 1920년대 이전의 관객처럼 영화관에서 자유롭게 여러 행동을 하고 놀면서 영화를 관람했고 그 영화 관람이 다양한 효과로 연결되었겠지만, 신문·잡지 등에 발언권이 없어서 신문이나 잡지는 대형 고급 영화관만을 찾는 '고급 영화 팬'의 입장에서 그들을 후진적인 존재, 극복해야만 하는 존재로 명명했다.

대형 고급 영화관 관객은 이렇게 가시화된 타자에 근거해 자신을

---

33 「內地人側の京城の映画館を語る」, 84〜88쪽.
34 「映畵와 演劇」協議會, 「었더케 하면 半島 藝術을 發興케 할가」, 87쪽; 夏蘇, 「映畵街白面相」, 236쪽.

'영화 팬', '영화 마니아' 등으로 위치시켰다. 『조선일보』 1939년 6월 3일 자 기사는 문학평론가 이헌구의 글을 싣고 있는데, 그는 자신을 영화 마니아로 규정하면서 영화 마니아들은 영화관에 자주 드나들며 영화를 예술로 감상하고 비평이 가능하고, 각색·감독에까지도 관심을 가진 자라고 설명하고 있다. 또한 영화 마니아들은 단지 시간을 때우고 동행한 사람들과 친목을 쌓기 위해 영화관을 찾는 관객과는 구별된다고 말하고 있다. 영화 마니아인 그가 자주 가는 영화관은 메이지 거리에 있다고 했는데,[35] 당시 메이지 거리에 위치한 영화관은 메이지좌다. 『조선일보』 1939년 6월 11일 자 기사도 와카쿠사초와 메이지초에 있는 영화관 즉 와카쿠사 극장과 메이지좌를 출입하는 조선인 관객은 다른 관객들과 구별되는 엘리트 관객이라 하고 있다.[36]

경성의 대형 고급 영화관을 찾는 관객이 스스로를 영화 팬 또는 영화 마니아로서 규정하는 과정은 당시 도쿄의 니시긴자 영화관 관객이 아사쿠사 관객을 대하는 방식과 견주어 상당히 배제적이고 차별적이라 할 수 있다. 앞서 언급했듯, 니시긴자 관객이 아사쿠사 관객 및 그 관람 문화에 대해 보이는 태도는 '유감이다' 또는 '그립다' 정도이고 스스로를 '스마트'한 관객 정도로 규정했을 뿐이다. 이에 반해 경성의 대형 고급 영화관 관객 특히 조선인 관객은 북촌 영화관을 찾는 사람들을 영화 관객으로조차 인정하지 않고 비하함으로써 자신들을 진정한 영화 팬 또는 영화 마니아로 정립하려 했다. 이런 차이는 무엇보다 경성에서는 향유할 수 있는 대중문화나 예술이 부족해 영화가 그 향유자의 취향이나 정체성을 결정하는 요소로 과중한 역할을 부여받은 것에 큰 이유가 있다. 도쿄에서는 영화 외에도 미술·음악 등 다양하고 복합적인 수단을

---

35 李軒求, 「夏日雜感, 映畵마니아(一)」, 『朝鮮日報』, 1939. 6. 3, 5면.
36 「北村에 映畵館 饑饉」, 『朝鮮日報』, 1939. 6. 11, 5면.

통해 개인의 취향이나 정체성을 만들어갈 수 있었지만, 경성에서는 영화가 그것을 결정하는 결정적 요소로 작용했기 때문에 고급 취향자가되기 위해 일부 영화 관객들은 명확한 타자를 만들어내 이를 배제·차별하려 했던 것이다. 또한, 아사쿠사 영화관은 니시긴자의 대형 고급 영화관의 등장으로 인한 위축 상황에도 여전히 주요 영화가로서 특유의영화문화를 지켜나갔던 데 비해, 북촌의 영화관과 기존 남촌의 영화관은 대형 고급 영화관이 등장한 이후 급격히 쇠퇴하고 별도의 영화문화를 만들어내지 못했던 것도 경성의 대형 고급 영화관 관객이 기존 영화관 관객을 쉽게 무시하거나 비하하게 한 요인이었다.

한편 타자를 만들어내 영화 팬이 되고 싶었던 경성의 조선인 일부관객은, 〈마음의 고향〉에서 보듯이, 유성영화를 제대로 이해하지 못해당황해하는 경우도 있었다. 이때 그는 정숙이 요구되는 어두운 영화관에서 아무것도 하지 못하고 조용하게 지루함과 곤혹스러움을 견뎌내야했다. 이런 상황에서 그는 자신이 진정한 영화 팬인지, 자신이 그가 만들어낸 타자와 정말 구별되는 존재인지 불안해했을 것이다. 게다가 곧언급하겠지만 민족적으로 관객이 혼재되어 있는 영화관에서 조선인은일본인으로부터의 차별도 견뎌야 했다. 당황스러움과 차별 속에서도 조선인 관객이 남촌 대형 고급 영화관에 쇄도했다는 것은 그 조선인 관객에게는 영화 팬으로서의 정체성을 얻는 일이 무엇보다 중요했음을 의미한다.

조선인의 민족 차별 경험

고급 취향의 조선인 관객에게 남촌의 대형 고급 영화관은 조용히유성영화를 주시해 감상할 수 있는 공간이었지만 한편으로는 일본인과 조선인 관객이 혼재되어 있어서 민족 차별이 발생하는 공간이기도 했다. 이는 영화관 관객이 민족적으로 명확히 분리되어 있을 때는 발생할 수 없는 것이었다. 대형 고급 영화관뿐만 아니라 조선인과 일본인이 혼재한 영화관은 민족 차별이 발생할 수밖에 없는 공간이었다. 당시 일본인의 조선인에 대한 대표적 차별 사례를 보고하고 있는 총독부 측 자료에서도 경성 영화관에서의 차별 행위를 소개하고 있다.

…… 경성의 모 상설 영화관은 특작 영화가 왔다는 소식에 내선인 입장객이 상당히 많았다. 이완성 군도 특작 영화를 보기 위해 표를 사서 입장하려 할 때, 안내인(여)이 자리를 안내해주었다. 안내된 곳은 화장실에서 가까운 곳으로 모두 조선인뿐이었다. 반면 내지인은 관람하기 좋은 자리에 모여 있었다. 이 군은 화가 나서 안내인에게 "왜 이런 장소에 안내하는 것인가? 좋은 자리가 곳곳에 비어 있는데"라고 물었다. 그러자 안내인은 "여보(ㅋ#)는 여보(ㅋ#) 동지끼리 앉아야지"라고 답하고 가버렸다. 이 군은 "같은 입장료를 내고 들어왔는데 상설관에서까지 내선인을 차별하는 것은 정말 심하다. 이런 차별 대우에 분개하지 않을 수 있나"라고 화를 내며 영화관을 나가버렸다.[37]

위 사례는 장내에 좌석이 많이 비어 있음에도 일본인 안내인이 조선인 관객을 악취가 심한 좌석으로 안내하는 내용이다. 차별 대우에 대해 항의할 때에도 일본인 안내인은 일본인이 조선인을 하대하는 호칭인 "여보(ㅋ#)"를 사용해 조선인을 무시하고 있다. 당시 조선인 관객은 중상류계층일 가능성이 높은 만큼 당시 주로 낮은 계층의 젊은 여성이 고

---

37 朝鮮憲兵隊司令部 編, 『(朝鮮同胞に對する) 內地人反省資錄』(京城: 朝鮮憲兵隊司令部, 1934), 33~34쪽.

용되었던 일본인 안내인으로부터의 무시는 조선인 관객이 느끼는 모욕감을 더욱 크게 했을 것이다.

영화관에서의 조선인 차별은 경성 영화관만이 아닌 진해 영화관에서도 확인할 수 있다. 진해는 해군 주둔지라 일본인이 많이 거주하고 있어, 진해 영화관의 관객 구성도 경성 영화관처럼 일본인과 조선인이 혼재되어 있었다. 따라서 경성과 진해 양 지역 영화관에서 일본인과 조선인 사이에는 비슷한 사건이나 관계가 생겨날 수 있는 만큼, 진해 영화관의 사례를 통해 경성 남촌 영화관의 실제를 유추해볼 수 있다.

> …… 정오인 군은 읍내의 모좌(某座)에 활동사진을 보러 갔는데 입장자가 너무 많아 자리가 없어 서서 영화를 보던 중 빈자리를 발견하고 앉으려 할 때 옆자리의 어느 내지인이 "선인(鮮人)은 냄새 나. 원래 앉아 있던 사람이 있어 곧 돌아올 것이니 어서 저쪽으로 가"라고 말해 정 군은 방법이 없이 다시 서 있었지만 그 자리에 돌아 오는 사람이 없어 재차 앉으려 하자 다른 내지인이 "저쪽으로 가"라고 말했다. 정 군은 분개해 "모두 입장료를 내고 왔는데 왜 앉지 못하게 하느냐"라고 반문해보았지만 …….[38]

위 사례는 자리가 비어 있음에도 냄새가 난다는 이유로 일본인 관객이 조선인 관객을 자신의 옆자리에 앉지 못하게 하는 내용이다. "선인(鮮人)은 냄새 나"라는 일본인의 말에서도 확인할 수 있듯, 실제로 정오인이라는 개인에게서 냄새가 난다기보다는 막연히 조선인은 냄새가 나는 것이 일반적이니 정오인이라는 조선인도 냄새가 날 것으로 추측되므

---

38 같은 글, 11~12쪽.

로 그를 옆자리에 앉지 못하게 한 것이다. 일본인은 냄새가 난다는 이유로 조선인을 차별하는 사례가 많았는데, 흔히 그 냄새를 마늘 냄새라고 여겨 이주 일본인은 자신이 조선인으로 오해나 차별을 받을 것을 걱정해 음식에 일체 마늘을 사용하지 않았다고 한다.[39] 사람의 냄새라는 것은 일반적으로 비교적 가까운 거리에서만 확인할 수 있는 것이기에 냄새를 이유로 한 차별은 나에게로의 접근을 봉쇄하며 친교의 의사가 없음을 말하는 것이다. 그리고 일본인들은 실제로 냄새가 나든 안 나든 조선인 특유의 것이라 생각한 냄새를 조선인의 식문화에 의한 것이라 간주한 만큼, 일본인에게 조선인의 냄새는 양 민족 간 좁혀지기 어려운 차이로 이용되었을 것이다. 즉, 조선인에게서 나는 냄새라는 것은 일본인이 조선인을 자신과는 근본적으로 다른 존재로 구별 짓고 차별하는 수단이라 할 수 있다.

이상의 내용은 일반적인 조선인 차별 사례를 소개해 조선에 거주하는 일본인의 반성을 촉구하고 내선일체를 달성하기 위한 목적의 보고서에 실린 것인 만큼, 위 영화관에서의 조선인 차별 사례는 일상적인 것이라 할 수 있다.

당시 민족 차별의 사례는 영화 관람 이외의 소비 과정에서도 쉽게 발견된다. 조선인이 상품권으로 계산하려 할 때 일본인 상점 주인이 이 상품권 어디서 주은 것이냐고 핀잔을 준다거나, 일본인 이발소·병원에서 조선인 손님·환자를 거부한다거나 하는 것 등이다.[40] 돈을 매개로 하는 소비의 과정에서조차 민족적 차별이 일상화되어 있다는 사실에서도 위 영화관의 사례가 특별한 것이 아님을 짐작할 수 있게 한다. 따

---

39 沢井理恵, 『母の「京城」·私のソウル』(東京: 草風館, 1996), 58~59쪽.

40 朝鮮憲兵隊司令部, 『(朝鮮同胞に對する) 内地人反省資錄』, 20, 21, 23, 24쪽.

라서 언급한 인용 사례들이 남촌의 대형 고급 영화관의 상황만을 말하는 것은 아니지만, 그 차별은 조선인과 일본인이 섞이는 대형 고급 영화관에서도 흔히 발생하는 것임을 추측하기는 어렵지 않다. 특히나 위와 같은 차별은 식민지 조선 사회에서 일반적으로 발생하는 조선인과 이주 일본인 사이의 문제였던 만큼 세련된 서비스를 행하는 대형 고급 영화관의 경영자 지시 등에 의해 방지되거나 해소될 차원의 문제도 아니었다.

즉, 남촌의 대형 고급 영화관은 경성의 조선인 관객에게 신문이나 잡지에서만 볼 수 있었으며 열망해왔던 니시긴자식 영화관의 실현이었고, 일반적 조선인들로부터 자신의 취향을 고급스러운 것으로 구별 짓게 하는 공간이었지만, 동시에 식민지민이라는 이유로 일본인으로부터는 차별받아야만 했던 공간이라 할 수 있다.

6. 경성의 불균질한 관객성

1920년대 조선인이 주 관객인 북촌의 영화관과 일본인이 주 관객인 남촌의 영화관은 시설이 열악하고 영화는 공연의 일부로 취급되었다. 영화 상영 시에는 즉흥적 구술 언어로 구성된 변사의 공연이 상연되었으며 음악도 연주되었다. 영화 상영 중에도 과자장수와 여자 안내원 등이 출입했다. 관객은 영화를 보면서 음식을 먹고, 담배를 피우고, 이야기를 나누며, 신체적으로 접촉했다. 1930년대 후반에는 남촌에 대형 고급 영화관이 탄생했는데, 이곳에서는 공연의 상연, 과자장수 등의 출입이 사라졌다. 1인석 설치, 냉난방 장치 도입 등 영화관 시설도 개선되었다. 이 영화관에서는 유성영화만이 상영되고 영화만을 주시할 수 있는 조건이 갖추어져서 영화를 온전히 감상하려는 관객이 모여들게 되고 영화 감상 이외의 행동이 금기시되었다. 그러나 그 이외의 영화관은 여전히 시설이 열악하고 다양한 공연이 상연되며 과자장수와 여자 안내원 등이 출입했다. 관객은 변사의 공연, 음식 섭취를 즐기는 등 놀면서 영화를 관람했다.

  남촌의 일류 영화관의 관람 양상은 주시하는 방식이었고 이외의 영화관은 노는 방식이었다. 도쿄에서처럼 노는 방식의 관람 양상은 영화관의 열악한 시설, 변사 연행·과자장수 상매 행위·가수 공연·여자 안내원과 접촉 등의 존재와 그것을 즐기는 관객의 성향이 중요한 요인으로 작용했고, 주시하는 방식의 관람 양상은 영화관의 우수한 시설, 다양한 공연과 영화와 관계없는 사람들의 퇴장, 영화만을 주시해 감상하려고 하는 관객의 성향이 중요한 요인으로 작용했다.

1920년대 경성의 영화관에서 관객들은 노는 방식으로 영화를 관람해 남녀는 자유롭게 만날 수 있었고, 학생은 학교와 어른들의 시선에서 벗어나 밤늦게까지 어둠 속에서 떠들 수 있었다. 노는 방식의 영화 관람 양상은 젠더·세대의 사회질서를 초월해 관객이 자유를 즐길 수 있게 하는 효과를 낳은 것이다. 그러나 북촌 영화관은 주로 조선인 중상류층만이 입장할 수 있어서 모든 계급에 열린 공간은 아니었다. 노는 방식으로 영화를 관람해서 자유를 분출할 수 있었던 관객은 감정의 교류를 통해 자신의 정체성을 강화할 수도 있었다. 영화관이 민족적으로 분리된 1920년대에는 경성의 북촌 영화관에서 식민지 조선인은 드물게 조선인이 제작한 영화를 보고 대화를 나누면서 제국주의 담론에 균열을 낼 수도 있었다. 이주 일본인은 일본이 제작한 재미없는 군사영화를 보면서 민족적 자긍심을 공유했고, 일본 풍경을 담은 영화를 보고 그 영화 주제가를 듣고 따라 부르면서 향수를 달랠 수 있었다. 1920년대 경성 영화관에서 식민지민과 본국으로부터의 경성 이주민이 영화를 본다는 것은 때로는 민족적 정체성을 확인하고 강화하는 효과도 낳은 것이다.

1920~30년대 경성에서는 노동자·서민 거주지에 영화관이 들어서지 않아 도쿄와 달리 노는 방식의 관람 양상이 주민 교류, 노동자의 정체성 강화, 노동자 저항의 효과를 낳을 수는 없었다.

1930년대 후반 주시하는 방식으로 영화를 관람한 대형 고급 영화관 관객은 신문·잡지를 동원해 다른 영화관 관객을 자신보다 열등한 관객으로 정의하고 스스로를 영화 팬 또는 영화 마니아로 위치 지으려 했다. 1930년대 대형 고급 영화관에서 주시하는 방식의 관람은 고급 취향의 형성이라는 효과가 있었던 것이다. 도쿄에서는 영화 외의 여러 대중문화나 예술을 통해 취향을 확립할 수 있었던 것과는 달리, 경성에서는 다른 대중문화나 예술이 별달리 없어서 취향 확립의 수단으로서 영화에 과도한 역할이 부여되었는데, 이 때문에 주시하는 방식으로 영화를 관람하는 조선인 관객은 고급 취향자가 되기 위해 산만하게 노는 방식으로 영화를 관람하는 다른 조선인 관객에 대해 아주 배타적이었다. 이때 조선인 관객은 식민지 권력에 저항하는 민족의 개념으로 일괄해 정의 내릴 수는 없으며, 고급 팬은 민족 논리와는 관계없는 개인의 취향에 근거해 행동했음을 알 수 있다.

도쿄의 영화관과 경성의 영화관은 서로 연관되어 있었다. 1930년대 경성의 일부 영화 애호가는 신문·잡지에서 접한 니시긴자 대형 고급 영화관의 세련된 영화 상영 환경과 영화문화를 선망했다. 이와 같은 상황 속에서 도호와 쇼치쿠가 경성에서 대형 고급 영화관을 직영할 수 있었다. 일본 영화자본의 조선 진출에는 일본 내 거대 영화제작·배급사 간 경쟁 격화가 식민지에까지 파급된 일본 영화산업계의 내부적 요인도 있었다. 일본인 거주지에 위치한 대형 고급 영화관에 조선인이 쇄도함으로써 경성 영화관의 민족적 경계가 붕괴되었고, 동시에 영화관은 민족적으로 혼재되어 민족 차별의 공간이 되기도 했다. 북촌의 조선인 영화관은 쇠퇴했으며 일부는 대형 고급 영화관의 재개봉관으로 전락하기도 했다. 일본 영화자본과 니시긴자식 영화관의 경성 진출이 경성 영화 흥행계를 크게 변화시킨 것이다.

제5장

관객성으로 본 1920~30년대 제국 일본과 식민지 조선

1. 불균질적으로 존재한 관람 양상과 그 효과

지금까지 1920~30년대의 도쿄와 경성의 관객성을 비교함으로써 제국 일본과 식민지 조선의 영화 관람 양상이 불균질적으로 존재한 것을 알 수 있었다.

1920년대 경성 영화관의 경우 주로 질이 떨어지는 필름의 무성영화가 상영되었다. 조선인 거주지인 북촌의 영화관과 일본인 거주지인 남촌의 영화관의 스크린에 영사되는 영화는 공연의 일부로서 취급되었으며, 즉흥적 구술 언어로 된 변사·가수의 공연이 있었고, 음악도 연주되었다. 영화 상영 중에도 과자장수와 여자 안내원 등 소란스러운 사람들의 출입이 잦았다. 관객은 이야기를 나누고, 음식을 먹고, 담배를 피우고, 신체적 접촉을 하는 등 노는 방식으로 영화를 보았다.

1930년대 후반부터는 경성의 남촌에 대형 고급 영화관이 등장했다. 이 영화관에서는 유성영화가 상영되었으며 공연장으로서의 성격은 없어지고 소란스러운 사람들의 출입도 사라졌다. 관객은 영화에 집중했고, 영화에 주시하는 것 이외의 행동이 금기시되었다. 그러나 그 이외의 영화관은 유성영화의 도입에도 여전히 공연장으로 성격이 강해서 관객은 요란하게 갖가지 것을 즐기는 등 여전히 노는 방식으로 영화를 관람했다.

도쿄에서는 1930년대 초반 대형 고급 영화관이 니시긴자 지역에 등장했다. 니시긴자 영화관에서는 유성영화만 상영되었으며 변사·악사·상인은 없었고, 관객은 조용히 주시하면서 영화를 감상하는 것이 일반적이었다. 잡다하고 서민적인 성격의 유흥가인 아사쿠사에서는 유성영화의 도입이나 대대적 영화관 시설의 개선에도 여전히 소란스러운 공연의 일부로서 영화가 상영되었고, 영화 상영 중에도 사람들의 이동이 많았으며, 관객은 요란하게 놀면서 영화를 관람했다.

도쿄에서는 경성과 달리 도심이 아닌 그 외곽에도 많은 영화관이 세워졌는데, 그중 가마타·오모리 지역 영화관에서는 필름이 낡아 등장인물의 얼굴조차 확인할 수 없는 영화가 상영되었고, 1930년대에도 도심과는 비교가 안 될 정도로 영화관 시설과 서비스 등이 열악했다. 관객은 음식과 잡담을 즐기는 등 노는 방식으로 영화를 보았다.

이처럼 1920~30년대 도쿄와 경성의 영화 관람 양상은 동질적이지 않고 크게 노는 방식과 주시하는 방식으로 구분되었다. 노는 방식의 관람 양상에 해당하는 영화관은 대형 고급 영화관을 제외한 경성의 영화관, 아사쿠사 영화관, 가마타·오모리 지역의 영화관이었다. 주시하는 방식의 관람 양상에 해당하는 영화관은 경성 남촌의 대형 고급 영화관, 도쿄 니시긴자의 영화관이었다.

경성의 영화관에서 노는 방식의 관람 양상은 젠더·세대의 경계를 넘은 자유 분출의 효과를 낳았으며, 특별한 영화가 상영되어 관객 사이 민족적 연대가 강화될 때에는 민족적 정체성을 강화하는 효과로 연결되기도 했다. 아사쿠사 영화관에서 노는 방식의 관람 양상은 젠더·세대·계급의 경계를 넘은 자유의 분출로 연결되었으며, 가마타·오모리 지역 영화관의 노는 방식의 관람 양상은 자유 분출을 넘어 주민 간 교류 강화, 노동자로서의 정체성 형성·강화라는 효과를 낳았다. 가마타·오모리 영화관이, 아사쿠사 영화관과는 달리, 정체성 강화의 공간이 될 수 있었던 것은 관객 간 긴밀한 연대가 있었기 때문이다.

〈표 3〉 관람 양상과 사회적 차원에서의 관람 효과

관람 공간		관람 양상	사회적 차원에서의 관람 효과			
			계급적 측면	민족적 측면	젠더적 측면	세대적 측면
일본	1920년대 아사쿠사	①	계급 경계 없는 자유로운 접촉		젠더 경계 없는 자유로운 접촉	감시에서 벗어나 학생·아동의 자유 분출
	1930년대 아사쿠사	①			젠더 경계 없는 자유로운 접촉	감시에서 벗어나 학생·아동의 자유 분출
	1930년대 니시긴자	②	중상류층의 고급 취향 형성		남녀의 신체 접촉이 없는 안전한 공간	타인과의 접촉이 없는 학생·아동의 안전한 공간
	1920~30년대 가마타, 오모리	①	노동계급의 정체성 강화		미상	미상
조선	1930년대 중반까지의 북촌	①		특별한 영화가 상영될 때 조선인의 정체성 강화	젠더 경계 없는 자유로운 접촉	감시에서 벗어나 학생·아동의 자유 분출
	1930년대 후반의 북촌	①		미상	젠더 경계 없는 자유로운 접촉	감시에서 벗어나 학생·아동의 자유 분출
	1930년대 중반까지의 남촌	①	계급 경계 없는 자유로운 접촉	특별한 영화가 상영될 때 일본인의 정체성 강화	젠더 경계 없는 자유로운 접촉	감시에서 벗어나 학생·아동의 자유 분출
	1930년대 후반의 남촌 대형 고급 영화관	②	중상류층의 고급 취향 형성	민족 혼재, 민족 차별	남녀의 신체 접촉이 없는 안전한 공간	타인과의 접촉이 없는 학생·아동의 안전한 공간

①: 노는 방식의 관람 양상
②: 주시하는 방식의 관람 양상

경성 남촌의 대형 고급 영화관과 도쿄 니시긴자의 영화관에서 주시하는 방식의 관람 양상은 노는 방식의 관람 양상을 타자화해 주시하는 방식의 관람 양상을 고급 취향으로 설정하게 했다. 경성 남촌의 대형 고급 영화관의 관객은 자신들의 주시하는 방식의 관람 양상을 고급 화하는 과정에서 노는 방식의 관람 양상에 대해 도쿄의 경우보다 더 배타적이었는데, 이는 경성에는 도쿄와 달리 영화 이외 개인의 취향을 형성하는 수단이 많지 않았던 것에 기인한다. 불균질하게 존재한 관람 양상과 그 효과를 정리하면 앞의 표와 같다.

불균질하게 존재한 관람 양상과 그 효과를 통해 1920~30년대를 파시즘기 혹은 억압적 시기라고 단순히 정의하는 것은 1920~30년대 의 영화관에서의 자유, 영화에 매료됨, 관객 간 교류 등의 다양하고 복 잡한 일상과 문화를 파악하기 어렵게 함을 알 수 있다.

아울러, 불균질하게 존재한 영화 관람 양상과 그 효과를 통해 하나 의 관람 방식이나 하나의 경로만으로 1920~30년대의 영화사를 규정 할 수 없다는 것도 알 수 있다. 그동안의 많은 영화사 연구는 유성영화 도입 후, 영화 상영 시의 부대 공연은 사라지고, 관객의 영화 이해도가 높아졌으며, 관객의 영화 관람 양상은 조용하게 스크린을 주시하는 방 식으로 균질화되었다고 설명해왔다. 그러나 그러한 연구는, 유성영화 도 입 이후 1930년대 도쿄와 경성의 영화 관객 상당수가 여전히 노는 방 식으로 소란스럽게 영화를 관람하고 그 관람 양상의 효과가 자유의 분 출과 정체성 강화 등으로 다양했다는 점에서, 적합하지 않다고 할 수 있다. 또한 산만하게 노는 방식의 관람 양상이 자유 분출, 정체성 강화, 저항 등의 의미로 연결된 것은, 노는 방식의 관람 양상을 주시하는 방 식의 관람 양상보다 열등한 것으로 치부할 수 없으며 노는 방식의 관람 양상에서 주시하는 방식의 관람 양상으로의 전환을 발전이나 진보로 간주할 수 없음도 알 수 있다.

2. 영화관에서 작동하는 다양한 관계

영화 관람 양상과 그 효과가 불균질적이었던 까닭은 그것이 결정되는 데서 영화 텍스트 및 상영 환경 등 영화관 내부의 문제만이 아니라 영화관이 위치한 지역의 성격, 관객의 구성, 자본의 도입 등 영화관 외부의 문제 또한 여러 방식으로 개입되어 있었기 때문이다. 기본적으로 노는 방식으로 영화 관람 양상이 결정된 것은 열악하고 소란스러운 영화 상영·관람 환경과 갖가지를 즐기면서 영화를 관람하려는 관객의 성향에서 기인했다. 주시하는 방식으로 영화 관람 양상이 결정된 데는 유성영화의 도입 및 영화 상영·관람 환경 개선 후 이 영화관에는 유성영화를 감상해낼 수 있는 관객이 모여든 것이 중요하게 작용했다. 유성영화의 도입과 영화관 시설 개선에도 불구하고, 1920년대 후반 이후에도 아사쿠사의 영화관 관객이 여전히 소란스럽게 놀면서 영화를 보았던 상황은 잡다하고 노골적인 성격의 유흥가로서 아사쿠사의 지역적 특징이 작용해서였다. 가마타·오모리 영화관과 조선 최초 제작의 유성영화가 상영되었던 북촌의 영화관에서 관객이 노는 방식으로 영화를 관람하면서 저항 의식을 공유하고 정체성을 강화할 수 있었던 상황은 관객 사이 연대 의식이 있어서 가능한 것이었다. 1930년대 후반 남촌에 대형 고급 영화관이 등장하고 주시하는 방식의 관람 양상이 성립할 수 있었던 것은 일본의 대형 영화사 자본의 조선 진출에 기인하는 바가 컸다. 이를 통해 영화 연구는 그 대상을 영화 텍스트나 영화관 내부에 한정할 수 없고 그것과 사회 및 역사 사이 연관성 또한 고찰해야 함을 알 수 있다.

각 영화관은 다양한 세력이 갈등하는 공간이기도 했다. 경성 북촌 영화관에서 식민지민은 제국 권력에 대한 저항 의식을 드러냈으며 남촌 영화관과 니시긴자 영화관의 관객은 산만하게 노는 방식의 관객에 배타적이었다. 남촌의 영화관에서 일본인 관객은 조선인 관객을 차별했으며, 가마타·오모리의 관객은 자본가에 대한 저항 의식 속에서 노동자로서의 연대를 강화할 수 있었다. 이를 통해 영화관에서의 일상과 문화는 결코 화려한 소비 공간과 안정적 공간에 그치는 것이 아니며 교섭·갈등의 공간이라는 것도 알 수 있다.

3. 다양한 성격으로 존재한 식민지민

민족주의 역사학에서는 식민지 사회를 흔히 무력적 지배와 격렬한 저항의 이분법으로 묘사하고 민족을 균열 없는 동질적 저항의 주체로 설정해왔다.

1920년대 경성의 영화관에서 조선인은 민족적으로 집합하고 때로는 식민지 권력 및 그 지배담론에 저항한 경우도 있었지만, 그들은 영화 상영과 동시에 행해지는 부대 공연과 영화를 즐기기 위해 영화관에 출입했다. 그때 그들은 어둠 속에서 사회질서로부터 벗어나 유흥을 즐기고 자유를 분출하는 이들로 격렬한 저항의 주체로서의 민족과는 거리가 있었다.

1930년대의 조선인 고급 영화 팬들은, 경성에서 일본인 생활권과 조선인 생활권이 명확히 분리되어 있다고 보는 이중 도시론과 달리, 일본인 거주지의 대형 고급 영화관에 쇄도했다. 이를 통해 관객 구성 면에서 민족적 경계가 붕괴하게 된다. 이때 조선인 고급 영화 팬들은 일본인 관객과 뒤섞여 영화를 보면서 민족적 차별을 받기도 했지만 이에 식민지민으로서 식민 권력이나 일본인에 맞서 격렬히 저항한 것은 아니었다. 일본인으로부터의 차별을 감내하면서도 민족 논리와는 관계없는 취향에 따라 행동한 것이다. 오히려 조선인 고급 영화 팬들은 자신들의 취향을 고급적인 것으로 설정하기 위해 자신과는 다른 관람 양상의 조선인 관객에게 배타적이었다. 이러한 점에서 저항 주체로서의 동질적 민족의 개념으로 식민지 사회를 분석하는 것은 식민지 조선인의 내부 위계 및 차별의 문제를 파악하기 어렵게 함을 알 수 있다.

　한편 회색지대에서 식민지민의 제국에 대한 협력과 소극적 저항에 관한 연구나 제국 권력의 무력이 아닌 규율을 통한 식민지 통제에 관한 연구들은, 공적 공간에서의 식민지민의 소극적 저항, 식민지민의 유순한 신체에 주목해, 대중문화 공간 등 공사의 경계가 분명하지 않은 공간에서 식민지민의 거침 없는 행동, 자유로운 저항을 다루지 않았다. 그러나 이 글을 통해 공적 공간이 아닌 어둡고 많은 사람이 모이는 영화관에서 권력의 감시와 통제를 피해 식민지 관객은 마음껏 자유를 분출하고 적극적으로 저항 의식을 공유하기도 했음을 확인할 수 있다.

4. 관객성을 둘러싼 제국 일본과 식민지 조선의 관계

1920~30년대 제국 일본과 식민지 조선의 영화 관람 양상과 영화문화는 한 국가의 내부에서 완결되어 독립적으로 존재한 것이 아니라 서로 연관되어 있었다.

　도쿄와 경성 관객성 사이의 관계를 도식으로 표시해보면 아래와 같다.

〈표 4〉 도쿄와 경성 관객성 사이 관계의 변화

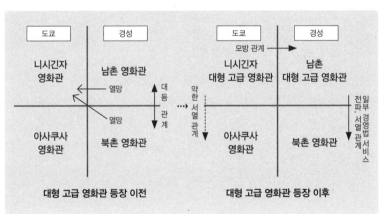

　1930년대 경성의 일부 영화 애호가는 신문이나 잡지를 통해 접한 니시긴자의 영화관과 그곳의 세련된 영화문화에 대한 열망을 지니고 있었다. 이러한 상황은 니시긴자 영화관의 서비스·경영법이 경성 대형

고급 영화관에 쉽게 전해질 수 있게 했다. 또한 니시긴자 영화관 경영을 기반으로 성장한 도호가 영화 제작·배급에까지 적극적으로 뛰어든 후 격화된 일본 영화사 사이의 지방 영화관 획득 경쟁이 식민지 조선에까지 확산되는데, 그 결과 도호 등의 영화사가 경성의 대형 고급 영화관을 직영하게 된 것도 니시긴자 영화관의 서비스·경영법이 경성에 쉽게 전파되게 한 이유였다.

그 후 경성의 조선인 고급 영화 팬들은 기존 영화관과 비교해 시설·서비스가 우수한 남촌의 대형 고급 영화관에 쇄도하면서 관객 구성 측면에서 영화관의 민족적 경계가 붕괴하게 된다. 이후 관객 구성이 민족적으로 혼재되면서 조선인은 영화관에서 일본인으로부터 민족 차별을 받아야 했다. 또 조선인 고급 영화 팬들이 대형 고급 영화관에 쇄도함에 따라 북촌 영화관은 쇠퇴하고 대형 고급 영화관의 재개봉관으로 전락해 남촌과 북촌의 영화관은 서열 관계로 재편된다. 한편 대형 고급 영화관에 도입된 경영법과 영화문화가 경성에서 인기를 끌었고, 그 일부는 경성의 기존 영화관에 도입되어 니시긴자의 경영법과 영화문화가 경성 영화관 전반에 확산·모방된다. 이는 1930년대 영화관 관객의 민족 경계의 붕괴와 영화관 간의 서열 관계 강화, 경영법·서비스 변화 등 경성 영화 흥행계의 변동에 일본에서의 새로운 영화문화 성립, 일본 영화산업의 변화가 큰 영향을 끼쳤음을 의미하는 것이다.

5. 과제

이 글은 일정의 성과를 담고 있지만 제한된 조건에서 오는 한계나 아쉬운 면도 있다.

첫 번째는, 도쿄 지역의 경우에는 언급한 이외의 지역 예를 들면 신주쿠나 우에노 등에도 많은 영화관이 있었기 때문에 이들 지역의 관객성도 다루어야 하나 그러지 못한 한계가 있다. 이 지역들은 아사쿠사나 니시긴자와는 다른 지역적 특징을 지니고 있었던 만큼 그 관객성 역시 아사쿠사나 니시긴자와는 차이를 보일 가능성이 크다고 할 수 있다. 또한 이 글에서는 가마타·오모리 지역을 언급하기는 했지만 자료 부족으로 그 관객성을 자세히 논하지 못했다는 한계도 있다. 자세히 논의되지 않은 지역의 관객성을 통해 이 글에서 설명하지 못한 영화 관람의 효과 예를 들면 영화관에서 여성 정체성의 구성, 재일 조선인의 정체성 강화 등을 놓친 아쉬움이 크다.

두 번째는 관객성을 둘러싼 제국 일본과 식민지 조선의 관계에 대한 또 다른 사례를 밝히지 못한 점이다. 특히 영화는 문학 등 다른 대중문화와 비교해 수용에서 언어 장벽이 낮으며 또 미술 등의 순수 예술보다 대중화·산업화되어 있어 국가의 경계를 수월하게 넘어 광범위하게 수용될 수 있는 만큼 다양한 방식으로 민족 및 국가 상호 간에 연관될 수 있다. 이 글에서는 경성에서의 니시긴자 영화문화의 수용 양상을 설명했으나 경성의 일본 이주민의 영화 관람과 일본의 영화문화 사이 연관성에 대해서는 자세히 다루지 못했다. 또한 제국-식민지라는 관계 때문에 식민지 조선의 관람 양상은 일본으로부터 일방적으로 영향을 받을 수밖에 없었지만, 그 반대 경우의 가능성도 있는 만큼 이에 대한 조사가 필요하다고 할 수 있다.

마지막으로, 개별 영화를 당시 관객들이 어떻게 수용했는지를 상세히 기술하지 못한 아쉬움이다. 이는 동일한 영화에 대한 다양한 해석, 그 해석에 근거한 전유와 지배담론에 대한 저항을 밝히는 데서 중요한 부분이다. 그러나 이 시기의 영화에 대한 일차 자료는 대부분이 제작자나 비평가들에 의한 것이고, 개별 영화 텍스트를 관객이 어떻게 받아들였는지를 말해주는 자료는 거의 존재하지 않는 상황인 만큼 개별 영화에 대한 수용과 전유에 대해 다루기란 쉽지 않다. 하지만 신문·잡지 등의 독자 투고란이나 영화 팬의 일기 등의 자료를 발굴해 이에 대해 상세히 연구할 필요가 있다.

이 글에서 미처 다 다루지 못한, 영화를 본다는 것의 다양한 양상과 효과, 제국 일본의 관객성과 식민지 조선의 관객성의 관계, 영화 수용 양상과 전유에 대한 풍부한 사례 조사는 일본과 한국의 영화 연구라는 측면에서뿐만 아니라 이 시기의 역사를 구체적이면서 다른 관점에서 서술하기 위해 반드시 실행되어야 할 문제라고 할 수 있다.

참고문헌

1차자료

한국어

『東亞日報』

『每日新報』

『別乾坤』

『批判』

『三千里』

『朝光』

『朝鮮日報』

박태원, 『천변풍경』(서울: 문학과 지성사, 2005)

일본어

『蒲田』

『京城日報』

『京城彙報』

『日本映画』

『滿洲日日新聞』

『新興映画』

『朝日新聞』

『映画グラフ』

『読売新聞』

『早稲田広告学研究』

『実業の日本』

『工業日本』

『キネマ週報』

『キネマ旬報』

『プロレタリア映画』

『中央経済』

『朝鮮及滿洲』

『朝鮮公論』

川端康成,「浅草: 土地の記憶」, 山田太一 編, 『浅草: 土地の記憶』(東京: 岩波書店,
　　2000)

京城日報・毎日新報, 『朝鮮年鑑』3(京城: 京城日報社, 1936)

京城日報・毎日新報, 『朝鮮年鑑』7(京城: 京城日報社, 1941)

国際映画通信社, 『映画年鑑』(東京: 国際映画通信社, 1926)

国際映画通信社, 『日本映画事業総覧』(東京: 国際映画通信社, 1928)

国際映画通信社, 『日本映画事業総覧』(東京: 国際映画通信社, 1930)

国際映画通信社, 『映画年鑑』(東京: 国際映画通信社, 1934)

遠藤憲昭,「我が個人的映画館史」, 国書刊行会 編, 遠藤憲昭 解説, 『映画黄金期小屋
　　と名作の風景』(東京: 国書刊行会, 1989)

木村栄二郎, 『劇場・映画館』(東京: 常磐書房, 1934)

内外問題調査会 篇, 『国民の基礎知識』(東京: 普及社, 1937)

他人社 編纂, 『大東京史蹟名勝地誌』(東京: 他人社, 1936)

東京市臨時国勢調査部 編, 『東京市国勢調査附帯調査統計書(蒲田区)』(東京: 東京
　　市, 1936)

東京市臨時国勢調査部 編, 『東京市国勢調査附帯調査統計書(大森区)』(東京: 東京
　　市, 1936)

[東京都] 台東区立下町風俗資料館 編, 『浅草六区興行史』(東京: 台東区立下町風俗資
　　料館, 1983)

東宝株式会社総務部 編, 『東宝75年のあゆみ: ビジュアルで綴る3/4世紀(1932-2007)』
　　(東京: 東宝, 2010)

文部省普通学務局 編, 『全国に於ける活動写真状況調査』(東京: 文部省普通学務局,
　　1921)

文部省社会教育局 編, 『民衆娯楽調査資料 5(全国農山漁村娯楽状況 上)』(東京: 文
　　部省, 1934)

三矢文子,「劇場に行くのが楽しみ」, 日本映画テレビプロデューサー協会 編, 『プログラ
　　ム映画史: 大正から戦中まで』(東京: 日本放送出版協会, 1978)

酒井俊, 『浅草あれこれ話』(東京: 三一書房, 1979)

添田唖蝉坊, 『浅草底流記(添田唖蝉坊・添田知道著作集 2)』(東京: 刀水書房, 1982)

浅草の会 編, 『写真にみる昭和浅草伝』(東京: 浅草の会, 1981)

矢野干城・森川清人, 『(新版) 大京城案内』(京城: 京城都市文化研究所, 1936)

上田久七 『余暇娯楽研究基礎文献集』(東京: 太白書房, 1938)

海野辛德, 『学校と活動写真』(東京: 内外出版, 1924)

渡辺仁建築工務所 編, 『日本劇場』(東京: 渡辺仁, 1934)

月村吉治 編著, 『蒲田撮影所とその付近』(東京: 月村吉治, 1972)

朝鮮憲兵隊司令部 編, 『(朝鮮同胞に對する) 內地人反省資錄』(京城: 朝鮮憲兵隊司令部, 1934)

연구논저

한국어

김소영, 「신여성의 시각적 재현」, 『문학과 영상』 7-2(문학과영상학회, 2006. 12)

김대중, 「초기 한국영화의 전통성 연구: 영화 도래부터 발성영화 이전까지」, 한양대학교 석사학위논문(2008)

김영근, 「일제하 경성지역의 사회·공간구조의 변화와 도시경험: 중심·주변의 지역분화를 중심으로」, 『서울학연구』 20(서울시립대학교 서울학연구소, 2003)

김종근, 「서울 中心部의 日本人 市街地 擴散: 開化期에서 日帝强占 前半期까지(1885년~1929년)」, 『서울학연구』 20(서울시립대학교 서울학연구소, 2003)

노지승, 「'나운규 영화'의 관객들 혹은 무성 영화 관객에 대한 연구: 식민지 시기, 관객의 변화와 나운규 영화의 의미」, 『상허학보』 23(상허학회, 2008. 6)

백문임, 「식민지 극장의 무성 영화 관람성(audienceship): 청각장(場)의 문제를 중심으로」, 『한국언어문화』 38(한국언어문화학회, 2009. 4)

여선정, 「무성영화시대 식민도시 서울의 영화관람성 연구」, 중앙대학교 석사학위논문(1999)

우수진, 「무성영화 변사의 공연성과 대중연예의 형성」, 『한국극예술연구』 28(한국극예술학회, 2008. 10)

유선영, 「황색 식민지의 서양영화 관람과 소비실천, 1934~1942: 제국에 대한 '문화적 부인'의 실천성과 정상화 과정」, 『언론과 사회』 13-2(사단법인 언론과사회, 2005. 5)

이순진, 「1930년대 조선 영화문화의 변동과 조선인 영화상설관의 소멸: 단성사의 몰락 과정을 중심으로」, 『대동문화연구』 72(성균관대학교 대동문화연구원, 2010)

이승희, 「공공 미디어로서의 극장과 조선민간자본의 문화정치: 함경도 지역 사례 연구」, 『대동문화연구』 69(성균관대학교 대동문화연구원, 2010)

이승희, 「조선극장의 스캔들과 극장의 정치경제학」, 『대동문화연구』 72(성균관대학교 대동문화연구원, 2010)

이정배, 「조선변사의 연원(淵源)과 의의」, 『인문과학연구』 21(강원대학교 인문과학연구소, 2009)

위경혜, 「식민지 개항도시 극장의 장소성: 군산 지역을 중심으로」, 『대동문화연구』 72(성
　　균관대학교 대동문화연구원, 2010)

전수연, 「아날학파와 역사의 파편화?」, 『학림』 17(연세대학교 사학연구회, 1996. 2)

정충실, 「식민지조선의 영화 관람: 상설영화관, 그리고 非상설영화관이라는 공론장」, 한
　　국예술종합학교 전문사논문(2009)

정충실, 「1920~30년대 경성영화관의 상영 환경과 영화문화: 변화와 차이를 중심으로」,
　　『아세아연구』 57-3(고려대학교 아세아문제연구소, 2014. 9)

조희문, 「무성영화의 해설자 辯士 연구」, 『영화연구』 13(한국영화학회, 1997. 12)

주창규, 「버나큘러 모더니즘의 스타로서 무성영화 변사의 변형에 대한 연구」, 『영화연구』
　　32(한국영화학회, 2007. 7)

주훈, 「1920-30년대 한국의 영화 관객성 연구: 무성영화 관객을 중심으로」, 서울대 석사
　　학위논문(2005)

권명아, 「생활양식과 파시즘의 문제: 식민지와 그 이후」, 방기중 편, 『식민지 파시즘의 유
　　산과 극복의 과제』(서울: 혜안, 2006)

권보드래, 『연애의 시대: 1920년대 초반의 문화와 유행』(서울: 현실문화연구, 2003)

김려실, 『투사하는 제국 투영하는 식민지: 1901~1945년의 한국영화사를 되짚다』(서울:
　　삼인, 2006)

김백영, 『지배와 공간: 식민지도시 경성과 제국 일본』(서울: 문학과지성사, 2009)

김소영, 「파국의 지도: 만민공동회와 스크린 실천」, 『파국의 지도: 한국이라는 영화적 사
　　태』(서울: 현실문화, 2014)

김진균·정근식 편저, 『근대주체와 식민지 규율권력』(서울: 문화과학사, 1997)

김진송, 『서울에 딴스홀을 허하라: 현대성의 형성』(서울: 현실문화연구, 1999)

김택현, 『서발턴과 역사학 비판』(서울: 박종철출판사, 2011)

신기욱·마이클 로빈슨 엮음, 도면회 옮김, 『한국의 식민지 근대성: 내재적 발전론과 식민
　　지 근대화론을 넘어서』(서울: 삼인, 2006)

유민영, 「전통 공연예술의 전승과 변화 모색」, 한국연극협회 편, 『한국현대연극 100년: 공
　　연사 1(1908~1945)』(서울: 연극과인간, 2008)

윤해동, 「'숨은 신'을 비판할 수 있는가?: 김용섭의 내재적 발전론」, 연대를 위한 동아시아
　　역사포럼 기획, 도면회·윤해동 엮음, 『역사학의 세기: 20세기 한국과 일본의 역사
　　학』(서울: 휴머니스트, 2009)

윤해동, 『식민지의 회색지대: 한국의 근대성과 식민주의 비판』(서울: 역사비평사, 2003)

이성욱, 『한국 근대문학과 도시문화』(서울: 문화과학사, 2004)

이지선, 『일본 전통 공연 예술』(서울: 제이앤씨, 2007)

임명진·김익두·최동현·정원지·김연호, 『판소리 공연의 예술적 특성』(서울: 민속원,

2004)

전경욱,『한국의 전통연희』(서울: 학고재, 2004)

정재철,『문화연구자』(서울: 커뮤니케이션북스, 2013)

정형호,『한국 전통 연희의 전승과 미의식』(서울: 민속원, 2008)

천정환,『근대의 책 읽기: 독자의 탄생과 한국 근대문학』(서울: 푸른역사, 2003)

고마고메 다케시, 오성철·이명실·권경희 옮김,『식민지제국 일본의 문화통합: 조선·대
　　만·만주·중국 점령지에서 식민지 교육』(서울: 역사비평사, 2008)

요시미 순야,「제국 수도 도쿄와 모더니티의 문화정치」, 요시미 순야 외 지음, 연구공간
　　수유 + 너머 '일본근대와 젠더 세미나팀' 옮김,『확장하는 모더니티: 1920~30년대
　　근대 일본의 문화사』(서울: 소명출판, 2007)

요모타 이누히코, 박전열 옮김,『일본 영화의 이해』(서울: 현암사, 2001)

키타다 아키히로,「유혹하는 소리(聲)/영화(관)의 유혹」, 요시미 순야 외 지음,『확장하
　　는 모더니티』, 요시미 순야 외 지음, 연구공간 수유 + 너머 '일본근대와 젠더 세미나
　　팀' 옮김,『확장하는 모더니티: 1920~30년대 근대 일본의 문화사』(서울: 소명출판,
　　2007)

호리 가즈오, 주익종 옮김,『한국근대의 공업화: 일본 자본주의와의 관계』(서울: 전통과
　　현대, 2003)

다카시 후지타니, 한석정 옮김,『화려한 군주: 근대일본의 권력과 국가의례』(서울: 이산,
　　2015)

디페시 차크라바르티, 김택현·안준범 옮김,『유럽을 지방화하기: 포스트식민 사상과 역사
　　적 차이』(서울: 그린비, 2014)

로저 에커치, 조한욱 옮김,『밤의 문화사』(파주: 돌베개, 2008)

로절린드 C. 모리스 엮음, 가야트리 차크라보르티 스피박 외 지음, 태해숙 옮김,『서발턴은
　　말할 수 있는가?: 서발턴 개념의 역사에 관한 성찰들』(서울: 그린비, 2013)

로제 샤르티에, 김응종 옮김,「표상으로서의 세계」,『아날학파의 역사세계』(서울: 아르케,
　　2001)

로제 샤르티에, 굴리엘로 카발로 엮음, 이종삼 옮김,『읽는다는 것의 역사』(서울: 한국출
　　판마케팅연구소, 2006)

린 헌트, 조한욱 옮김,『프랑스 혁명의 가족로망스』(서울: 새물결, 1999)

마르크 블로크, 김응종 옮김,「유럽 사회의 비교사를 위하여」,『아날학파의 역사세계』(서
　　울: 아르케, 2001)

마크 포스터, 조지형 옮김,『포스트 모던시대의 새로운 문화사』(서울: 이화여자대학교 출
　　판부, 2006)

미리엄 실버버그, 강진석·강현정·서미석 옮김,『에로틱 그로테스크 넌센스: 근대 일본의

참고문헌　227

　　대중문화』(서울: 현실문화, 2014)

미셸 드 세르토, 이충민 옮김, 이성재 감수, 『루됭의 마귀들림: 근대 초 악마 사건과 타자
　　의 형상들』(파주: 문학동네, 2013)

에릭 홉스봄, 강성호 옮김, 『역사론』(서울: 민음사, 2002)

엘리아스 카네티, 강두식·박병덕 옮김, 『군중과 권력』(서울: 바다출판사, 2002)

E. P. 톰슨, 나종일·노서경·김인중·유재건·김경옥·한정숙 옮김, 『영국 노동계급의 형성
　　(상)』(서울: 창비, 2007)

J. L. 앤더슨, 「설명이 곁들여진 일본의 무성영화 또는 화면을 보며 이야기하기: 가쓰벤에
　　관한 논의, 텍스트 문맥화하기」, 아서 놀레티·데이비드 데서 편, 편장완·정수완 옮
　　김, 『일본영화 다시보기: 작가주의, 장르, 역사』(서울: 시공사, 2001)

조지 이거스, 임상우·김기봉 옮김, 『20세기 사학사』(서울: 푸른역사, 1998)

찰스 틸리, 안치민·박형신 옮김, 『비교역사사회학: 거대구조, 폭넓은 과정, 대규모 비교』
　　(서울: 일신사, 1999)

일본어

鹿野政直, 『「鳥島」は入っているか: 歴史意識の現在と歴史学』(東京: 岩波書店, 1988)

加藤幹郎, 『映画館と観客の文化史』(東京: 中央公論新社, 2006)

川村邦光, 『オトメの祈り: 近代女性イメージの誕生』(東京: 紀伊国屋書店, 1993)

川村邦光, 『オトメの身体: 女の近代とセクシュアリティ』(東京: 紀伊国屋書店, 1994)

小森陽一, 「差別の感性」, 『感性の近代 1870-1910年代 2(岩波講座: 近代日本の文化
　　史 4)』(東京: 岩波書店, 2002)

永原慶二, 『20世紀日本の歴史学』(東京: 吉川弘文館, 2003)

成田龍一, 『歴史学のスタイル: 史学史とその周辺』(東京: 校倉書房, 2001)

二宮宏之, 「戦後歴史学と社会史」, 歴史学研究会 編, 『戦後歴史学再考: 「国民史」を
　　超えて』(東京: 青木書店, 2000)

丸川哲史, 『冷戦文化論: 忘れられた曖昧な戦争の現在性』(東京: 双風舎, 2005)

松橋達矢, 『モダン東京の歴史社会学: 「丸の内」をめぐる想像力と社会空間の変容』(京
　　都: ミネルヴァ書房, 2012)

御園京平, 『活弁時代』(東京: 岩波書店, 1990)

宮尾大輔, 「顔斬り: 林長二郎のスターダムと女性観客」, 藤木秀朗 編 『観客へのアプ
　　ローチ(日本映画史叢書 14)』(東京: 森話社, 2011)

笹川慶子, 「『折鶴お千』と道頓堀興行」, 藤木秀朗 編, 『観客へのアプローチ(日本映画
　　史叢書 14)』(東京: 森話社, 2011)

杉原達, 『越境する民: 近代大阪の朝鮮人史研究』(東京: 新幹社, 1998)

アーロン・ジェロー(Aaron Gerow), 「弁士について: 受容規制と映画的主体性」, 『映画

史を読み直す: 日本映画は生きている』(東京: 岩波書店, 2010)

網野善彦, 『無縁·公界·楽: 日本中世の自由と平和』(東京: 平凡社, 1978)

網野善彦, 『日本中世の非農業民と天皇』(東京: 岩波書店, 1984)

大阪市立大学経済研究所 編, 『東京·大阪(世界の大都市 7)』(東京: 東京大学出版会, 1990)

大田区史編纂委員会 編, 『大田区史(下巻)』(東京: 東京都大田区, 1996)

大江志乃夫　外編, 『文化のなかの植民地(岩波講座: 近代日本と植民地 7)』(東京: 岩波書店, 1993)

上野千鶴子, 「歴史学とフェミニズム: 「女性史」を超えて」, 『岩波講座 日本通史: 別巻 1(歴史意識の現在)』(東京: 岩波書店, 1995)

上田学, 『日本映画草創期の興行と観客: 東京と京都を中心に』(東京: 早稲田大学出版部, 2012)

吉見俊哉, 『都市のドラマトゥルギー: 東京·盛り場の社会史』(東京: 河出書房, 2008)

今村昌平 外編, 『トーキーの時代(「講座」日本映画 3)』(東京: 岩波書店, 1986)

石塚裕道, 『東京の社会経済史: 資本主義と都市問題』(東京: 紀伊国書店, 1977)

石月麻由子, 「モダン都市の映画館 二, 映画館のなかの《ジェンダー》」, 十重田裕一 編, 『映画館(コレクション·モダン都市文化 19)』(東京: ゆまに書房, 2006)

キャロル·グラック(Carol N. Gluck), 「戦後と「近代化」: 20世紀後半の歴史学」, テツオ·ナジタ, 前田愛, 神島二郎 編, 『戦後日本の精神史: その再検討』(東京: 岩波書店, 1998)

藤岡篤弘, 「近代化する都市の映画観客: ニュース映画館の形態と機能」, 加藤幹郎 編, 『映画学的想像力: シネマ·スタディーズの冒険』(京都: 人文書院, 2006)

姫岡とし子, 「女性·ジェンダーの近代」, 歴史学研究会 編, 『歴史学における方法的転回』(東京: 青木書店, 2002)

屋嘉比収, 「越境する沖縄: アメリカニズムと文化変容」, 『冷戦体制と資本の文化: 1955年以後 1(岩波講座: 近代日本の文化史 9)』(東京: 岩波書店, 2002)

藤岡篤弘, 「日本映画興行史研究: 1930年代における技術革新および近代化とフィルム·プレゼンテーション」, 『CineMagaziNet!』No. 6(2002) (http://www.cmn.hs.h.kyoto-u.ac.jp/CMN6/fujioka.html)

영어

Ben Singer, "Manhattan Nickelodeons: New Data on Audiences and Exhibitors," *Cinema Journal* 34-3(Spring 1995)

Charlotte Herzog, "The Movie Palace and the Theatrical Sources of Its Architectural Style," *Cinema Journal* 20-2(Spring 1981)

J. L. Baudry, "Ideological Effect of the Basic Cinematographic Apparatus," *Film Quarterly* 28-2(Winter 1974~1975)

Laura Mulvey, "Visual Pleasure and Narrative Cinema," *Screen* 16-3(Autumn 1975)

Mary Louise Pratt, "Art of the Contact Zone," *Profession* 91(1991)

Robert C. Allen, "Motion Picture Exhibition in Manhattan, 1906-1912: Beyond the Nickelodeon," *Cinema Journal* 18-2(spring 1979)

Robert Sklar, "Oh! Althusser!: Historiography and the Rise of Cinema studies," *Radical History Review* 41(Spring 1988)

Salvator-John A. Liotta, Masaru MIYAWAKI, 「A STUDY ON THE HISTORY OF "CINEMA-CITY" IN ASAKUSA, TOKYO: Analysis of land use and landscape transformations based on cadastral maps and photos」, 『日本建築学会計画系論文集』74(東京: 日本建築学会, 2009)

Tom Gunning, "An Aesthetic of Astonishment: Early Film And The (In)Credulous Spectator," *Art and Text* 34(Spring 1989)

William Uricchio and Roberta E. Pearson, "Dialogue: Manhattan's Nickelodeons New York! New York!," *Cinema Journal* 36-4 (Summer 1997)

Yiman Wang, "Who is Not Afraid of Contaminated Pleasure: On Anna May Wong's Performative Pleasure And Agency," *Tasci Monthly Forum*(2016. 06)

Christian Metz, "The Fiction Film and Its Spectator," in Ben Brewster(trans.), *The Imaginary Signifier: Psychoanalysis and Cinema*(Bloomington: Indiana University Press, 1982)

Douglas Gomery, "Fashioning an Exhibition Empire: Promotion, Publicity, and the Rise of Publix Theaters," in Gregory A. Waller(ed.), *Moviegoing in America: A Sourcebook in the History of Film Exhibition*(Oxford, UK: Blackwell Publishers, 2002)

Douglas Gomery, *Shared Pleasures: A History of Movie Presentation in the United States*(Madison: University of Wisconsin Press, 1992)

Eileen Bowser, *The Transformation of Cinema 1907-1915*(New York: Charles Scribner's Sons, 1990)

Giorgio Bertellini, "Italian Imageries, Historical Feature Film and the Fabrication of Italy's Spectators in Early 1900s New York," in Melvyn Stokes and Richard Maltby(ed.), *American Movie Audiences: From the Turn of the Century to the Early Sound Era*(London: BFI, 1999)

Judith Thissen, "Jewish Immigrant Audiences in New York City, 1905-1914," in

Melvyn Stokes and Richard Maltby(ed.), *American Movie Audiences: From the Turn of the Century to the Early Sound Era*(London: BFI, 1999)

Kathryn H. Fuller, "Viewing the Viewers: Representations of the Audience in Early Cinema Advertising," in Melvyn Stokes and Richard Maltby(ed.), *American Movie Audiences: From the Turn of the Century to the Early Sound Era*(London: BFI, 1999)

Kathryn H. Fuller, "'You Can Have the Strand in Your Own Town': The Struggle between Urban and Small-Town Exhibition in the Picture Palace Era," in Gregory A. Waller(ed), *Moviegoing in America: A Sourcebook in the History of Film Exhibition*(Oxford, UK: Blackwell Publishers, 2002)

Mary Carbine, "The Finest Outside the Loop: Motion Picture Exhibition in Chicago's Black Metropolis, 1905-1928," in Richard Abel(ed.), *Silent Film*(New Brunswick: Rutgers University Press, 1996)

Melvyn Stokes, "Introduction: Reconstructing American Cinema's Audiences," in Melvyn Stokes and Richard Maltby(ed.), *American Movie Audiences: From the Turn of the Century to the Early Sound Era*(London: BFI, 1999)

Michel de Certeau, "Walking in the City," in Steven Rendall(trans.), *The Practice of Everyday Life*(Berkeley: University of California Press, 1984).

Miriam Hansen, *Babel and Babylon: Spectatorship in American Silent Film*(Cambridge, Mass.: Harvard University Press, 1994)

Noël Burch, *Life to Those Shadows*(Berkeley: University of California Press, 1990)

Noël Burch, *To the Distant Observer: Form and Meaning in the Japanese Cinema*(Berkeley: University of California Press, 1979)

Peter Burke, *History and Social Theory*(Ithaca, N.Y.: Cornell University Press, 2005)

Russell Merritt, "Nickelodeon Theaters 1904-1914," in Tino Balio(ed.), *The American Film Industry*(Abingdon, UK: Routledge, 1976)

한국영화사총서 3

경성과 도쿄에서 영화를 본다는 것
관객성 연구로 본 제국과 식민지의 문화사

1판 1쇄 2018년 3월 30일

지은이 정충실
펴낸이 김수기
편집 김주원 강정원 백지윤 | 좌세훈
디자인 김보통 / **제작** 이명혜

펴낸곳 현실문화연구
등록 1999년 4월 23일 / 제25100-2015-000091호
주소 서울시 은평구 통일로 684 서울혁신파크 1동 403호
전화 02-393-1125 / **팩스** 02-393-1128 / **전자우편** hyunsilbook@daum.net
ⓗ hyunsilbook.blog.me ⓕ hyunsilbook ⓘ hyunsilbook

ISBN 978-89-6564-212-1 (94680)
        978-89-6564-209-1 (세트)

이 도서의 국립중앙도서관 출판예정도서목록(CIP)은
서지정보유통지원시스템 홈페이지(http://seoji.nl.go.kr)와
국가자료공동목록시스템(http://www.nl.go.kr/kolisnet)에서 이용하실 수 있습니다.
(CIP제어번호: 2018005197)